# 統合《ユニティ》リセット

## 進化する世界のために

ジャスムヒーン著
エリコ・ロウ訳

UNITY RESET
JASMUHEEN

ナチュラルスピリット

## 注意事項

（物理的な）食事量を減らす場合は、適正な指導者のもとで、その指示に基づいて行わないと危険を伴いますので、もし行いたいという意志がある方は、必ず、適正な指導者のもとで指示に従って行ってください。

——ナチュラルスピリット

UNITY RESET
for an Evolving World
by Jasmuheen

# 統合《ユニティ》リセット

——進化する世界のために——

# 「本質《エッセンス》」とは

「本質《エッセンス》」がすべて
崇高の存在
「本質《エッセンス》」とは純粋な愛の波
パワフルな超越
「本質《エッセンス》」が平和への道
前進への方策
「本質《エッセンス》」は日常の背後に控える
私たちすべてへの導き
「本質《エッセンス》」が歌う歌は純粋そのもの
心をオープンにすれば聞こえる
「本質《エッセンス》」は私たちのコアから広がり
キラキラと輝きだす
「本質《エッセンス》」は私たちの魂を養い
偉大なる驚きで満たす
「本質《エッセンス》」は創造のコア
そこで賢者は物思いに耽る

## 序章　「私という『本質《エッセンス》』」のプログラム



## 第1章　気づき

## 第4章　「本質《エッセンス》」の海　237

# 序章

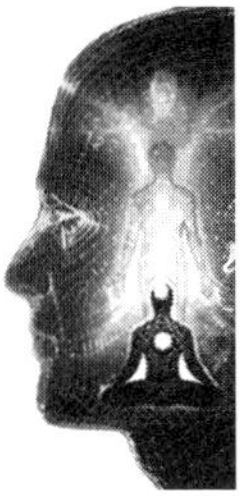

# 「私という『本質《エッセンス》』」のプログラム

「科学的な人はすぐには結果を求めない。自分の先進的なアイデアが容易に受け入れられることも期待しない。その仕事は未来に向けての種まきなのだ。その任務は後に続く者たちのための基盤をつくり、道を示すこと。生き、努力し、望むことなのだ」

ニコラ・テスラの言葉

## 「統合《ユニティ》リセット」プログラムは次のような人々のためにあります

- 常に平和で健康で幸福な流れに身を置き、自分自身やすべての生き物と調和して生きる準備ができている人々のためにあります。
- 個人のユニークな個性や文化の違いを尊重し、「ひとつの星、ひとつの人類の調和した世界」を地球上で楽しめる人々のためにあります。
- シンプルで効果があるものを好む人々のためにあります。
- 制限や二元性のパターンを超越した波動になる準備ができている人々のためにあります。
- 過去を手放し、一瞬一瞬を新たな目で見つめ、全体のためになるよう精神的なエネルギーを使う準備ができている人々のためにあります。
- この「統合《ユニティ》リセット」プログラムは、真に統合された意識をすべての存在と共に楽しむことにオープンで、個人と惑星の両方のアセンションというパラダイムにオープンな人々のためにあります。
●最後に、このプログラムは「すべてのもの以上のゾーン」への準備ができている人々のためにあります。

こうした条件を満たすために、この「統合《ユニティ》リセット」プログラムでは私たちを触発してくれる人生談を通して、事実、転換、フロー（流れ）について学び、また、統合に向けたより高次元の科学を人生に活かす利点について学びます。これらはアセンションの過程を完遂するために進化を続ける多くの世界で、幾度となく教えられてきたものなのです。

それはあなたにとって真実であり深い体験となったときに事実となります。たとえば、ライフスタイルを変えることでより健康になったり、態度を変えることでより人生を楽しんだりといったことです。つまり、統合《ユニティ》リセット、「私という本質《エッセンス》」のプログラムは、生き方の転換を試すことにより、経験として真実を発見するプログラムでもあるのです。

その結果は？　平和で健康で幸福な人々の住む惑星、そして、さらにそれ以上のことが実現できます！

# 第１章

# 気づき

# 目には見えない支援、そして、魅惑的なこの世界

## 決してひとりではない――目には見えない支援

ある晴れた日のこと、広大な自然保護区の前に建つわが家に向かって草原のなかを歩いていた私は、子供の叫び声を聞きました。立ち止まってよく見ると、家の庭の隅に姪のニーナが立っていました。

「悪い男がリサを連れてった！ リサを連れ去った！」とニーナはヒステリー状態で叫んでいました。

「ママとナナに早く伝えて！」

私は叫び、ニーナが指さした方向にすぐさま駆け出しました。

幸いにも若くて運動神経がよかった私は、全速力で走りました。

すると、周囲に存在するエネルギーが私に向かって集まり、私の内なる声が、『ただ速く走るのではなく、大きな音を立て、叫びなさい』と私に促したのです。

「彼女を放しなさい！ 大勢の人が来るわよ！ 彼女を放しなさい！ 兄は銃をもっているのよ！」

私はできる限りの大声で叫びました。

すると、傷つきおびえている動物のような、か細い呻き声が聞こえてきました。声を辿り草原を進むと、そこにはひとりで鼻を垂らし目を擦りながら泣いているリサがいたのです。手をのばして抱き抱えると、

彼女の小さなからだは震えていました。

『男は去った』と、私の内なる声が言いました。『落ち着きなさい。男はもういないから』と。

そっとリサを抱えて立ち上がり家に向かって歩いていると、家族が駆け寄ってきました。

リサを彼女の母親に渡すと、みんなに何が起きたのか聞かれました。

「よくわからないけれど、悪い男が彼女を連れ去ったと、ニーナが言っていたわ。リサを見つけた場所は、彼女ひとりでは行けないほどここから遠くて、たぶん男は、私が大きな音を立てたのに驚いて、リサを置いて逃げたのでしょう。私が見つけたときにはリサはひとりだったから」

そう聞いて私の母は「なんて馬鹿なの！」と怒りだしました。

「あなたを守ってくれる人はいなかったのだから、あなたも連れ去られていたかもしれないでしょう？」

確かに私は脚長でのっぽでブロンドの長い髪。キュートな処女のティーンで、まさに変質者好みのロリータのようなタイプでしたが、その男はもっと幼い娘を好んだようでした。

母の発言が恐れからのものであることはわかっていたので、私にできることはただ謝ることでしたが、私の姪は無事だったわけで、それがいちばん大事なことでした。


力強く明快な自分の内なる声を思い出し、それが支援してくれたことを認識したのは、ずいぶん後になってからのことでした。

『速く走って音をたてろ』と私に言い、男が去ったことを伝えてくれたその声の逸話から、本著を始めることにします。その声は長い間、私と共にあり、人生で重要な転機が訪れるたび、とくに危険を伴うときにたくさんの知恵とサポートを提供し、私を導く力になってくれています。

私が幼いころに学んだ、経験に基づく事実は、私たちは決してひとりではなく、必要なときには誰もが面倒をみてもらえるということです。

私たちは創造物のなかで最も素晴らしく複雑な生体コンピュータのなかに存在しており、多くの時間を費やして探索するに値する、最高の可能性を秘めています。

私たちに内在するものは何なのでしょうか？

生物としての私たちのシステムには、いったい何ができるのでしょうか？　それがわかったときには、その潜在能力はどうしたら最も簡単に開花させられるのでしょうか？

また、私たちはより偉大なる存在とも関わり合っているのでしょうか？　常にそこに存在する「慈悲」による見えない支援ネットワークとは何なのでしょう？

そして、より大きな視野で現実を見るなら、私たちの地球にはいったい何が起きているのでしょう？

実際、未来はどうなるのでしょう？

「統合《ユニティ》リセット」プログラムはこうした質問に答え、さらにより多くのことを提供してくれます。お楽しみいただければ幸いです。

## 魅惑的な私たちの世界と真の解放

私たちはよい妻や夫、愛すべき伴侶、よい母や父、よい娘や息子、よい友人や同僚といった、人生で与えられた役割を果たすのに気を取られがちですが、そうしている間に、私たちは人生の過程で様々な能力も開発しています。

生き残ること、お金を稼ぐこと、支払うべきものを支払うこと、子供や孫によい教育を与えること、さらには地域社会や友達、同僚との関係をどう育み共存するかについて学ぶといったことからも、多くの洞察や知恵を得ています。

こうしたすべてのことが魅惑的で、美徳という報奨を与えてくれるものですが、私の場合には幼いころから、何かそれ以上のものがあることがわかっていました。ありがたいことに、もっと知りたいと望むことで、通常はそれが得られます。

１９７０年代初頭に、私はヴェーダから古代の瞑想を学びました。それは私にとってとても役立つものでした。というのも、初めて試した日から私は深い瞑想ができたのです。純粋な愛と光の海と一体になり、私の存在のすべてが愛と純粋な光になったのです。

こうした状態に溶け込み、そうした瞬間にリセットすることで、私の元々の状態である純粋な「本質《エッセンス》」に戻れ、表現しようのない至福を感じました。

16歳の少女は消え、完璧な脈動、無限の知の脈動、純粋な存在の脈動だけを感じ、それは極めて神聖で愛に満ちていました。

私は「あー、あー、やっと、ついに自分のコア、私という存在の真実を見つけた」と感じました。この純粋でパワフルで賢く、愛に満ちた「本質《エッセンス》」のエネルギーが自分に内在することが、やっと疑いの余地なくわかったのです。
この「私という本質《エッセンス》」のゾーンに予期せず自発的にリセットされたことで、私は予想もしていなかった道を歩むことになりました。それは長い間求めていた啓示ではあったものの、見つけるまで自分が求めていたことにも気づかずにいたものでした。

見つかるまで求めていたことに気づかないことは誰にでもありますが、そうしたものが見つかったとき、ようやく私たちは「ああ、そうなのだ。私はインド人ではない。北欧人ではない。白人ではない。褐色の肌ではない。中国人ではない。人種も文化も性別もない！」と言えるのです。そして、「私という本質《エッセンス》」の顕現であるからだは、本当の私たちの壮大なる存在の単なる点に過ぎないのだということが、体験から得た深遠な真実として理解できます。

そう、私は初めての瞑想中にまず光、そして愛の啓示を得てから、そのパワーが私の奥深くで振動するのを感じました。そう、極めて神聖で強烈な光に満たされたことは私にとっては信じられないような恵みでした。

そしてこの恵みにより、私は永続的にリセットされ、決して否定できない体験による知として、見えない「慈悲」による支援のネットワークもある統合フィールドの存在を確認したのです。私はそれを「本質《エッセンス》」の海と呼ぶようになりました。

私が静謐な瞑想のために座る時間が増えるほどこの海が恵みを啓示してくれたのも確かで、私の感覚もより敏感になり、現実の他の領域とも親交できるようになったのです。

1987年にこの世界の波動は大きく変わりました。その大きな要因となったのは、14万4000人の人々が地球の平和とより高次なパラダイムに意識を向けるために呼ばれた、「ハーモニック・コンバージェンス」（調和の収束）でした。私は生き残りに向けた魅惑のゲームに気を取られがちでしたが、このコンバージェンスに参加し、その影響を受けた瞑想修行者のひとりでもありました。

1987年は、内なる声が何人かの声になった年でもありました。その声に、あなたは誰なのかと尋ねると、聖書の登場人物であるエリヤ、エリアス、エノクと答えました。こうした存在が私に洞察を与え、私の人生の質を高めてくれるようになりました。私が座って瞑想するたびに、彼らのうちの誰かが私の黙想に異なる視点を与えてくれたのです。

私は1970年代の初頭から意識的にこの「本質《エッセンス》」のエネルギーを必死に探求し続けていましたが、時が経つにつれ、ガイダンスの流れと共に声も変わりました。それから45年間、家族は別として、私にとっての人生の主な喜びはこの「本質《エッセンス》」の性質を探ることでした。

私は、自分の純粋な特質を体験として啓示されるまで、外界だけに焦点を向けた人生は木に茂る、小さくて他愛ない一枚の葉っぱのようなものだと感じていました。その運命は風次第、人生の様々な波や状況や周囲の人に影響され続けるのです。

私たちは木の葉のように、時には風に吹き飛ばされ、時には日を浴びてじっと動かず、時には嵐にあい、時にははかない人生にしがみついています。木の葉の人生には挑戦がつきものだからです。

この「木の葉」の現実を演じれば、人生は面白い映画のようになります。自分が葉っぱだと思ってしまったら、人間というシステムが波長を合わせられるはずの他の現実にはまったく目を向けなくなってしまうからです。

けれど、ありがたいことに、瞑想すれば、認識は広がり、自分が葉っぱであり、幹であり、木全体であることが感じられ、木にとっての根のような構造が自分にもあることがわかります。意識が拡張したこの状態では、私たちは膨大な知性のネットワークの一部であり、私の根はあなたの根につながっていて、私たちはエネルギーとしてコアでつながっていることが感じられます。

このコアに錨を下ろせば、私たちは強く、膨大で、多次元的な存在であることも感じられます。私たちはみな、海のような脈打つマトリックスの一部で、それが創造の「ベースライン」なのです。

賢く、愛と思いやりに満ちてパワフルなこの「ベースライン」がすべての人に内在し、それが自分の一部であることがいったんわかれば、別の現実のゾーンに磁石のように引き寄せられるようになります。そこでは平和、至福と喜び、本当の意味での自由も自然に得られるのです。

だからこそ、自分を知るための強力なツールとして私たちは瞑想を教えられ、提供されてきたのです。

だからこそ、自分の真の特質に定着できるように沈黙し静止するよう奨励されてきたのです。

気づきが広がったこの状態では、地球上での人生を楽しみつつ、外界の現実を超えて存在する多くのゾーンを探訪し楽しむことができます。

# 転換に必要なスキルの数々

## 人生の洞察――疑いから信頼、苦しみから喜びへの転換

「慈悲」のエネルギーとは親切、思いやり、叡智のエネルギーだと私は常に感じてきました。本著で繰り返し述べるテーマがあるとすれば、至上の「慈悲」による支援のネットワークに私たちはつながっていて、この世界への恵みを永遠に得られるという事実でしょう。

この「慈悲」が私の姪を救い、幾度も私自身の生命を救い、１９８７年以降、それに以前にもまして熱心に私を助けてくれるようになりました。

ハーモニック・コンバージェンスの最中に人々が捧げたような、心からの祈りに応えてくれたのもこの「慈悲」です。心からの祈りが癒しを促進することは証明済みで、多くの人が個人的な平和を祈るいっぽう、地球の問題解決その他への祈りも捧げてきました。

この「慈悲」の支援のネットワークが１９９３年には世界の健康と飢餓の問題への実用的でユニークな解決策を与えてくれ、さらにその22年後には

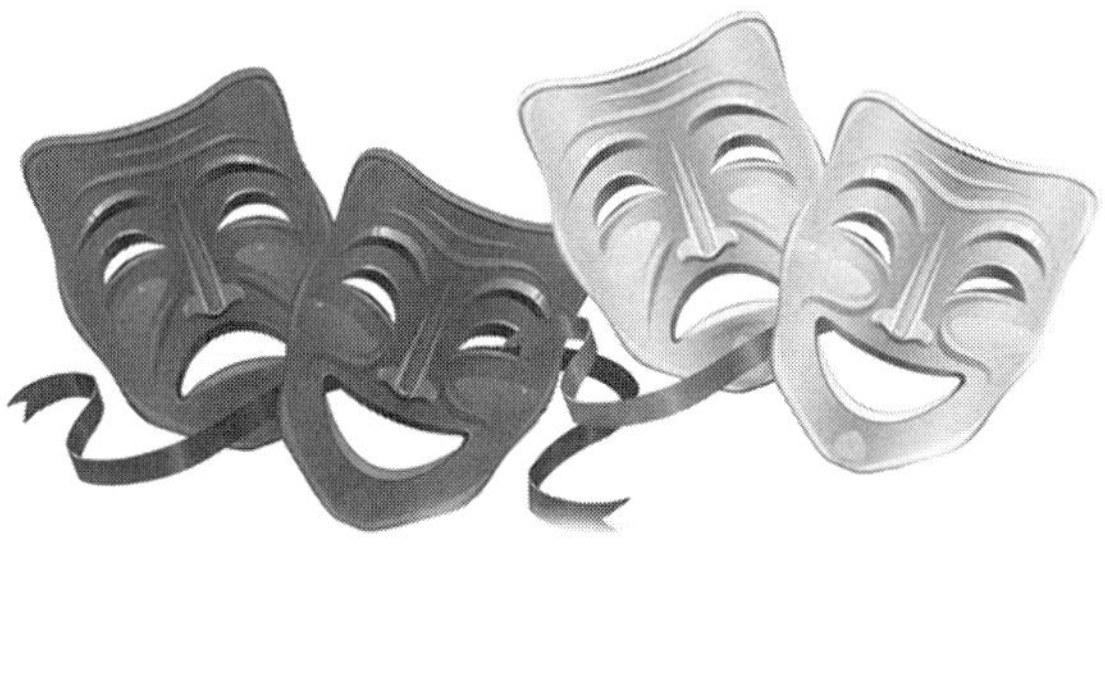

「統合《ユニティ》リセット」プログラムの提供が始まりました。このプログラムを私たちが実行するにはマインドのマスター（熟達）、転換に必要なスキルの修得、そして「慈悲」の存在とパワーを信頼することが必要です。疑いはとても破壊的なエネルギーで、私たちの前進を止めてしまいます。見せかけの慎ましさも同様です。

１９９１年のことでした。私は深い瞑想中にとても慣れ親しんだ存在が輝きだしたのを感じました。

「キャス？」と私はテレパシーで尋ねました。その存在が亡くなったばかりの幼馴染だと感じたからです。

「元気なの？」といった普通の挨拶の言葉を私が考えつく前に、彼女は「彼に伝えてほしいの」と喋り始めました。からだはなくなっても、彼女は存在し続けていました。

彼というのは彼女の再婚相手のことで、「私の息子を彼の父親の元に戻してもいい、と彼に伝えて」と彼女は言ったのです。

「会ったこともない男性に、あなたの亡くなった奥さんからメッセージを託されました、なんて言えないわ。頭がおかしいと思われるだけよ」

私は意外にもそう反応していました。生前の友人はいつも落ち着いていた人でしたが、その霊は苛ついているように感じられました。

私は、すべては自分の想像の産物かもしれないとも思いながら、「でも、なぜ自分で彼にそう言えないの？」と付け加えました。

「彼には私が認識できないの。試してみたけど、私だとは信じてくれなかった。悼みが深刻過ぎて……」

彼女は寂しそうに言いました。

「あなたは息子さんに父親の元に行ってもらいたいの？　新しい旦那さまのほうがよりよい選択ではなかったの？」

生前の彼女との最後の会話を思い出しながら私は尋ねました。

「そうだけれど、彼には選択肢があるから。彼がどう選んでも私はかまわないことを彼に知らせたいの。どうか、彼に電話してちょうだい！」

彼女は私に請いました。


キャスはこのやりとりの1ヶ月前の1991年7月7日の朝7時、35年前に生まれたときとぴったり同じ日時に亡くなりました。バスルームに立って歯を磨いていた次の瞬間には床に倒れ、亡くなったのです。彼女とはしばらく連絡が途絶えていたものの、彼女が亡くなる数ヶ月前から交際が復活し、貴重な時を分かち合えたことを、私は幸運に感じていました。彼女は私が毎日瞑想していることを知っていました。亡くなった後でも、私にいつどう連絡できるか、私が座って静謐のなかにいるときなら彼女を感じ、彼女の声を聞くことができるとわかっていたのです。前夫には決して子供を育てさせたくないと彼女が思っていたことを知っていた私にとっては、彼女の要請はまったく想像外でした。

とはいうものの、彼女の訪問が真実だったと信じた私は、頼まれたことを実行する勇気を出して、数日後に彼に電話をかけ、できる限りの気を配って伝言を伝えました。しかし、私のメッセージはまったく歓迎されませんでした。彼は最悪の攻撃を受けたかのように怒って電話を切りました。

その後、瞑想中に「キャス?」と私は呼びかけました。まず愛の光を送ってから、会いたいと呼びかけたのです。

「キャス?」

すると彼女が、今度はワクワクした様子で現れました。

「ありがとう。ありがとう。ありがとう！　私たちのメッセージに突き動かされる必要が彼にはあったの！　彼には自分からそう望んで息子の面倒をみてほしかったの。そうしなければならないという想いからではなく！　本当に彼を目覚めさせることができたわ！　いま彼は本当に息子を手元に置く決心でいる！」

そう言うと彼女は消えました。

彼女に言われたことを信じてそれを彼に伝えるには、かなりの努力がいりました。私には全体像が見えていなかったからです。でも、こうした幾多もの小さな体験を経てきたことによって、私はすべての次元を超越するこの「慈悲」への信頼を築いてきました。

その1年後の1992年、それはたくさんのレベルで私の人生は大きく変わりました。信頼、マインドのマスターという私のこの個人的なレッスンがなければ、「統合《ユニティ》リセット」プログラムは生まれなかったでしょう。このリセット・プログラムがどう誕生したかの経緯は本著の後半で述べますが、重要なのはこの「慈悲」がどこにでも存在し、私たちが必要とするときに必要なものを提供して私たちを常に助けてくれているということです。

まず、1992年の後半に、私の姪のニーナが自動車事故で亡くなりましたが、それはまるで事前に計画されたかのようでした。とても単純な事故によるあっという間の死でしたが、彼女は、まるでそれを予期していたかのように、その1週間前に友人たちとの時間を楽しみたいという理由だけでパーティを開いていました。

パーティでは「どこに行くの?」と多くの友人が尋ねていました。

「どこへも行かないわ」と彼女は軽く答えていました。

「でも、さよならを言うために私たちを集めたみたいよ」と言った人もいました。

「いいえ、ただ集まってリラックスしてみんなと楽しみたかっただけ」と、みんなに囲まれた彼女は笑っていました。

彼女はその数週間前にはアセンションへの熱中ぶりを母親に語っていました。自分が人生の岐路にあり、自分の存在に与えられたより高次な目的に向けて、移行する準備ができていると語っていたのです。

しかし、そうしたことはすべてどうでもよいことでした。彼女の死で私の家族の絆はさらに深まりました。それは私の14歳の誕生日の前日に、当時18歳だった私の兄が亡くなったときも同様でした。

ニーナと私はとても親しく、彼女はみんなに愛されていたので、26歳という若さでこの世を去ったことは私たちの心を重くしました。生命の循環にはより高次のパターンがあるということはどれだけ理解できていても、愛する人をまたも手放すことを受け入れるには時間がかかり、その影響も大きいのです。

その数ヶ月前には、それまで8年間働いていた会社が廃業するので新たな職を探したほうがよい、という示唆を私は受けました。私にはまだ通学中のティーンエイジャーの子供がいて、私の収入だけで支えていました。私はそれは長い間、新たな仕事への扉を叩いては、経験があり過ぎるとか、なさ過ぎるとか、年をとり過ぎているとか若過ぎるとか、またはその他の理由で断られ、日が経つごとに企業社会で働く機会は望み薄になっていきました。

銀行の預金残高が0に近づき、請求書は山積みで、借金取りからの電話は相次ぎ、売るものもなくなり、高額のホームローンで購入していたマイホームも維持できずに、私は必要最小限に戻り、家賃をシェアしてくれるルームメイトを探し始めました。20歳のころにはホームレスの苦労も面白くはありましたが、20年後の私にとってそれは耐え難いものでした。多くの人と同様に私も30代終わりまでには経済的に安定すると思っていましたが、そうはならずに、夢やぶれて生き残りに懸命な人たちの仲間入りをしたのです。

でも、それだけでは済みませんでした……。

姪が亡くなった直後に、私は愛する男性にこう聞いていました。

「どれくらいの期間、行ったままになるの?」

私たちにはどうしようもない状況から別居することになった悲しみを感じながら、彼は「2年か3年」と答えました。「一緒」にいられる時間がほとんどないことはわかっていたので、私たちが一緒に過ごした最後の時間はとても切なく、貴重で、超現実的ですらありました。

私はこうしたすべての出来事にとても圧倒され、それはたくさんの涙を流しました。愛する人の死、目新しくはなかったけれど経済的には安定していたライフスタイルの死、サポートと愛の継続的な源からも距離を離され接触も制限されたという意味での死、さらにそれだけではなかったのです。

「あなたの肝臓には癌があるようです」と医療専門のスピリチュアル・カウンセラーに宣告されたのです。「でも、瞑想もするし、ヨガもするし、食事も軽く、清らかに生きてきたのに？」と私は反応しました。未解決の感情や心持ちの限界も健康に影響することに私は気づかずにいたのです。

このニュースを聞いた妹から「ＭＲＩを受けて、確認してもらって」と言われ、それに従うと、確かに癌でした。

ついに、私は膝から崩れ落ち、降参しました。すべてに圧倒されたのです。失うものが多過ぎ、感情的な打撃も多過ぎ、「なぜ私に？」と様々な思いが駆け巡り始め、精神的にも参ってしまいました。資産を処分し、負債は返済しましたが、すべての蓄えは快適なライフスタイルと共に消えました。

こうしたすべてが数週間のうちに起こったのですから、立て続けにパンチを食らわされているように感じました。

そうです。私はそのすべてに完全に圧倒されて、文字通り跪き、崩れ落ちた気持ちになっていました。私は常にその時々に自分のベストを尽くすようにしていましたが、「なんて不公平なの」と疲れた私の小さな分身が嘆かずにはいられませんでした。

私にできることは、自分を失わず、よりゆったり呼吸してリラックスし、人生に圧倒され先に進めなくなったときにいつも得られる学びにオープンになることだけでした。自分の人生がそんな状況になったの

は信じがたいことでした。でも、人生において自分で乗り越えられないことは決して与えられないことも
わかっていました。

その状況に深く身を投げてしまうと、愛に満ちた声が聞こえてきました。それはずっと前から常に私と共にいました。その声は、どうしても助けが必要になったとき、私が沈黙し静止した瞑想中に応えてくれるか、私が見聞きできるほど落ち着いた状態でいるときにアドバイスを囁いてくれるのです。

私は忠告されていたのです。

それまでの2年間、人生を先に進めるように彼らの優しい囁きに導かれていたのです。それは金銭でたくさんのものが得られる安定した仕事から決別するということでした。でも私は次から次へと言い訳を見つけては、自分のハートの呼び声を無視していたのです。

いくら私が無視していても、それまでのパターンは完結し、新たなものが生まれようとしていました。私が忠告の声を聞きさえしていれば、私にとってそれほど大きな挑戦にはならなかったのでしょうか？

そうかもしれません。

でも「○○さえしていれば」は誰のためにもならず、責めや後悔も役には立ちません。

慎ましく真摯に耳をそばだてて、私は再び明晰さを取り戻せるよう求めました。愛する人を取り戻すことはできず、企業社会での新しい仕事は得られなくても、せめて肝臓の癌は癒せるだろうと感じながら。

『そう、そうして、あなたは始めるのです』と、その声は言いました。

『いまこそ自分のマインドをマスターする時なのです。人間としてのマインドをマスターできなければ与

えられない啓示が、たくさんあるのです』

彼らは愛を込めて、『自分の人生で感謝すべきことを毎日見出し、その感謝の気持ちだけに意識を集中しなさい』と言いました。

それから何日も、私は上辺だけで自分の人生で感謝すべきことのすべてを並べ立てて祈っていましたが、そこには私のハートはありませんでした。感情が込もらないそうした言葉は空虚でした。

ところが、そんなある日、私の長女が愛情に満ちた態度で腕をのばして後ろから私を抱きしめてくれました。そして、

「ママにとって人生が過酷なことはわかっているけれど、ママならそれを克服して健康なからだとマインドとハートを取り戻せることも信じているわ」

と言ってくれたのです。

この抱擁が私のなかの何かを溶かし、私は心から、「ありがとうございます。私を愛してくれる子供たちがいて、彼らが健康で強いことを感謝します……」と、人生のすべてへの感謝も気持ちを込めて「慈悲」の知性に祈るようになりました。

この感謝のゲームでは感情がとても大切です。私たちのハートをオープンにして感謝の気持ちを満たしてそれを表すことで、大きな変化をもたらせるのです。

私が自分の精神力を前向きな方向に向けると、感謝の気持ちも日々、大きくなりました。無限の量子

フィールドに向けて真摯な感謝を捧げれば、常に聞き届けられることも私にはわかっていました。

毎日、私はそもそも私のフィールドに弱点をつくりだす原因となった感情を肉体から解き放ち、癌が縮小するように、肝臓の癌細胞に愛を込めて純粋な白い光を浴びせました。

私を愛してくれる友達や家族が同情して、または心配して毎日電話してきては、私の調子を尋ねました。日々、感謝の気持ちは増大し、やがて、状況に圧倒され困惑した気持ちから、人生にとって本当に重要なものをただ貴重だと感じる気持ちに転換できたことで、私は自分の精神と感情的な体験をリセットできました。私にとっては、愛され支えられていることをしっかり感じさせてくれる家族や友達がいたことへの感謝も大きかったのは確かですが、太陽は輝き続け、鳥も囀っているといったシンプルな喜びもとてもリアルに感じられるようになっていました。

日を追うごとに、新たな変化への感情的な抵抗は弱まり、受容の深い安らぎの気持ちに移行しました。古いパターンのエネルギーが消えたことで、新たなパターンが啓示されたのです。人生の新たな時を刻み始める際には、感謝という素晴らしい感情に錨を下ろせばよいことに、私は気づいたのです。

精神的なエネルギーを効率よく使うことで驚くようなリセットが可能になることを私が発見したのも、そのころのことでした。困惑し圧倒された気持ちから、深い安らぎと喜びの気持ちに、極めて素早く転換できたことがきっかけでした。感情的にリセットしたければ、人生のなかで真から感謝することだけに意識を集中すればよいのです。

当時の私にとっては、不必要な精神分析に没頭せずに新たな人生を歩み始めることに加えて、受容が大きな助けとなりました。人生はありのままで、変化に抵抗することで苦しみ続けることもできますが、起きたことすべてへの見方を転換させることもできるのです。

出来事はすべて、より大きな動きに導かれており、新たなサイクルが始まるには、ひとつのやり方を終えなければならないことも私は認識しました。エネルギーの新たなパターンが始まろうとしていたのですが、それが何だか私には知る術がありませんでした。私にできることは、転換するためのスキルを活かしながら感謝のゲームを続けることで心の安らぎを保つことだけでした。

そのころの私に求められていたことが、いま地球上のすべての人に求められており、それはかつてなく重要になっています。

## 多くの人々が体験から学んだ事実

●精神的なエネルギーを賢く使えば感謝の気持ちを引き出し増大させられます。
●宇宙の共振の法則により、より感謝するほど感謝すべきことは増えます！
●心から感謝すれば自分の感情の状態を素早く変え、気持ちを明るくできます。
●自分が経験したことすべてを感謝のエネルギーに変え、自分が得たことでハートを豊かにすれば、人生の新たな章は驚異的に流れ出します。
●意識的であるか無意識であるかにかかわらず、その瞬間瞬間の選択によって、ライフスタイルによって、時間の過ごし方によって、何を吸収することを許し何にエネルギーを与えるかによって、私たちは誰もが絶え間なく自分をリセットしています。

●自分の精神エネルギーをマスターできないことや、自分の人生や世界に対する先入観からあまりに多くの苦しみが生まれています。

●この世では「本質《エッセンス》」が形になったものとして精神体が私たちに仕えてくれています。私たちの人生のリーダーになる叡智はありませんが、驚くほど優秀なしもべになってくれます。

●マインドのマスターは私たちにできる最もパワフルなリセットのひとつです。それは知性と直感が混ざり合ったものだからです。私たちは自由意志によって自分が身を置きたい現実のどんなモデルも創造できるのです。

●ここで残された唯一の疑問は、私たちがつくった現実のモデルは私たち自身の内側や外界の世界に調和をもたらすか、不調和をもたらすかということです。

●そして、私たちが大勢で調和に満ちた現実のモデルに足を踏み入れたら、その世界は私たちにとってどう見え、どう感じるでしょうか？

**実用的なエクササイズ**

あなたが感謝の気持ちを感じることをすべてリストに書き出し、毎日それらを再認識することで自分の人生がどう変わるか見てみましょう。混沌とした状況や大きな変化を迎えているときには、このエクササイズはとくに役立ちます！

## 「仕方ない」という認識——裏切りから至福へ

何年も前のことですが、感情が大きく揺れ動くほどの人生の転機を友人が迎えました。彼女はショックを受け、裏切られたと感じて怒り、長い間その状態から抜け出せませんでした。

感情的な悼みと信じられないという気持ち、不満と傷ついた気持ち、困惑と喪失感の間を揺れ動くなか、彼女のマインドは、そんな状態に彼女を落とし込んだ出来事を繰り返し思い出していました。自分が選んだ物の見方に固執してしまい、その考え方によって感情的な惨状から抜け出せなくなっていることに彼女は気づいていませんでした。

フィアンセが他の女性と恋に落ちてしまい彼女と家族から離れていったという裏切りのゲームのおかげで、やがて彼女は、よりよい自分自身にバージョンアップしました。より明晰で思いやりに満ち、より賢く、自分に最適なことや自分が本当に欲しているもの、自分にとってふさわしく価値あるものを認識できるようになったのです。

とはいえ、彼女は長い間、怒りの循環から抜け出せずにいました。その体験を経たことで、やがて現れる新しい相手とよりよい関係が築けるようになることがわからなかったからです。自分が結婚しようとした相手に裏切られ、その人を失ったことしか、彼女には考えられませんでした。

ついに「もうたくさん、手放さなければ。次に進まなければ!」と感じられるようになるには、それは長い間暗い気持ちに浸っている必要があったようでした。その後にようやく、新しい考え方ができるようになり、彼女の態度は変わりました。

最終的に彼女は、自分を力づけられるような考え方ができるように自分の感情を転換させ、起きたことを受容できました。

ネガティブな感情を強烈に感じるたびに、彼女は**「仕方ない」**という受容の言葉を唱えました。受容へのこのメンタルな転換により、彼女は自分の感情の状態を変え、自分が置かれた状況から力を得ることができました。起きたことは変えられず、彼女にコントロールできることは彼女を感情的にさせた物の見方を変えることだけだったのです。1年以上そうした感情に留まり、充分に悼み、怒った末に、彼女は自分自身を変える時が来たと思ったのです。

自分がネガティブな感情の循環に陥るたびに**「仕方ない」**のマントラを唱えることで、彼女の心は落ち着き、より深い受容の気持ちになれ、ガーデニングや子育てなど自分が楽しめることに意識を集中させられるようになりました。

そうすることによって彼女は自分のハートを癒し、関係したすべての人を赦すことができました。そして、人生でうまくいっているすべてのことに感謝することを選択し、さらにしばらくは性関係をもつことはやめて、自分にふさわしいことや、どんな愛情関係を自分が望んでいるのかをはっきりと理解することにしました。

人生のよい側面に集中し、明晰さと清らかなエネルギーを維持することで、彼女はやがて自分と子供たちにとって完璧な男性との愛に満ちた関係を引き寄せ、育むことができました。彼女はかつてないほど幸せになれたのです。

過去を振り返れば人生はたやすく理解できますが、より大きな全体像を察して理解するようになれば、より大きな恵みが得られます。たいていの出来事は、それよりよい方向に向かうために起きることが多く、その過程で起こる困難な状況のすべてが、結局は私たちをよりよくバージョンアップさせてくれるものなのだということを後に認識することになることも多いのです。

転換のためのスキルは、より拡張された気づきの旅路にも利用できます。いま地球に押し寄せている新しいエネルギーが私たちに要求しているのも、それが何であれ、私たちが注意を向けることがやがて現実になるのだと認識しておくことです。精神的、感情的に大きな影響がある出来事の際にはとくにそうです。状況を変えることは常にはできませんが、その状況への見方や対処の仕方は常に変えられるのです。ですから「仕方ない」という現実には第二部もあるのです。それは次のようなものです。

**「それが仕方ないことだとしたら、どうしたらよいのでしょうか？」**


たとえば、あなたは自分の態度を変えることはできますか？

その状況に明るい側面も見出せますか？

自分の精神的な現実を転換させて、その状況にまったく異なる光をあてられますか？

その状況に関わるエネルギーに異なるパターンが見え、おそらくよりよい何かが起こるであろうことを察知できますか？

もしそれができなければ、より高みから物事が見えるように祈ることはできますか？

私たちが地球上で生きていくには、精神的な態度を転換させられること、物の見方を転換させられることが重要です。偉大なる変化の時期を迎えたいま、私たちは誰もがより統合されたバージョンの自分を顕現するよう求められており、そのためには、とくに転換のスキルが役立つのです。

**「それが仕方ないことだとしたら、どうしたらよいのでしょうか?」**は、分析と態度に関するコード（暗号）で、コップの水は半分あるかないかといった物の見方よりもずっと多くのレベルで私たちを力づけてくれます。

まず、物事を受容した上で自分自身の態度をリセットし、感情とエネルギーの伝達の流れを変え、力を得られる方法で前に進みたいという明快な意志決定をします。そうすれば私たちは、感情を解放し心の安らぎを維持できます。

過去の出来事は終わったこと。私たちにコントロールできるのは、いまこの瞬間の体験なのですから。

**事実**

- 自分自身のエネルギー・フィールドを試す許可を自分に与えれば、それが、必要に応じて健康、幸福と調和のリズムに向けたより深いレベルで人生のリセットを開始するための素晴らしい助けになってくれます。
- 人は健康のパターンや病気のパターン、自由と喜びのパターンや苦しみと制限のパターンに自分をリセットすることができます。

●私たちは毎日、自分の精神エネルギーや時間の使い方によって、こうしたリセットを実行しています。それが個人のエネルギーのパターンや、二元性または統合されたゾーンに生きるかを決定しているのです。

●私たちはみな損失と裏切りの物語を体験していますが、それが、ハートの波動をより豊かにしてくれる成長と叡智、美徳の修得を促しているのです。

●そうした体験を赦し、過去から学び、手放すことで人生の新たな章が始まりますが、それには力と勇気が必要です。

●多くの方がすでにご存じのように、過去から先へ進むためには、自分と他者を赦す必要があることが多いのです。

●ある状態から別の状態に素早く、時には突如として移行できるよう転換するには、多くの場合、自分自身の態度を変えなければなりません。

●人間はすべての創造物のなかで最も完璧にデザインされています。私たちは自由意志を与えられていて、自分で選びさえすればどんな現実のモデルも創造できるからです。けれど、進化の過程には、立ち止まって人生という自分の創造物を正直に評価し直すべきときもあるのです。

## 重要な質問——正直な評価のとき

私たちは何を永続させ、何を繁殖させているのでしょうか？

世界中で私の集いに集まってくれた人々に私がよく聞くのは、次のような質問です。

●私たちの現実のモデルは何を永続させているのでしょうか？

——二元性、恐れ、混沌、困惑や判断？

——または統合、愛、平和とすべての生命の尊重？

●あなたの現実の人生のモデルは、すべての生命を愛することを許可してくれますか？

●あなたはいま、ハートを感謝で満たして生きていますか？

●すべてとよい関係を楽しんでいますか？

●自分自身ともすべての生き物とも調和して生きていますか？

●常に安らかでいられますか？　完全で完成していますか？

●もしそうでなければ、あなたのモデルを調整する準備はできていますか？　たとえば、すべてが体験として真実になる新たな層を加えられますか？

これらはすべて可能でしょうか？

可能なだけではなく、覚醒し整合性があり統合された存在でいることのほうが、人にとっては自然な状態なのです。

## 地球の進化の現状について

地球のエネルギー・フィールドは、人間の意識の変化に応じて変化しています。今後は転換のためのスキルを修得し、マインドをマスターすること、そしてすべてにとっての最善に向けて活動できるように私たちの現実のモデルを調整することが、基本的な訓練として必須になります。

私たちが進化の過程でかつてない重要な時を迎えていることには多くの人が気づいています。いま、エネルギーがバランスの再調整と統合に向け上昇し、私たちのハートは直感的に「人生はこれだけではない」として、平和に生きることが単なるよい考えではなく体験的な真実になるよう求めているのです。


こうしたことのすべてにより、私たちはまず自分自身がもつ現実のモデルを検証し、自分の立場をはっきりさせ、この世界で集団としてどう活動していきたいかを決める必要があります。いまでは多くの人が、環境も政治も経済も混沌としたいまの状況は私たちの欲望が原因だと考えてもいます。地球は本来、少数ではなく大衆に利するためのシステムなのに、です。

そうです。多くの人はもう自分や他者のエゴに支配されたくないと決心しています。

そうです。多くの人はとてもスピリチュアルですが宗教は信じていません。

そうです。かつてないほど多くの人々が自分のハートの呼びかけに従っています。

そうです。多くの人々が過去は過ぎ去っても多くの恵みを与えてくれているとも感じていています。過去には感謝しながら、過去や未来にたくさんのエネルギーを費やす代わりに、一瞬一瞬を新たな目で見つめています。

マインドフルネスや、いまの一瞬に存在する、といったゾーンも人気になっています。私たちが感覚をよりオープンにして、スローダウンして波動を合わせれば、微細なエネルギーのリズムが多くを啓示してくれることに気づき始めたからです。

こうした現実に加え、私たちが心から祈っていることを考えれば、私たちは地球の進化における新境地にいて、私たちは地球上で初となるエネルギーを探訪しているといえるでしょう。

その中心となるのが私たちのハートで、私たちはみな、精神的には分析できないこの新たな時代を感覚的に生きています。それは気づきの状態で、そこでは「存在する」こと自体が完璧な行動で、「慈悲」の知性が創造的な「創造」のフォース（力）との作用ですべてを無理なく顕現させられるのです。「慈悲」の知性は常に私たちのハートを通して話しかけてくれます。ですから、自分の心の呼びかけに耳を傾け、ハートが整合性を保てる状態でいることが極めて重要なのです。

# ハートの呼びかけ――そして、ベストなバージョンの自分自身

## ハートを中心とした意識――新たなパターンと新たな時代

私はマハトマという賢者の足元に座っていました。彼は、その後間もなく私が師事することになったインド人のグル（導師）の古弟子でした。皺だらけの目元、光に満ちた茶色の目、そして坊主頭のこの人のすべてが私は好きでした。彼の謙虚で安らかな存在感が私の心に触れたのです。それは１９７０年代初頭のことで、マハトマの部屋は生き残り競争以上の意味を人生に求め、既存の体制を拒否しだした私のような西洋人でいっぱいでした。

当時まだ若かった私の人生は好調でした。学校では全科目成績優秀で、クラブ活動ではキャプテンも務め、家族や友達からもしっかり愛されていました。何も不満をこぼすようなことはなかったのですが、直感として何かもっとあるような気がずっと以前からしていました。

マハトマの前に座り、より悟りが開けた道についての彼の叡智を吸収していると、私のハートが独自の言語で語りかけてきました。生物としての彼のシステムを支配しているなんらかのエネルギーに私のハートが共鳴し、「YES（はい）」という同意を繰り返していたのです。彼の存在感に、まるで故郷に帰ったかのような感覚をおぼえ、彼から出る輝きが何であれ、私はそれを欲するというよりはむしろ必要としていました。

「自分の感覚を内側に向けて瞑想に時間をかけてこそ、これまで求めていたすべてが見つかり、満たされた気がするのです」

と、マハトマは自分自身の60年余りの経験をもとに愛を込めて語りました。

それから1年ほどたって、ようやく瞑想という古代の技法の秘密が私に明かされ、真のグルは自分の内側にいることがはっきりとわかりました。瞑想という師が、私たちの誰もが内側にもつ最も賢い声に光をあてる方法を示してくれるのです。

そんな真実がまず明かされたことの恵みに、私は感謝しました。

それからさらに20年後、マハトマの師であるインド人のグルの前に再び座ったときには、驚いたことに、私とグルはテレパシーでつながっていました。瞑想が深くなるにつれ、彼が口にする前に彼の言うことがはっきりとわかるようになりました。私が感じたのはただ愛のエネルギーで、それは私たちのハートの間で流れているようでした。

この師とハートでしっかり結ばれたワンネスの状態で、私は自分のインスピレーション以外には誰も頼る必要がないことにようやく気づきました。私の内なる師が目覚め、私の人生をリードしだしたからです。この自己実現への内なる師を認識した瞬間、私の横に光の存在が現れ、私はそれまで経験したことのない偉大な愛を感じました。

「もうここにいる必要がないのはおわかりでしょう?」と、グルがテレパシーで伝えてきたと同時に、私も同じことを考えていました。

この経験は私の人生を大きく変えるきっかけとなりました。真実は自分自身の内の深いところにあるという賢者の教えを、本当に活かす必要があると思ったのです。多くの師を愛し、感謝し、尊敬することはできても、私たちを最も知り尽くしているのは、私たちに息吹を与え生命を与えてくれている「存在」だということも学びました。また、私自身のハートの言語やハートは、様々なやり方で私たちに語りかけられることを知ったのも、私にとっては重要でした。

出来事の意味は後になって振り返ればわかりやすいものです。最も困難だったことが最も重大な解放をもたらし、時にはすべてを失うことで、失ったもの以上の恵みを得られることもあります。

1990年代初めごろ、私は人からカセットテープをもらい、そのうちに聞くつもりでブリーフケースに入れっぱなしにしていたことがありました。やっとそれを聞いたときに、私のハートは喜びに溢れました。それはチャネリングされたメッセージでしたが、最も深いレベルの真実を私に告げており、私をアセンデッド・マスターのネットワークに導くものでした。

弟子の準備ができたときに師は現れる、とよく言われますが、私は自分がまったく異なるネットワークに磁石のように引き寄せられたことに突然気づきました。それまでマインドのマスターに向けて私を導いてきた声や感謝のパワーへの入門は、この次元から来ていたものだったのです。私はインド人のグルを敬愛はしていましたが、そこでの修行は精神エネルギーをどうしたらより賢く使えるかということよりは、むしろ、瞑想によってマインドを超越することでした。

西洋の社会では、人は、自分の内側に宿る声に耳を傾けられるようになるために自分自身を転換させる時間をとることには慣れていません。精神エネルギーをより賢く使ったり、人生でうまくいっていることに感謝する時間を毎日設けるようにも訓練されていません。自分のハートの声を聞くこともなく、ハート自体が独自のネットワークをもつ第二の脳といえることも知りません。

概して私たちは自分の人格の確認にこだわり過ぎるあまり、精神体と感情体の修練を怠り、その未熟なリズムのせいで、人生の多くの時間を闘うか逃げるかのモードに費やしてしまっています。

この闘うか逃げるかの衝動の影響を受けずに済むよう、物事から距離を置かせてくれるのが瞑想です。瞑想中には、ふだんとは異なり、もっと滋養となる方法で、地球上の7億を超える他者とエネルギー・フィールドで融合できるからです。私たちはみなエネルギーのシステムであり、エネルギーは常にその流れや形を変えることから、集団のエネルギー・フィールドも常に変化していることを私たちは知っています。

けれど、自分自身を知り、自分自身をマスターする道を歩めば、人生の既存のリズムからもっと距離を置くことができ、よりオープンな意識の状態でいられます。その状態にいれば「私、私、私」といった自己中心的な現実のバブルの先に存在する、もっと大きなエネルギーのパターンを見て、感じて、体感することができます。

「私」に没頭した世界から、より含合的な「私たち」の次元に移行できれば、意識を転換させるゲームから得られるサポートも拡大できます。自分の見方を変えさえすれば苦しみや苦闘から転換で抜け出し、喜びと安らぎの状態になれることは、私たちはすでに体験から知っています。

限定的な「私、私、私」の現実のゾーンを喜んで超えて、ハートを中心として、すべての最善のために生きると決心した「私たち」のパターンに移れたら、偉大なる恩寵《グレース》を引き寄せ始められます。「神聖なる恩寵」は、調和のなかで意識的にすべてが協同創造される統合フィールドを背後で支えてくれる潤滑油なのです。

## 慈愛と一貫性（コーヒーランス）——コミットメント（努力の誓い）とコーディング

私は優れた科学研究の例として、2004年にハートマス研究所の研究結果を、まず自著「愛の法則」で、さらに私のグループ全員に紹介し始めました。彼らの発見には誰もが驚きました。

ハートマス研究所のウェブサイトには次のように述べられています。

「——ハートマスの研究所による研究の結果、個人の心臓がより一貫性を保った状態にあるときには、心臓はより一貫した電磁波を環境に放っているという仮説が証明された。さらに心臓が一貫性を保った状態にあれば、他人が放射するフィールドからの情報もより敏感に感知できる」

「すべての臓器のなかで最大のリズミカルな電磁波フィールドを心臓は生み出し、その強さは脳のフィールドの100倍以上だ。敏感な電磁波計を使えば心臓のフィールドがからだの外側、数フィートにまで及ぶことが検知できる。私たちが他人の存在や感情の状態をボディランゲージなどに頼らずに『感じられる』のも、この心臓の電磁波フィールドの存在が関係しているのかもしれない」

「心臓のリズムのパターンと心臓から放射される電磁波フィールドの周波のスペクトラムに埋め込まれているスペクトラムの情報が直接関連していることも、ハートマスは発見した。したがって、人の感情の状態は心臓の電磁波フィールドに信号として埋め込まれており、それがからだや体外の環境とコミュニケートしていると我々は考えている」

ハートマスの研究によれば、心臓が脳に信号を送ると、脳は逐一それに従うので、心臓が一貫性のある状態で慈愛に満ちた周波数で波動していれば、すべての内臓を癒せるのです。

「私たちが偽りのない希望、感謝、気遣いと慈愛の感情をもてば、調和し一貫性のある信号が心臓から脳に送られ、疎外感はなくなる。そして心臓と脳が同調すれば、私たちの電磁波のフィールドは一貫性のある波動を送り出し、それは局地的にも地球全体にも影響する。また、より高度な脳皮質の働きも増進するため、より客観的な見方ができるようになり、直感的な認知力も高まる」

「ハートマスの研究者による主な発見のひとつは、知的な心臓とも呼ばれる心臓脳についてだが、意図的に感情を感じることで心臓から脳に送る情報を変えられるということだ。慈愛、気遣い、愛や一般的に前向きとされる感情にはたくさんの利点があるのだ」

「たとえば、数千人の被験者に意図的に前向きな感情を感じるように指示したハートマスの研究がある。その結果、彼らの心臓のリズムはよりなめらかで安定したが、それはとくにネガティブな感情を感じた後には顕著だった。なめらかで安定した心臓のリズムは一貫性があるしるしで、言い換えれば精神的な認知力、直感的な気づきと様々な活動におけるパフォーマンスが改善できる心理生理学的な状態にあるということだ」

「統合《ユニティ》リセット」プログラムの成否にもこの心臓と脳の一貫性が関係しているのです。

## 心臓の一貫性のパワーとやり遂げた状態のパワーを試す

ジョー・ディスペンザ博士は自著『Becoming Supernatural』(『超人になる』〈仮題〉ナチュラルスピリット／刊行予定)のなかで、多くのグループとおこなったワークについて語り、私たちが物質よりエネルギーに意識を集中させればどれだけ脳が調和し、一貫したパターンになるかを述べています。

ハートマス研究所と同様にディスペンザ博士のグループも、心臓が感謝と慈愛のエネルギーをもつと心臓の電磁波の波動がさらに広がることを発見しました。でも、心臓と脳の両方が一貫性をもったときに、以前には想像もできなかったことが起こり得ることは、私たちの誰もが知っていることなのです。

私たちの「平和の使節団」でも、個人やグループによる数千の実験を通して、私たちの「本質《エッセンス》」の特質であるハートを中心とした意識の状態に錨を下ろして暮らしていれば、脳のパターンはシータ波のゾーンに安定し、量子フィールドに流れ込む「慈悲」の流れから、まったく異なる反応が得られることを発見しています。心から努力を誓い、明快な意図をもちパワフルなコーディングをおこなえば、私たちは完璧に人生を変革させられるのです。

とはいえ、新たな生き方に転換したままでいられるようにしっかり心からコーディングするためにはもうひとつの要素が必要なことも、私は発見しました。それは、本当に成し遂げたという感覚です。その概念は、聞こえがよいからというだけの理由で好奇心からコーディングし直したとしても、もうそのままではいられないという状態でコーディングし直すとのと同じ結果は得られないのです。

そうです。私の初めての瞑想は愛、光と私自身の純粋な「本質《エッセンス》」の特質のパワーが明らかになった、忘れがたい体験でした。

そうです。45年を経たいまも私はその「存在」を私の内側で強く感じ、私は永続的な安らぎのゾーンに生きているように感じています。

そうです。私たちは自分自身のベストなバージョンでいることを誓い、心の声に耳を傾けて自分の直感的な特質を尊重するだけで自分自身のリセットを始められるのです。

そうです。そして、それまでの見方の現実が真実だとはもはや受け入れられなくなったときに永続的な変化が起こることを私は発見しました。

それは、私の友人が悲しみと怒りの気持ちでいることに辟易し、裏切りのエネルギーを捨てて安らぎを取り戻したときに起きたことでした。ひとつの状況が本当に終わらないと新たな扉が開かれないこともあるのです。

何かを成し遂げた状態になりたいという感覚は、私たちの心の奥深くから湧き上がるもので、永続的な変化をもたらすパワフルな機動力になります。

人のハートがしっかり存在することが求められる偉大なる啓示の時代に入ったのは確かです。人生そのものに含まれる日々のレッスンのすべてを通して、人のハート自体が疲れ果ててしまうこともあるからです。ハートが疲れ果ててしまったときに、自分には選択肢があるのだという啓示が訪れます。自分のベストなバージョンを顕現させ、滋養のあるゾーンで人生を生きるような存在の在り方に注目できるのです。

それでも、沈黙し静止していると、この「慈悲」のマトリックスを自分の内側や周囲に感じることができます。限りなく恵みを得続けるには、全体にとって有益になるよう、明快に努力を誓う必要があります。そうした誓いを、私たちはコーディングと呼びます。次のセクションで、「統合《ユニティ》リセット」プログラムに含まれる多くのパワー・コードを提供します。

しかし、自分自身の成長のために生物としての私たちのシステムを再コーディングするにしても、または量子のバイオ・フィードバックを使い世界規模で働きかけるにしても、心臓と脳が一貫性を維持した状態で再コーディングしなければならないことを私たちはいまでは理解しています。精神エネルギーだけでの再コーディンデングでは、個人やこの惑星のアセンションを果たすには充分でないのです。

## ベストなバージョンの自分自身になるためのリセット・コード

1990年代から地球上の意識が大きく変化し、多くの人が新たな存在になるべき道を踏み出しています。私にとって最も興味深いのは、どれだけ多くの人々が私たちの集いに出席し、よりよいバージョンの自分自身になるための努力を心から誓い、それを表明したかということです。

よりよい行動をし、よりよい存在になるといっても、様々です。ストレスを溜め不機嫌になりやすい母親が自分や子どもたちに対してもっと我慢強くなるということもあれば、働き過ぎの父親が家族ともっと質の高い時間を過ごすことを誓う場合もあります。食生活を改善したい、もっと運動したい、もっとクリエイティブになりたいという人もいれば、時間をより有効に活用したいというだけの人もいます。また、毎年、何千万もの人が新年に新たな誓いをしますが、その多くはよりよいバージョンの自分自身の実現をサポートしたいという誓いでしょう。

もちろん、自分自身のベストなバージョンがどんなものかは人により異なるでしょうが、美徳をより多く備えたバージョンとみている人が多いことは確かでしょう。

ヨガの行者や秘伝的なものに惹かれる傾向がある人は、ベストなバージョンの自分自身になるには自分の個性や自我意識、遺伝子や文化の影響を超えて本当の自分を知る必要がある、と感じがちです。

私が出会った人々の多くは、人のコアの部分には完璧な特質があるとする古代の賢者の言葉を信じて、すでに悟りが開けた自分の特質の部分を自己とみなせるように、自分のライフスタイルを変えました。

永遠の安らぎにいるのは不可能だ、と言う人々もいます。小さな木の葉のような人間の個性のみを自己として、煩雑なベータ波の脳波のスペクトラムに存在していれば、それは事実となるでしょう。けれど、いったん、より偉大なサポートを受けられるように転換し、自分自身の純粋な「本質《エッセンス》」を自己とすることができれば、永続的な安らぎのなかに存在することが自然になります。私たちが抱く現実のモデルが、私たちの純粋な特質である統合された状態を反映したものになれば、私たちは恩寵と感謝の安定した流れのなかにいられるようになります。この統合された状態でリセットし、純粋な「私という本質《エッセンス》」が形を得たものとして自分を動かせば、強靭なからだ、満たされた感情、精神的な安定、そしてスピリチュアルな安らぎも得られます。

私たちが「私という本質《エッセンス》」になり、生命体としてのシステムをそのように動かせば、自分の意図とプログラミングのコードでパワフルな結果をもたらし、それを人生で即座に経験できることが多いのです。

この「私という本質《エッセンス》」という言葉のなかの「私」とは、私たちに息を吹き込み生命を与えてくれる「神聖な私」を示し、本質《エッセンス》とはすべての生命に共通なエネルギーを示します。この純粋な「本質《エッセンス》」の恵みによってすべての生命は存在しているのです。

そして、統合とワンネスの体験をより高密度な世界に持ち込むことで、私たちは自らの人生を、私たちの「本質《エッセンス》」の特質の視点から楽しめます。こうしたすべてにより、私たちはまったく異なる見方で存在することをとらえ、地球上での人生についてより多くを理解することができるのです。

ここで覚えておくべき主な点は、私たちの純粋な「本質《エッセンス》」こそが、ベストなバージョンの自分自身だということです。

ですから、ここで少し時間をとって、何回か深呼吸をしてリラックスし、次の言葉を読みましょう。自分にふさわしい言葉だと感じたら、このコードが真実であると感じながら、ゆっくりとしっかり意味を噛みしめながら唱えましょう。

## ベストなバージョンの自分自身――シンプルなコード

純粋なハートで感じるままに唱えましょう。

**●私はいま、ベストなバージョンの自分自身と一体になります。**
**●私の存在のすべてのレベルがいま一体となり、ベストなバージョンの自分自身、私の「本質《エッセンス》」の特質と完璧に調和して波動しています。**
**●私の純粋な「本質《エッセンス》」と一体になるように、「システム」をリセット!**

次のリンクには、美しく録音されたより深い瞑想があります。
http://itunes.apple.com/au/alnium/best-version-essence-self-meditation-coding/1002025445

## 人間のパターンの完全性、そして限定的な領域

### 人間のデザインの完全性と二次元の領域

私は過去数十年の経験を通じた研究から、「本質《エッセンス》」は無限の恵みで、最も深く最も純粋なレベルに浸れば浸るほど、たくさんの恵みが得られることを学びました。

そうした恵みのなかには不可能、または超人的に見えるものもありますが、それはどんなエネルギーの貯水池に私たちが浸ったかで、その結果として生来の恵みが開花しただけのことなのです。

人間としてのシステムが構築された特別な方法も、私たちに与えられた恵みのひとつで、そのシステムには私が「創造の『ベースライン』」と呼ぶ、海の最も深い部分を感じ、そこに浸れる回路があります。

また、完成された人間の生物としてのシステムがもつ機能を的確に利用し体験するための知識にも、私たちは恵まれています。このシステムを最大限に活用するための知識、それにより何が提供されるかという知識も、私たちに与えられた恵みなのです。

知性、呼吸、パワフルな感情体と精神体のスペクトラムに恵まれた私たちは、どんな現実と関わることも、関わりをやめることもできます。私たちは、無限のものとして自分を表現することも、表現を限定す

ることもでき、無限の表現を選ぶことは統合意識になるということです。

ダイバーが底なしの海を探索するように、マインドのパワー、明晰さ、意志と意図によって特定のコードを適用すれば、「本質《エッセンス》」の海のより深いところへ行けます。ダイバーがどれほど深く潜れ、探索できるかは、より深い部分に耐えるためのトレーニングと能力にかかっています。

マインドのマスターと転換のスキルで、素早く状態を変化させ、別のゾーンに移ることもできます。

それにこだわらなくても、愛と私たちの人間性を受け入れることの重要さを私たちが知っているように、私たちはより悟りが開けたゾーンに生きることを選びつつ、二元性の世界の重要性についていま理解することもできます。

**基本的な事実として覚えておくべきこと**

●二元性は二元性として存在します。
●二元性の世界は私たちに、それは多くの恵みを与えてくれます。ですから、それはそのまま、提供してくれるものを愛おしんでよいのです。
●それがすべてだと考えたときにのみ、二元性は問題になります。
●限定的な人間の現実と思考の流れは二元性を特質とする世界の自然な一部分です。
●重要な学びのゾーンなので、二元性を変革させる必要はありません。
●私たちに必要なのは教育を通して培った意思や主張で、自分たちの意のままにこのゾーンとの関わりを断つことができ、そのためのツールもあることを理解することです。

●二元性のゲームは「本質《エッセンス》」の海と、より高次の可能性のフィールドに関する気づきと体験が不足しているために生き続けます。それを超越できる波動をもつまで、私たちはマーモット※の日のように限定された循環に閉じ込められることになります。

※アメリカやカナダで毎年2月2日におこなわれる、春の訪れを予想する行事。グラウンドホッグデーとも言う。

●より以上を求めて二元性を特質とした世界を超越することにオープンになれば、再び、私たちに生命を与えてくれる私たちの純粋な「本質《エッセンス》」のコアを抱擁し、しっかり浸るよう私たちに呼びかける新たなゲームが始まります。それにより、私たちは真に解放されるのです。

進化する私たちの世界と地球が、より悟りが開けた気づきの状態に移行するにあたって、私たち生き物には常に次の選択がある、と統合領域から私に接触してくる「存在」が述べています。

●自分の内側を統合し、他者ともより統合した人生を生きることを選べます。
●より純粋な愛のレベルの体験にオープンになることを選べます。
●すると、身体システムのより優れた燃料源として、気、プラーナといった新たなエネルギー・システムがあることを知り、それを利用することを選べます。
●もちろん、地球上で調和して共存することを啓蒙する、よりホリスティックな教育制度も選べます。
●すると、人生をよりシンプルにする準備ができ、それに「ＹＥＳ（はい）」と言えればパワフルな結果をもたらしてくれるスピリチュアルな道も選べます。

このようにリストは続きます。このすべてに誰もが心から「YES（はい）、YES（はい）、YES（はい）」と言ったら、あとは量子の「慈悲」がこうした夢を叶えてくれるのをただ見ていればよいのです。それはなんと簡単なことでしょう。

## 「YES（はい）」のパワー、そしてすべてを極めてシンプルに留めること

2012年の末から、私たちの情報の吸収の仕方が大きく変わりました。とくに、より素早く量子反応が来るようになったのです。思った途端にそれが現実になると多くの人から言われますが、それは私の人生でも実際に起こっています。

何年も前にそうするように導かれことがあります。それは、人と集まったときに何かよいことを聞いたり感じたときには「YES（はい）」と言う、ということでした。後で実行しようと書き留めるのではなく、いつでも「YES（はい）」と言う、ということでした。考え過ぎたり、分析し過ぎずに、一瞬立ち止まって、彼らのハートに向かって、ただこう言うのです。

**「YES（はい）、YES（はい）、YES（はい）、これをしっかり定着させ、私のためにいますぐ現実にしてください！」**

人が自分にとって正しいと感じたときに、即座にこの「YES（はい）」という命令を利用すると、彼

らの人生がシンプルに変わっていきます。そしてそれを見ているのは楽しいものです。そうした体験談は何度聞いても楽しく、また報われる気もしました。

けれどこの「YES（はい）」を経験上の真実にするには、自分の内側と周囲には無限の知性が存在し、母親が子供に対応するように、私たちの思考や気持ちを自分自身で常に認識し対応していることを知り、受け入れることが必要です。

私たちの多くは量子のバイオ・フィードバックについて知り、受け入れていますから、「YES（はい）、いまそれを私に定着させて、私の真実にしてください」という宣言は素早くパワフルなのです。

# 二元性から飛び出し転換すること、そして統合へ

## 量子レベルのバイオ・フィードバックを変えるために私たちにできる最も偉大な転換

すでに述べたように、私にとって1992年はとても大きな挑戦の年でした。それは、もっぱら自分のハートの呼びかけとは一致しない生き方から、より統合された存在に移行したからです。

私は自分が好きな仕事にはついておらず、単なる生き残りのような状態で暮らしていました。心の深い奥底では、すべてを手放したらよりよいものが代わりに現れるとは信じていなかったのです。

また、とても忙しく、無言で静止する時間はほとんどなく、習慣化した瞑想でなんとか人生はやり過ごせてはいましたが、望みさえすれば誰にでも得られる永続的な安らぎの状態に到達できるほど深い瞑想ではありませんでした。

永続的に健康で幸福で自分の内側ともすべての生命とも調和したリズ

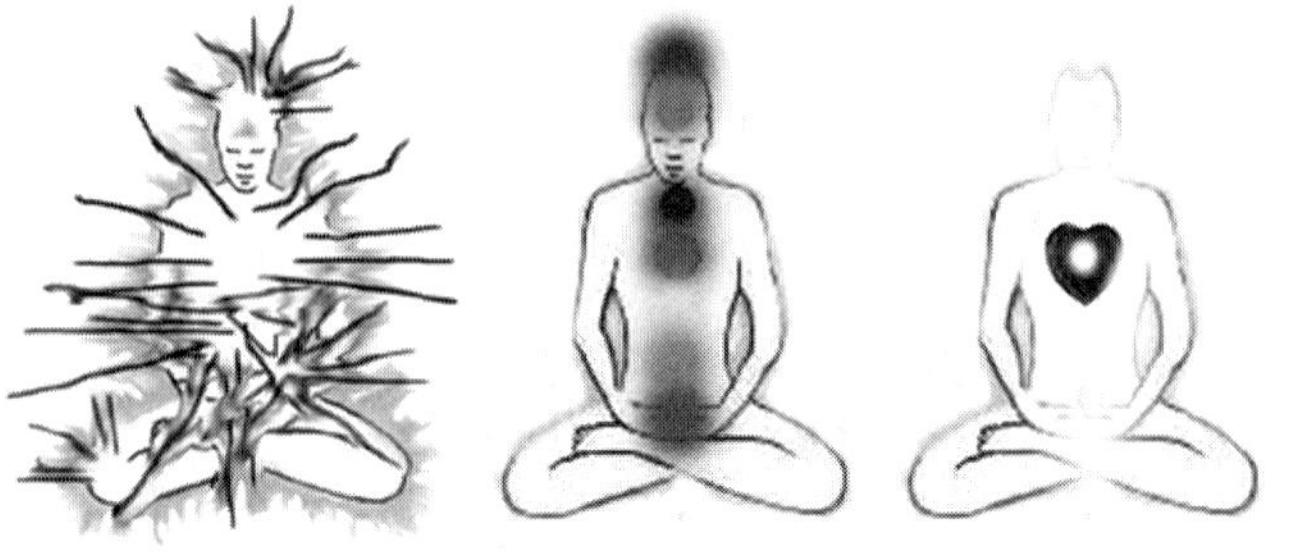

混沌から静けさ、そして完成

ムの流れには時々至れるものの、そうした状態に定着できたわけではなく、存在の多くのレベルでの統合はできていませんでした。

感謝の気持ちとマインドのマスターにより自分自身をリセットできるパワーを感じたことはあったものの、1992年当時は、私たちのすべてが棲む「本質《エッセンス》」の海の「慈悲」の特質は理解できていませんでした。自分自身の内側、そしてすべての生命との統合に深く身を捧げれば、この無限の「慈悲」からいかに多くの予想外の恵みを得られるのかも、私は認識していませんでした。

また、「創造のマトリックス」における私たちの位置づけが変化していることや、地球もアセンションを運命づけられていること、また自分の態度を変えることでスピリチュアルな現実のすべてを転換させられ、異なる反応を得られるようになることも、私は理解していませんでした。

これまでの私たちの研究のすべてを読めばわかるように、私は常に実験し、「本質《エッセンス》」の海に存在する生来の叡智とコミュニケートし、学んだことを常に自分の人生に活かしてきました。

この親交から得るガイダンスと啓示には、いつも神聖な息吹が感じられます。私が受け取ったなかで最も興味深いガイダンスの流れのひとつは、長い時間をかけて覚醒する過程を経ることなく、睡眠から覚醒に素早く転換する方法についてでした。

これについて、もう少し詳細に見てみましょう。

「転換」のパワーとシンプルさは過小評価すべきではありません。私にとってそれは「本質《エッセンス》」の流れにより深く浸ったときに得られるすべての恵みのベースとなるものです。転換とは、考え方を変えることで現実のひとつのフィールドから別のフィールドへ動くというだけのことではなく、自分がもっと体験したいと望むフィールドにより深く浸る決心をすることで、生物としての私たちのシステムの波動を変えることなのです。

シンプルにフォーカスすることにより、態度を変えるよう自分を訓練でき、それにより体験を転換でき、その転換により二元性から飛び出して統合に向かえます。分離のゾーンとは異なる存在の在り方にオープンになり、心が求めるワンネスのゾーンに自分自身を転換させることができます。

転換は私たちの人生のいまの時点でできる最もパワフルなことのひとつで、それは、私たちには精神的なスイッチがあり、経験としての存在の状態を自分でコントロールすることも選べるのだと、理解することから始まります。私たちの存在の状態には三段階の気づきの段階があるといえるでしょう。

私たちの選択は明らかです。

●第1の状態：そうです。確かに私たち人間は、耐えることと生き残りを学ぶ存在です。そして、二元性が毎日の秩序であり高密度の領域にある地球上で、生きるための多くが学べます。自分の真の特質の現実からは眠ったまま、自分がそのコアでは誰なのかに気づかないうちに人生を成功させることもできます。人によっては「眠っている」からといって不幸な人生とは限らず、それ以上を知りたいと願うまでは、啓示は受けられないということなのです。

●ですから、もっと知る準備ができたときに、私たちは覚醒と呼ばれる次の段階の存在の状態を探索できます。ここでは、私たちは自己修練と真の自己探索のゲームをします。これにはよりスピリチュアルに「なろうとする」態度、自分の真の特質とひとつになれるよういつかアセンション「したい」という希望が伴う場合もあります。これは多くの聖典で語られ、悟りへの道として奨励されるものです。

●覚醒の旅である第2の状態を通して、私たちは目覚め、第3の状態と呼ぶ状態に入ります。これは、アセンション（次元上昇）してディセンション（次元下降）した気づきの状態です。この状態では第2の状態の現実から自分の見方を転換させ、私たちのコアはすでに悟りを遂げた神聖な存在が形をとったものだという考え方を受け入れます。これを真に感じ、できる限り愛に満ち、賢く私たち自身のそうした側面を出現させることが、この状態でのフォーカスになります。

このような現実はめ新しいものではありませんが、上記のどれもが量子フィールドからの異なるバイオ・フィードバックを引き出すことになるという点を覚えておくことは重要です。

たとえば……第1の状態は木の葉の現実で、ベータ波の脳波が活発な状態です。左脳の論理がまだ人生を支配しているために二元性のゾーンに浸っているのです。こうした状態になりやすすのは、他に何が得られるのだろうと考え得る型に私たちがはまっているせいか、または、私たちの直感的な部分である右脳を尊重していないからです。右脳の働きは、自分を知り自己修練することにより強まります。

いったん気づきが限定的な第1の状態を終えたら、人生が生き残りを賭けたゲーム以上のものであることが直感的にわかり、自然に次の気づきの状態に行けます。

ですから、第2の状態はスピルチュアルな冒険者、または「なろうとしている」、「いつの日かにはたぶん」と考えている生徒の状態だといえます。「まだ到達していない」ゾーンに留められている状態であることは後で学ぶことになります。

第2の状態の旅路では自分の影の部分を見つめ、カルマの負債をクリアにしてバランスを取り直します。人間のどこが間違っているのかといったことを分析する過程です。

この過程では「何か直すべきことがある」というモードに留まります。ご承知のように、間違いは探せば探すほど見つかることを、量子により再確認させられ続けます。

量子は私たちが投映し続けることしか届けられないので、試みることと直すこと、そして主張することとそうなることには大きなギャップがあるのです。

第3の状態は「そうであるように振る舞う」ことから始まりますが、それを支えるのは考え方の転換の仕方を変えるという主張です。エネルギー的な支えとなるのは、それを経験としての真実にするライフスタイルと、「統合《ユニティ》リセット」コードです。

第3の状態では、私たちのすべての部分が完全な状態に戻ることを自然に愛するパワー、素早いリセットを可能にするエネルギーを、生物としての私たちのシステムに溢れさせるというシンプルな方法を使います。

この第3の状態では、神聖なる存在として私たちが発するすべての命令に、私たちの神殿といえる生物としてのシステムが素早く反応してくれることも、私は発見しました。この神聖な存在が内在していることを、私たちのからだは経験を通して知っているからです。この状態では、生物としての私たちのシステムは内在する神性を信じ、それに仕えます。

この第3の状態に完全に転換できたら、人生でリセットすべきことはなくなり、すべては完璧になり、私たちはリラックスして一瞬一瞬を楽しむことができます。第1の状態の生命体としてのシステムは第3の状態にある生物としての私たちのシステムとは大きく異なる働き方をしますが、それは第2の状態とも異なっています。たとえば、第1の状態では「源」を栄養源とすることは不可能ですが、第3の状態ではそれが自然になるのです。

## 第1の状態から第2の状態への転換――質問と考え方

自分の考え方を広げて次のように自問すれば、第1の状態からとても簡単に転換できます。

「私たちが望んでいるのは、人間のエネルギーのパターンで機能することか、それとも『創造』が抱くより充実したエネルギーのパターンで機能することか？」または、

「この物質世界の錯覚から抜け出して、私たちのコアの悟りが開けた部分である純粋な『私という本質《エッセンス》』として体験し始める準備が私たちはできているのか？」

こうしたことを感じ、知る準備が私たちにはできているのでしょうか？

また、他の現実のゾーンを感じ、知り、「永続的な安らぎの、すべての想像を超えるゾーン」に磁石のように引き寄せられる準備が私たちにはできているのでしょうか？

そうした質問にいったん「ＹＥＳ（はい）」と答えられたら、個人的な周波数の調整で自分が存在する状態を変えられるようなライフスタイルが必然的に選べるでしょう。

多くの人々が古代の叡智を学び、それぞれの伝統が与えてくれるツールを活用し、自分の真の特質に近づく覚醒への状態の移行を成し遂げました。が、このことは前著でも詳しく述べたので、いまは第２の状態から第３の状態、そうなる状態からそうである状態への移行に焦点を移しましょう。

## 第２の状態から第３の状態への転換――素早いけれどパワフルなリセット

私たちがいま提唱しているのは、「私は特定の生き方をすることで、私のなかの純粋で完璧な部分にもっと同調しようとしている」、「ライフスタイルの調整と態度の調整、瞑想とヨギのような暮らしで、いつかはその私のなかの純粋で完璧な部分と『神聖なるワンネスの結婚』をした状態になるつもり」といった第２の状態の態度を素早く超越することができるのだ、ということです。

その代わりに第３の状態に直行し、すでに悟りが開けた「私という本質《エッセンス》」としての存在として自己確認するのです。私たちの真の特質を感じ、生物としての私たちのシステムを「本質《エッセンス》」のエネルギーで溢れさせるためには、「ベストなバージョンの自分自身になるためのリセット・コード」の項で紹介した特定の主張のコード（56ページ）を利用します。

第3の状態を主張し、その感覚をつかめば、私たちを流れる「本質《エッセンス》」の存在性は広大で無限で永遠で壮大であり、生物としての私たちのシステムの「ベースライン」のコアにあるのは純粋な愛の「慈悲の存在」がであることに気づけます。そして、それは私たちのエネルギー・システムの全体に満ちており、そうでなければ私たちは生命をもち得ないことが体験としてわかります。

ですから、第2の状態から第3の状態に移るには、「いつか、特定の生き方をすれば叡智や知識が得られ、私のなかのより悟りが開けた部分を体現できるかもしれない」といった考え方は捨て、第3の状態に直接転換して、「私たちは『本質《エッセンス》としての私』であり、この事実に注目して『本質《エッセンス》としての私』の周波数が優勢なシステムになる」と主張するのです。

それによって得られる量子バイオ・フィードバックは驚異的です。「私という本質《エッセンス》」が私たちのシステムのエネルギーとして最もパワフルで優勢になるように可能な限りサポートすれば、それはとくに顕著です。

これにも考え方の転換が役立ちます。

たとえば……「私という本質《エッセンス》」である自身がいままでは支配的になり、完全にディセンションできていると考えてはどうでしょう。**「私は純粋な愛」**という統率のコードを使うほどに、ディセンションと支配力は強まります。

別の見方をすれば、アセンションのゲームをする代わりに、ディセンションにオープンになり、生物としてのシステムは私たちのなかにあるアセンションした特質の神殿が完全にディセンションして体現するためのものだ、と考えてみてはどうでしょう。

そして、毎日のライフスタイルをそれにふさわしいものにし、さらにこのディセンションを速めるための特定の考え方とコーディングをして、生物としての私たちのシステムの電気回路がこのディセンションと「本質《エッセンス》」の注入に耐えられるよう準備します。

## コーディングの効果をテストする

多くの方がすでにご存じのように、私はよく気の調整器を使ってコーディングのパワーをテストします。この気の調整器は、床に寝て小さなパッドの上に足を載せると左右に揺れ、リンパ腺を刺激し、私たちのバランスを調整してくれるだけでなく、とても微細なレベルで私たちをより強く健康にしてくれる素晴らしいシステムです。このサイクルの終わりにはエネルギーが満ちますが、私はそれを純粋なプラーナ、気が私たちのシステムに解放されると表現しています。

プラーナは「本質《エッセンス》」の海のエネルギー、宇宙の生命力で、そのエネルギーが私たちのなかを駆け巡ると、私たちはそれをリンパ腺を通して感じます。というのも、私たちのからだの大部分は水だからです。プラーナの海は生命の「本質《エッセンス》」で、私たちのなかを流れ、私たちの内側にも周囲にも存在し、愛として感じたり、光として見えたり、宇宙のハーモニーとしても聞こえ、私たちのすべての飢えを満たしてくれます。この海が私たちプラニック・ピープル（プラーナで生きる人々）に滋養を与えてくれるのです。

ですから、気の調整器の1サイクルが終わり気が満ちたときにコードのパワーを試すと効果的で、私自身のコアの広大さと、私の神殿である生物としてのシステムに体現され、さらに広がろうとしているものは、無限の「私という本質《エッセンス》」のエネルギーのほんの一部に過ぎないことがただちに感じられます。

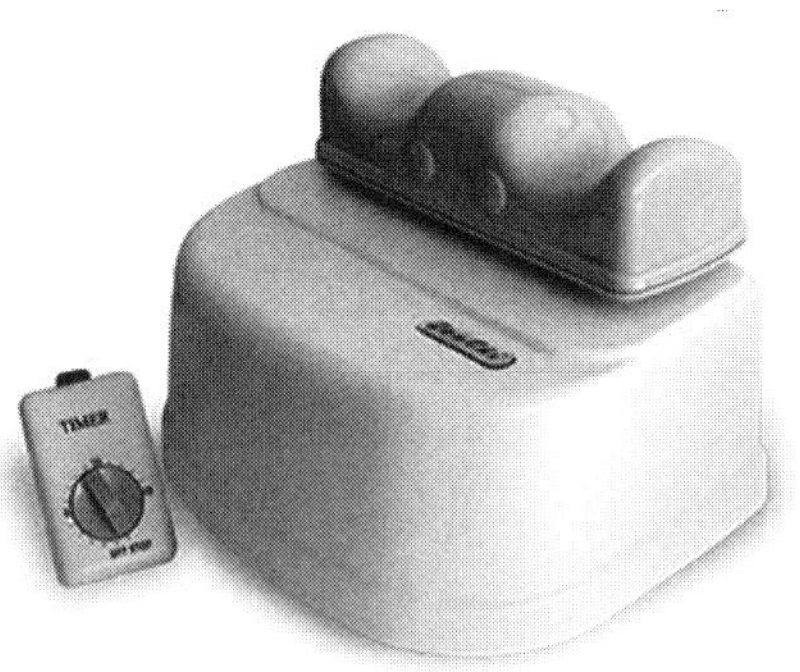


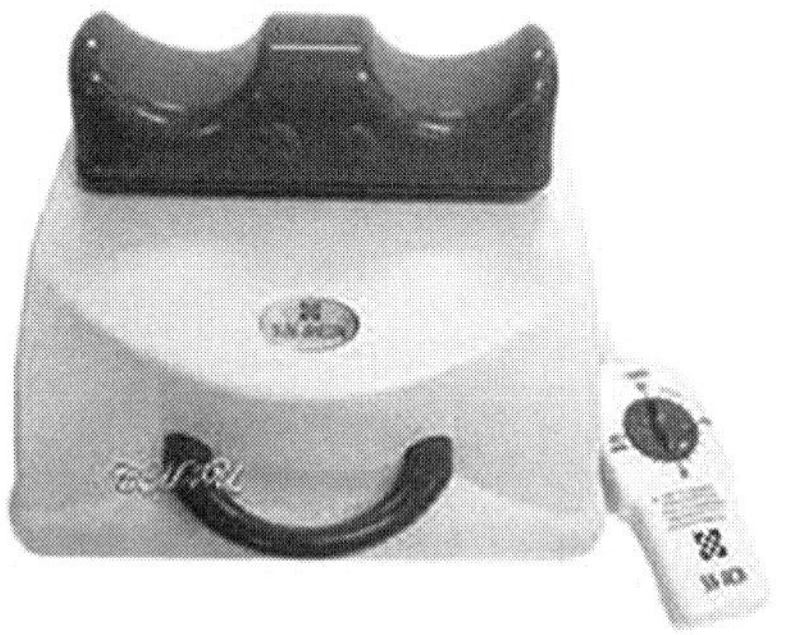

コードを調整することでも、エネルギーの流れの変化が感じられます。
こうした装置はインターネット上で探せます。値段も様々です。
私は「THE ZENCHI」を利用しています。

## すべてをとてもシンプルにすること

言い方や概念は異なるとしても、自分の内側や周囲で感じ、体感できる最も滋養に満ちたエネルギーのパターンは「創造」の「ベースライン」であることを、多くの人が発見しています。この「源」のエネルギーの認識の仕方や呼び方は人により異なりますが、それはマトリックス全体を生み出した「私という本質《エッセンス》」のエネルギーのことです。

それでいて、意識が拡張するにつれ、その拡張のツールは複雑になるのではなく、よりシンプルになることを私たちは発見しました。ですから、私たちにとっての最高の転換とは、「純粋な私という本質《エッセンス》の存在性」が自分自身の周波数として優勢になり、私たちのシステムから輝きだせるようにすることですが、そのやり方は様々です。

本著の要点はここにあります。「統合《ユニティ》リセット」コード・プログラムと、後で紹介する「本質《エッセンス》」の海のコーディング・システムが、この状態の変化を促進させるからです。

「私という本質《エッセンス》」が周波数として優勢になれば、地球上の人生は他とはとても異なり、たやすく楽しみに満ちたものになるのだと覚えておきましょう。

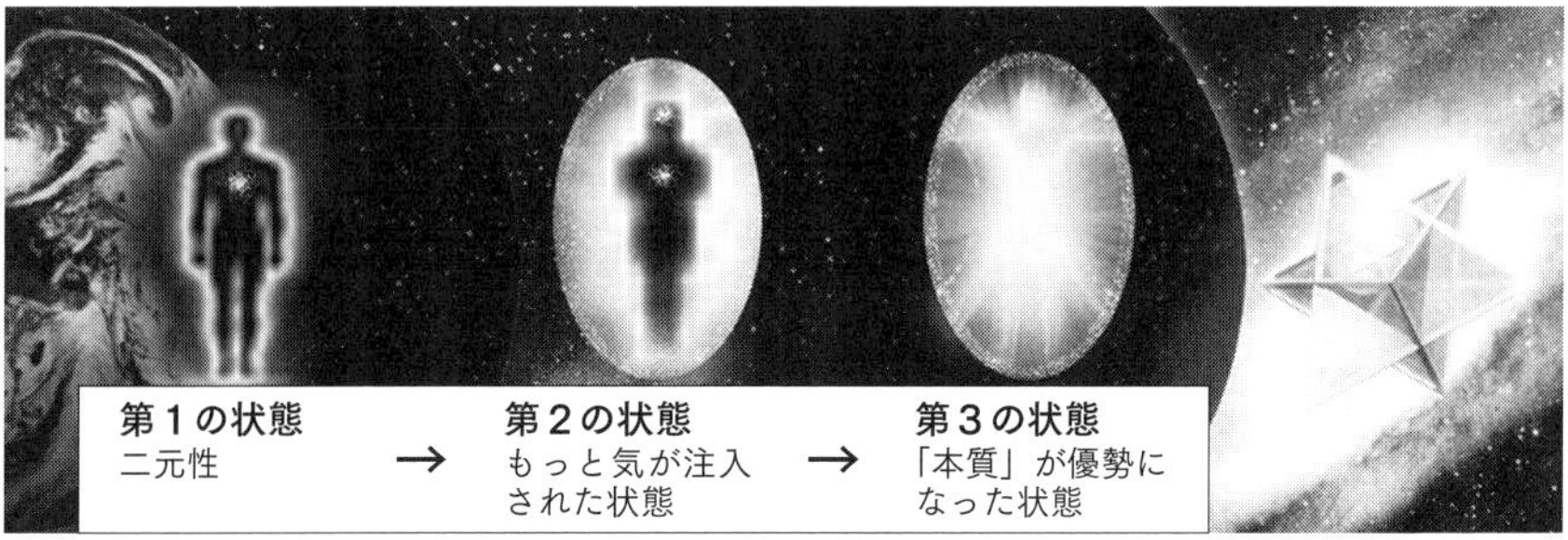

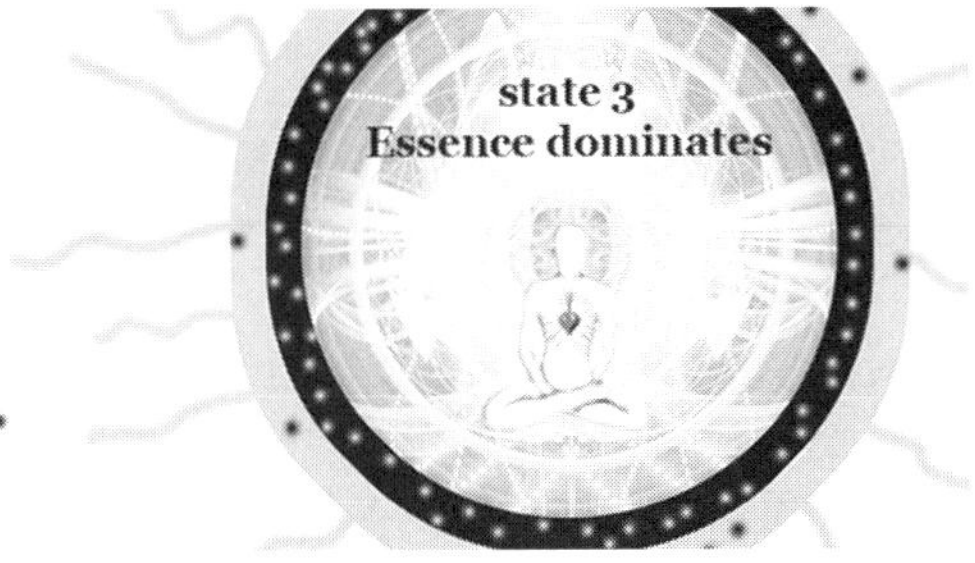


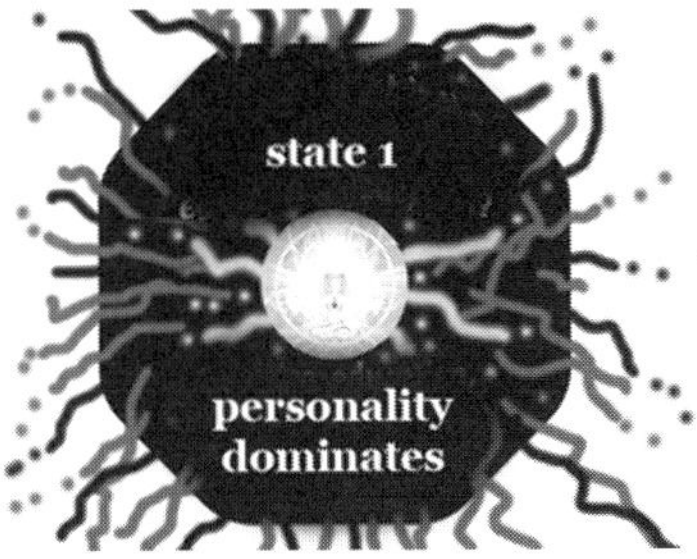


## まとめ――シンプルな態度の調整

第1の状態の態度：「ライフタイルの調整、態度の調整と瞑想、ヨギのような暮らし方を通じて、私は私のなかの純粋で完璧な部分と神聖な結婚をした状態になってアセンションします……」

この態度を次のように転換しましょう。

## 私は純粋な本質《エッセンス》が形になったものです！

より偉大な本質《エッセンス》としての「私」が完全に覚醒して生物としての私たちのシステムのなかに存在し、「私という本質《エッセンス》」である自分自身が優勢になり、右記のコードを使うたびに、よりディセンションするという考えを維持してみてはどうでしょう？ 少し試してみましょう。

## 体験としての事実と帰結

●エネルギーのシステムとして、私たちは自分の気配りや信条、フォーカスによって栄養を得るエネルギーを発信しています。ですから、私たちの「純粋な特質」（「愛の宇宙の法則」による）を完全に体現し、輝きだせれば、それが自分自身や世界に与えられる最大の恵みになります。

● 「私という本質《エッセンス》」が優勢になり輝きだせば、私たちは円満で完成したと感じ、飢えからも解放されます。

## 休眠か優勢になるか――私たちのエネルギー・フィールドの輝き

### さらなる視覚的洞察と体験から得た事実

73ページの図では、私たちの個人的なエネルギー・フィールドが優勢で、脳波のパターンは通常はベータ波に留まり、人生には一般的な上下の波があります。人生の出来事に逐一反応しているので、輝き方も不完全です。健康、調和、幸福と安らぎに向けたリズムも不安定で、通常は二元性のゾーンにいます。

73ページの右図では私たちの「本質《エッセンス》」のエネルギー・フィールドが優勢で、人間としての人格である自己は小さなダークブルーの点として影響しているだけです。私の「本質《エッセンス》」が優勢になると、私たちを限定していた多くから解放され、人生は恩寵に満ちたものになり、プラーナから肉体に栄養をもらうことができます。この統合された状態では、永続的に安らかで、執着がなく、より大きな全体像が見えます。

ご承知のように、私たちは肉体、感情体、精神体とエーテル体からなる生物としての私たちのシステムに宿っているので、私たちが自分自身の存在のより純粋な部分と統合し、それを自己認定する過程へのリセットを始めれば、生物としての私たちのシステムにとってそれは有益なのです。

私たちが肉体、感情体、精神体とエーテル体に宿っている理由は、「私という本質《エッセンス》―我すなわち存在」が、この極めてユニークなシステムを通して極めてユニークな方法でこの領域を体験するためだということも多くの人が理解しています。

無形だった存在が形をもつときには、エネルギー・システムの宿主となるその形が必然的に周波数の所有者、発信者になります。

高密度の二元性のゾーンの深みにはまるほど、私たちのシステムにはそのゾーンの周波数が溢れます。または他の周波数のスペクトラムを保持し発信することを意識的に選択することもできます。

この意識的な選択が覚醒と呼ばれるもので、生物としての私たちのシステムが光の体《ライトボディ》を通してつながっている、より広大なエネルギーのウェブ（網）について完全に目覚め、気づくことです。このことについては後ほど詳細に説明します。

私たちの神殿である生物としてのシステムがすべての生命の内なる「本質《エッセンス》」に気づきやすいように、私たちは愛を込めて、「私という本質《エッセンス》の存在性」を「創造」の最も純粋なコアとして招き入れることができます。それが神殿である生物としての私たちのシステムで優勢になり、完全にディセンションして生物としての私たちのシス

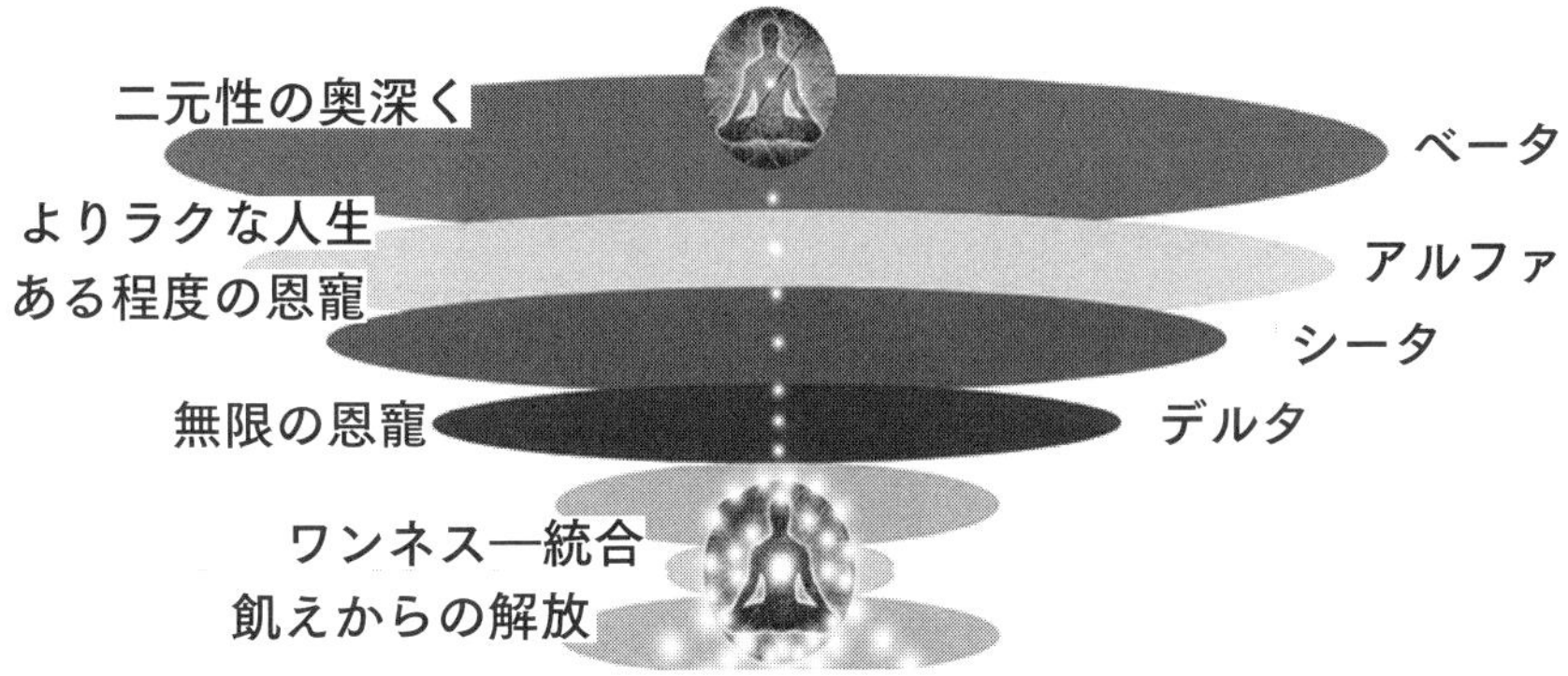

テムを通して完全に体現できるように。
私たちはまた、このディセンションが私たちの最善に向けて、完璧な方法かつ完璧なタイミングで起きるように意図し、宣言することもできます。
完全な支配権を与え、ディセンションを完遂させ、私たちの最も純粋な部分を体現させられれば、それは素晴らしい体験になります。ハートがそれに向けてオープンになり、意図的に、すべての最善になるように私たちのコアをフルに体現すれば、それだけで私たちの内側と周囲のエネルギー・フィールドに深淵な変化が起こり、人生はまったく異なるものに変わります。

**素早いリセット**

ここでいったん立ち止まり、ゆっくり息をして、あなたに呼吸させているエネルギーを感じられるよう感覚をオープンにしましょう。それから、リセットにふさわしい心からの言葉を感じとり、見つけて、あなたに喜びと安らぎをもたらすように、生物としてのあなたのシステムへの完全なディセンションを導きましょう。次にこの純粋な「本質《エッセンス》」の特質があなたのなかで優勢になり、あなた自身と進化するこの世界にとって最善が導けるように心から祈りましょう。

私は数年前に、バーバラ・マークス・ハバードの著書『Emergence: The Shift from Ego to Essence』を

読むよう導かれました。彼女が「普遍的人間」と呼ぶものについて、また私たちの純粋な「本質」の特質と融合するためにたどるべき過程ついても、シンプルに深く理解できます。

表現は異なりますが、その主旨は私が意図することと同様です。

肉体という「神殿」のシステムを放棄して私たちの純粋な「本質《エッセンス》」の特質に戻る必要性について、それにはライフスタイルとコーディングが鍵であると私たちは考えます。バーバラは「本質《エッセンス》」の特質、私たちの「本質《エッセンス》の自己」がシステムにしっかり宿り支配するようにするのだと語っています。「人格としての自己」と私が呼び、彼女が「局地的な自己」と呼ぶものが、私たちの特質とワンネスの状態に戻り融合できるようにするのです。

私たちがいまここでこう述べているのは、バーバラが推奨する方法を好む方もいるだろうとわかっているからです。また、ブルース・リプトン博士、ジョー・ディスペンザ博士の研究も読む価値があります。

75ページの図は、存在の波動の状態の異なるゾーンを示しています。

## 「ベースライン」にリセットで戻り、「ベースライン」でつながる利点

第1の状態から転換して第3の状態を体験して意識的に「ベースライン」に戻れば、生物としての私たちのシステムはそのゾーンにリセットされます。つまりそのゾーンにつながることができるわけで、その利点は無限大です。この純粋な「本質《エッセンス》」の「ベースライン」にフォーカスすれば、愛と叡智、平和、至福、

喜び、滋養、完遂感やその他、想像以上のものが生物としての私たちのシステムに溢れます。「本質《エッセンス》」の存在は私たちの内側で生きているので、単なる肉体のシステムだけでなく、この無限の知性と意識的に明確に親和することで、私たちは解放され、力づけられます。親和するということはまた、意識的なコーディングも意味します。コーディングをする際には、エネルギーのシステムとして自分がどう機能したいかについて考え、そう指示することが必要です。

効率的な融合には明晰さと意図、周波数の合致といったこともすべて重要で、また自由に探索できなければなりません。それによって知識も得られ選択の幅も広がるからです。外界という錯覚の世界の外にあるものを探訪する能力を養うには、無言で静止できること、オープンになること、瞑想すること、そして「周波数を上げる」ライフスタイルも重要です。

事実はシンプルなものなのです……知らなければ問うことはできず、求めなければ見つからず、問わなければ知ることはできず、準備ができていなければ来るべきものの重要さを素早く理解することはできない、ということなのです。

他の人が考えつかないような変わった質問をする人たちもいます。たとえば、私は7歳のときに「地球上で誰もが調和して平和で生きられるようにすべての飢えを取り除いてくれ、すべての子供たちの面倒をみてくれるエネルギーはあるの？」と尋ねました。この問いかけがあったから、生物としての私たちのシステムで「本質《エッセンス》」が優勢になればそれが私たちに栄養を与えてくれることを、のちに量子の「慈悲」が明かしてくれたのです。

そして、数年前に私が想いを馳せていたのは、

「マトリックスのなかに存在する私が、生物としてのシステムとして発信するエネルギーで『創造物』のすべてに栄養を与え、充実させられるようにはなるのかしら？」

そして、

「エネルギー的に交流するすべての存在に向けて、生物としての私たちのシステムがすべての最善になるような完璧な周波数を発信することはできるのかしら？」

その答えは、「イエス」です。


これを届けられるエネルギーのゾーンと同調するだけで、それが可能になります。そのゾーンにできる限りもっと一貫して関わり、そのゾーンにしっかり錨を下ろし、そこから発信できるようになったときに、です。


このゾーンが「本質《エッセンス》」の「ベースライン」です。

「創造」の「ベースライン」は私たちすべてを結び、私たちに息を吹き込みます。すべての生命が共通してもっているのが、このゾーンです。

それはパワフルかつ純粋で、私たちがそれに注目しようがしまいが、すべての生命に注がれています。愛に満ち叡智に満ちたその無言のパルスが、私たちすべてに生命という尊い恵みを与えてくれるのです。

私たち自身のなかにあるこの部分を自己とするためには、このパルスからエネルギーを得ることにオープンになり、もっと滋養を得て充実することにオープンになる必要があります。私たちが望み、「すべて

以上」のゾーンを探索する準備ができたときに、すべてはそこにあります。

けれど、地球上でいまこの瞬間誰もが、統合された、つまりアセンションした意識の状態になるべきなのでしょうか？　そうとは限りません。それは個人が人として体現化する前に立てた計画によるのです。

私たちはディセンションする前に、何を成し遂げたいかを自由意志で決めているからです。

# 第2章

# リセット、そして統合領域へ

# 休息の人生、そして再創造

## 判断しないこと、そして休息の人生

私は広いラウンジの端に座っていました。背後の窓から太陽の光が差し込み、エンジェルの顔を照らしていました。

「さぁ、荷物をまとめて私と一緒に帰りましょう」

そう私は優しく話しかけました。

彼女は私の誘《いざな》いには惹かれるものを感じたものの、まだ躊躇しているようでした。そこで、私たちは話し続けました。

私には彼女を取り巻くフィールドが見えました。彼女が地球上で生まれ変わってきた人生の数々と、彼女が得たすべての叡智が見えました。まだ実現させていない彼女の可能性も見え、彼女が自己破壊的な道に留まっているのはなんともったいないことだろう、と私は思いました。

私のマインドを読んだかのように彼女は言いました。

「私が選んだ生き方なのです。地球にいる時間が長くはないことはわかっていました。自分が何をしているかはわかっています。信じてください。これでよいのです」

「でも、この家を出て、私と一緒に来れば、あなたはやり直せるのよ」と私は誘いました。
「新しい人生が始められるようにしてあげる。健康も取り戻せるし、あなたに必要なものが何であれ、助けてあげる」

しかし、今世で私たちが彼女の助けになるチャンスは去りました。彼女を納得させられなかったのです。私は渋々彼女のそばから離れました。クリスタル・メスのたまり場になってしまい、薬物依存者が彼女の自宅の玄関にたむろしていましたが、そんな状況を離れてより健康的な環境に移るように彼女を説得できなかったのです。親切で慈愛に満ちた彼女には自分を必要とする人々を拒むことなど決してできず、自分自身の面倒をみることができなかったのです。

数年後、私は地元の病院の終末期医療病棟のベッドに横たわる彼女のそばに座っていました。全身癌に冒された彼女にとっては、そこがこの世で見る最期の場所でした。42歳という若さで、なんと残念なことでしょう。彼女をそこから連れ去りたい衝動を抑えるのに私は苦労しました。

私は精神的な安らぎを希求しました。彼女には、そんなにたやすく諦めず、現状に満足せずに別の癒しの道を選び、闘ってほしかったのです。けれど私にできることはそこにいることだけでした。彼女の人生は彼女のもので、私のものではないからです。
「調子はどう？」と私はそっと聞きました。彼女のフィールドはグレーで、生命力が去ろうとしていることに私は気づいていました。

彼女の目には叡智の輝きがありましたが、受容と安堵の影もありました。

「私の心は安らかよ」と彼女はそっと囁きました。

「夫にとっては辛いのはわかるけれど、私は安らかなの」

私も彼女の運命を受け入れながら「何か私たちにできることはある？」と聞きました。

「ただ、ここにいて」と彼女は言いました。

それで、私たちはそこにいました。

私はこの愛らしい若い魂とは旧知で、訪ねるたびに昔を思い出し、切なく、超現実的に感じました。3週間後、彼女は肉体とこの世を離れました。その当時は気づかずにいたのですが、この美しく気づきに満ちた若い女性は、今世では休息の人生を送ったのです。


自分の最高の可能性を実現することや、ベストな自分のバージョンでいること、また、自分の純粋な特質が優勢になれば体験できる喜びについて多くを語ってきましたが、それはすべての人にあてはまるわけではありません。なかには私たちが休息の人生と呼ぶ人生の最中にいる人たちもいるのです。

休息の人生は、ただリラックスしてありのままにいるという選択です。この人生では、より高次の現実への関心を示す兆しは何もありません。魂を探索する瞬間も、魂の暗夜といった体験もないことが多いのです。それはディセンションした存在がシンプルに肉体をもつことを楽しんでいるだけだからです。または魂の暗夜といった体験をするだけでは転換できず、真の自分を探し、第3の状態を楽しめるようにはならない人もいるのです。

こうしたことに関して、「統合」領域の存在が常に強調する最も一般的なアドバイスがあります。自分自身や他者に対する判断をすべて手放せ、ということです。私たちが今世のすべての瞬間、人として生まれるすべての体現や次の体現――つまり今世で成し遂げようとしたことのすべてを思い出せるまで、全体像は見えず、全体像のデータが揃わない限り情報に基づいた意見ももてず、価値ある判断もできないからです。

あなたの愛する人がその最高の可能性を実現していないように感じることもあるでしょう。そうした場合に、その人を支えてあげるためには、自分自身がしっかり人として体現し、そのコアから輝くのがベストなのだと覚えておきましょう。その状態にいれば、記憶のゾーンにアクセスでき、より大きな全体像の啓示も得られ、すべてにもっと滋養を与えられる存在になれるからです。

# 思い出すという旅路

## 思い出すという楽しい旅

自分が誰でなぜこの地球にディセンションしたのか、そして与え、得るためのどんな恵みを自分に用意してきたのかを思い出す過程は複雑な旅路にもなり得ます。

また、質問し答えを得るたびにさらに疑問は増え、より高次の事柄を知ろうと求めるほどに、自分は何も知らないことに気づくようです。それは高次の領域の叡智が啓示のゾーン同様に無限だからです。

このゾーンの様々な層の鍵を開けるには、周波数を合わせる必要もあります。そのエネルギーとマッチするまで私たちには開けられないゾーンや領域もあるのです。けれど、私たちの純粋な「本質《エッセンス》」の特質が完全に顕現されるような現実のモデルに遭遇できれば、私たちは存在についてのより多くを直感的に学び始めることになります。

繰り返し言いますが、コアの部分では、自分が誰かを思い出し体験する過程は、西洋の教育の一部にはなっていません。東洋のスピリチュアルな伝統や秘教的な伝統は、私たちの純粋な「本質《エッセンス》」の特質に関わる道を提供してはくれますが、とても複雑な場合が多いのです。

より高次の現実にアクセスし理解することは簡単ではありません。単なる好奇心だけの人は結局は脱落し、真摯な探求者のみが、最終的にそうした叡智の恵みが得られる仕組みになっているのです。

多くの人はまだ二元性に根づいた生き方をしているか、どうしたら二元性を超越できるかにフォーカスしていますが、地球自身もいまでは異なる進化の時点を迎えています。

より統合された状態に戻るための旅路のはじめに私たちが学ぶべきことのひとつは、新しいことは何もないけれど、すべて思い出さなければならないということです。それは高密度に入るたびに記憶喪失という恵みを与えられるからです。

これは次のような意味です。

- 私たちはコアでは誰なのか、私たちの特質が生物としてのシステムで優勢になったときに何ができ、どう感じるかを思い出すこと。
- 私たちはより大きな全体の一部であり、そして、この地球での役割を果たすためにディセンションすることを選ぶ前に、統合意識で生きていたときにはどうだったのかを思い出すこと、さらに、自分が地球に恵みをもたらすことに同意したことをを思い出すこと。
- そして、地球上にいる間に、恵みが何を私たちに与えてくれるのかを思い出すこと。
- 地球か他の惑星で形を得た他の時代について思い出す場合もあるかもしれません。
- とくに、いまこの地球上で人として生まれ変わってきた数々の人生について思い出すこと——それは習得した恵みや才能であるかもしれません。

●旅路を分かち合うために私たちと共にディセンションした人、またはしばらくは地球に来る予定はないものの、より高次元から私たちを支えてくれる存在など、私たちが人として体現する前に他者と結んだ合意を思い出すこと。

# 啓示

他の存在には知られていた驚異的で未知なる事実
人間存在に関する、人類への神聖で超自然的な開示

## 啓示のゾーンの「慈悲」

自己修練と自己責任を求める行者の道を歩いた人は、転換し、より大きな全体像に目を開き自分の視点を変えることの重要性を理解しています。

また、啓示のゾーンで私たちが感じる賢く愛に満ちた「慈悲」や、純粋な愛のフィールドにいる存在との出会いを楽しむようになった人も多いでしょう。

啓示のゾーンに入るために、あるいは直接的な体験として私たちの「本質《エッセンス》」の特質を知るためのパワフルな転換のツールとなるのが、瞑想です。

瞑想によって素早く深い静止と安らぎに転換する能力を開発できることも、私たちに与えられた偉大な

恵みです。無言で静止したときに私たちはそれは多くを感じ、学べるからです。私たちの「本質《エッセンス》」と融合するという明快な意図での瞑想は、私にとっては人生で体験できる最も喜びに満ちた旅路です。

瞑想がもたらす、整合性が高く意識が拡張した気づきの状態で、私たちは永遠なる目撃者として、より大きな風景が見られることを発見しました。啓示の流れは常に私たちのまわりを流れており、私たちの準備ができれば、さらに多くの流れが来るのです。

この意識が拡張した状態で、集団としての人のハートがより多くを求めており、私たちのハートに耳を傾ければそうした愛と平和を知ることができ、愛と叡智が合わさったときに流れる、より高次の理解が得られ、完璧な経験としての啓示とそれがもたらすパワーが明らかになるのです。


啓示のフィールドは、次のように異なる方法で多くの人々にオープンになっています。

●人生の課題に直面したときに得られるより高次の見方の啓示。自己中心的な見方で消耗するのをやめて他人の立場に立ち、彼らにとっての人生について理解を深める。これがエンパシーの「慈悲」です。
●自分の課題の背後にあるより大きな全体像が見えるよう祈って身を任せたり、真摯な心で願ったときに得られる啓示。すべての後に、突然ひらめき、旅路をより容易にしてくれる「ああ、そうだったのか」という洞察が得られます。これが完璧な解決の啓示です。
●そして外側と内側の状態についての啓示があります。外界に魅了されるか、その代わりにすべての領域の背後にある内なる世界、愛、そして洞察に満ちた無限の叡智で輝き続ける「ベースライン」に魅了されるかの選択です。

●そして深く静止し、煩雑なベータ波から私たちの存在の膨大さが感じられるアルファ波、シータ波に脳波のパターンを呼吸によって変えたときに得られる啓示があります。

●そして、このゾーンでつながり、リラックスし、生まれ変わり、想像を超える事柄が明かされるという啓示があります。

●そして直感を使えば物質世界が見せてくれる以上のことが体験できるという、人間の形をとった存在がもつ精妙さが啓示されます。

●それには私たちがディセンションして人として体現する前の、私たちの生命についての大きな全体像の啓示も含まれます。そして、私たちが自分に課したプラン、挑戦や目標、この世界にもってくることを選んだ恵みの啓示、もういちど二元性のフィールドにどっぷり浸かり高密度になることによって得られるものの啓示、さらに、どうしたら日々の暮らし方以上に意識を拡張し、すでに悟りが開けた私たちのコアのゾーンで生きられるかについての啓示があります。

●そして、最初に無形の存在でいて、それから有形になり、自分がコアでは無形であることを忘れてしまうという問題への対処法についての啓示があります。

●そして、さらに人間としての体験にこだわり過ぎることですべては神聖であることを忘れがちなのだという啓示があります。

●それ以上のものがあるのだとハートが呼びかけ、囁いてくれるまで続きます。

●そして、そのハートの呼びかけを無視するか、または耳を傾けるかの違いについて耳を傾ければ、地球上での人生がずっとラクになるのだという啓示があります。

存在する目的は、次のような啓示を受ける喜びを体験することだという人もいます。

●「創造」の背後にある純粋さの啓示。
●「創造」の存在と創造を許す極めて「慈悲」に満ち「神聖」な愛の啓示。
●愛が運ぶ叡智の啓示。
●愛と叡智が組み合わさったときに真のパワーが生まれるという啓示。
●「創造」の織物の特質。
●「創造」の「マトリックス」を形づくる神聖幾何学のパターンの啓示。
●そうしたパターンがどうダンスすれば宇宙と生命が生まれるかの啓示。
●誰もが深く足を踏み入れ利用できる無限の可能性のフィールドと、それを利用するから得られる喜びの啓示。
●真の解放の体験と、それがもたらす楽しみ、至福と満足感についての啓示。
●存在の多次元性、私たちが探索する層のなかにも何層もあることの啓示。
●啓示には終わりがないという啓示。

# 観音の物語

「在ること」が、「すること」をするとき……
有言実行……
生き証人になる……

## 人生の洞察――生き証人になる――観音との驚くべき出逢い

混じり融合することによる「統合」というテーマについては、ずっと以前から考えられてきました。個人的な波動の移行により存在のどんなゾーンにも行けるという考え方もです。私たちの世界でも、瞑想家の間ではこうした考え方は一般的です。また観音が愛の法則を示してくれた次の物語からもわかるように、とくにフィールドがつながったときには「本質《エッセンス》」がそれはパワフルに輝くのです。

私はホテルの部屋で休憩しようとしていました。6ヶ月間旅をし続け、1日おきに新しい町や都市に移動していたのです。観衆の多くは、ハートをオープンにして応援してくれ、気づきを得た人たちでしたが、なかには興味津々に耳を傾ける人や、懐疑的な目を向ける人もいました。そうして、旅の最後のイベントも終了しました。

夫がベッドでリラックスしている間に、私はお風呂の用意をするためにバスルームに行きました。熱く狭い空間に座って、つかの間の静寂を楽しんでいました。

すると、どういうわけか、また魔法が起きたのです。

私が愛のゾーンに留まっていると、自分自身が急速に拡張するのが感じられました。まるで空高く飛翔する鷲のように、宙を飛び、気づきのなかで上昇していく感じがしました。

それまで私がいた通常の世界はすべて消え、私は白い光の世界に入りました。それは眩しく輝く、極めて高尚で安らかで精妙な、清い海でした。

光のなかから顔が現れました。そのフィールドに素晴らしい慈愛と静寂をもたらし、知るべきことをすべて知る深遠な知識をもつ姿でした。彼女のゾーンに歓迎されている間に、そうしたすべてが彼女から輝きだしていました。

私の前に立っていたのは観音でしたが、彼女がイシスや聖母マリア、その他の女神たちがとりたいすべての形を内包していることを感じました。

私は少し驚愕し、沈黙の観察者として畏れ多くもそこにいました。私のほうから求めなくても彼らがやってくるときにはこうした流れに身を置くことになることを、予想していなかったからです。

無言のまま彼女は微笑み、私たちはお辞儀を交わしました。彼女は振り向いて歩み去ろうとしましたが、私は自分が彼女の後を追わなければならないことがわかっていました。

突然シーンは変わり、私の視界は広がり、原子力によって壊滅したフィールドにいました。原爆が落とされた後の広島のようで、すべてがグレーで暗く、生命力を失っていました。愛も光もなく荒涼とした黒の世界でした。

沈黙し畏れのなかで頭を下げながら彼女の後を追っているうちに、彼女が歩き出し足を踏み入れた地面が変貌していっていることに気づきました。聖なる彼女の足が触れた大地は、荒涼とした灰色で空っぽの空間から草花の色に変わりました。

彼女は原子力災害の荒れ地を歩いていましたが、その後に続く私は、再生されたパラダイスの道を歩いていたのです。


彼女が見せてくれた例はパワフルでした。ひと言も言葉は交わさず、私は無言の目撃者としてすべてを見ました。彼女が輝きだす愛、光と安らぎはあまりに力強く、触れたものをすべて、文字通り純粋な自然に還したのです。

私が「どうしてそんなことが可能なのかしら？」と尋ねると、すべてのフィールドに存在する無限の知性が答えました。

すべての分子や細胞は純粋な愛に反応するようプログラムされていて、純粋な愛の「存在」によって完璧な元の状態に戻れるのだ、と。

観音が実に優雅に示してくれたことを見て、私は地球上で観音のような存在になりたいと感じました。すべての領域を歩き、その存在に滋養を与えられるような存在です。そこで私は時間をとり、そうすることを心から自分に誓いました。

こうした美しいビジョンは、私たちを変革へと深く導きます。このようにして与えられたレッスンは詳細までしっかり覚えているものです。

生き証人になるようにと、この啓示のフィールドが示しています。

言葉や教義の必要もない純粋な自分の特質に戻る、という洞察。

私たちの真の特質である統合意識の状態にいれば、奇跡が起こるのです。

統合意識で生きる人は、すべての領域に滋養を与えるエネルギーを自然に放射することも、この体験が私に思い出させてくれました。

この観音のフィールドとの接触が起きたのは20年近く前ですが、この例は「口を閉じて、ただそのままに」という言葉が常に何度も与えられるいまにこそ、以前にも増して役に立ちます。この新たなエネルギーのパターンは、私たちが多くの領域と融合し、無制限のゾーンで生きることを可能にしてくれる「本質《エッセンス》」の放射のパワーなのです。このタイプの啓示のゾーンが、純粋な愛のゾーンの次に最も魅惑的だと私は思います！

私たちがもつ純粋で完璧な特質のままに生きられるようになれば、私たちの「本質《エッセンス》」がもたらしてくれるすべての恵みを受け取りやすくなります。私たちを取り巻く世界を変革させられる観音のような周波数も放射できるようになるのです。

「本質《エッセンス》」の強い輝きは、私たちをすべての飢えからも解放してくれます。１９９３年に、私はそれを予期せず発見しました。

自分自身の純粋な特質についてのとても個人的な啓示を１９７０年代に得た以外で「統合」領域の存在から得た初めての恵みが、肉体に栄養を与える新たな方法でした。健康や環境に関する課題が多いことを考えれば、これはとくに世界にとって大きな意味があるものでした。

私たちの世界がより進化し悟りを開いた状態になるよう支えてくれる無限の「慈悲」の流れ、というテーマに沿って、ここで、人間の生物としてのシステムが栄養を得るための別の方法という驚異的な啓示をどう得たのか、という私の体験談をご紹介しておきましょう。これもリセットのプログラムの一部だからです。

私たちは、より効果的な別の燃料源から滋養を得られるようにからだをリセットすることができるのでしょうか？　もちろんです！

## 無限の「慈悲」の統合領域から地球への恵み

### 人生の洞察――世界の健康と飢えの問題をなくすための恵み、そして身体システムのプレミアムな燃料源への個人的なリセット

「本質《エッセンス》」が優勢なシステムになることの自然な副産物は、とても意外なものでした。それが個人や西洋社会の信条にとっての大きな挑戦になることを、私は人生の旅路でよく発見しました。

私が本著で述べていることは30年前の私にとっても信じがたいことで、少しの関心ももっていないことでした。私の人生には無関係だと思っていましたし、世界へのよい影響といったより大きな全体像も見えていませんでした。私はヨギの生き方に深くはまり、インド人のグルに従ってはいましたが、1992年の半ばまでは、いっぽうでは、マネーと生き残りのゲームを演じながら子供を育ててもいたのです。

とはいえ当時から、ただ生き残るのではなく生き生きと暮らしたいという欲望に動かされてはいたので、1993年5月までには、「源」から栄養を得ることによる意外な解放感も体験していました。それは私が意識的に求めたものでも、関心をもっていたわけでもない恵みでした。多くの方は私のこの物語はご存じでしょうが、「源」から栄養を得ることは「統合」領域の光の存在の友人が私たちの世界に与えてくれ

た恵みである、ということを理解している人は少ないでしょう。

「統合」領域から私たちと親交する多くの存在は、私たちがいまいる状況、貧困、病気、環境問題や世界的な飢餓といった、私たちが直面している課題を乗り越えてきました。祈りによる私たちの招聘に応えて、私たちもそうした問題から解放されるように、彼らは地球上で様々なシステムを試してきたのです。「源」から栄養を得るための様々な方法を私たちの世界に提供するために、とても多くのシステムが立ち上がっていることも重要な点です。それらは１９９３年に私たちの光の存在の友人が始めたものとは大きく異なりますが、私たちの進化に応じて彼らのシステムも進化するので、本著には彼らの最新の洞察も加えておきます。

プラーナの摂取はまだ多くの人に誤解されていますが、この栄養摂取に関するリセットは、私の人生のなかで起きた最もパワフルなリセットのひとつです。特定の周波数のスペクトラムで満ちると生物としての人間のシステムがどう機能するかについて、発見できたからです。

私たちの個人的なアセンションの旅路にはリーダーはいないことを覚えておくことも重要です。それは自己修練と自己責任の道で、自分の可能性の探索にあたって自分自身の知性を尊重し、自分のハートの呼びかけに耳を傾けることが必要です。それはまた統合への旅でもあります。とくに「源」

から栄養を得ることについての障害となる、多くの自己規制の元である教育上のパラダイムを手放し、自分の存在のすべてのレベルと調和しながら機能することを学ばなければなりません。

1993年に予期せずこの宇宙のミクロの燃料のパターンにリセットされたときには、私はそうしたことは何も理解していませんでした。私自身の人生上の実験と研究のなかでも最も強烈な体験でしたが、私にできたことはいまと同様に、その過程に深く身を置くことだけでした。

エネルギー的な共振という意味では、私は3歳のころから母親と常に不調和を感じ、それに精神を消耗していました。主な原因は食べ物でした。私はお肉がいっぱいのお皿は自分のためにならないと感じて遠ざけていました。言葉では説明しようがなく、母親にとっては私がなぜそこまで反抗するのかも理解できず、私の食生活に関しては母と私の意地の張り合いになりました。野菜、フルーツ、穀類は文句を言わずに食べられましたが、動物の肉は別問題でした。

いま振り返ってみるとすぐわかることですが、私のからだにとっては肉の周波数は密度が高過ぎて、私の全身がそれを拒んでいたのです。10代になってようやく自分の食生活を管理できるようになるまで、私は肉を拒み続けました。

やがて、より軽い食生活で私は解放感を感じ、密度の感覚も減り、もっとエネルギーも得られるようになりました。医師たちには、人間のシステムには動物性タンパク質が必要だと言われ続けましたが、私にとってはベジタリアンでいるほうがずっといいというのが事実になりました。

学校に上がってから数年は、太陽の光で温まった牛乳を朝飲むことを拒んで、いつも問題にされました。1960年代の初期には、それによって充分なカルシウムを摂取して健康でいられると考えられていたのです。これも私のからだには耐えられないことで、牛乳摂取が重要だと考える学校と衝突しました。よく成長するためには食品の栄養素5群から毎日決まった摂取量を摂取することが必要だというのです。「ナイフよりフォーク」という素晴らしい映画があり、なぜ牛乳摂取が当時、模範とされたのか、さらには動物性タンパク質の過剰摂取が今日の多くの病気の引き金になっているかを教えてくれます。

12、13歳ごろに、私は自分のシステムをより軽い食生活にリセットし、まずはベジタリアンを楽しみ、次に主にビーガンでローフードを食べるようになり、次にフルーツだけ食べた時期を経て、ついに36歳でリセットして、宇宙のミクロの燃料摂取を実現しました。私のエネルギー・フィールドが別のゾーンと同調したので、プラーナで生きられるようになったのです。
この入門儀式については、まだあまり語っていないことも多いのです。それは多くの人は「そんなの不可能だ！」、「どうしてそんなことが可能なの」といった視点からの関心しか示さないからです。

けれど、私はその21日間を深い沈黙の静止の状態で過ごしました。直感的に正しいとわかっていましたし、信じて飛び込む必要があったからです。

私がしようとしていることを簡単に家族に話すと、「頭がおかしくなったの？」と言う家族もいました。私の姉は「少なくとも遺書は書いたの？」と諦め顔で言いました。私が一度決めたらその意志は変えがたいことを知っていたからです。そんな状況でしたが、私自身は最も愛に満ちたマトリックスに包まれた安心感だけを感じていました。

私はそれまでの20年間に渡って瞑想を習慣にしていたので、その段階では、私たちすべてに流れるものの膨大さを感じ、私たちの「本質《エッセンス》」の特質は永遠に存在することもわかっていました。それを現実として体験しながら生きてきたので、もはや死は現実ではなくなっていました。形があってもなくても私たちは存在することを知っていたからです。

また、人によってはどんなにクレイジーに思えることでも、このスピリチュアルな通過儀礼を経ることには抵抗はありませんでした。それは無限の「慈悲」が私たちの世界に与えてくれる恵みであり、それは幼いころからの無数の私の祈りへの答えであり、体験することをすでにプログラミングされていたものだったからです。

「源」から栄養を得ることの最大の恵みは、おそらくそれに浸り満たされることによって、私たちの多次元性、とくに私たちはすべてのなかにどこにでも存在するということが、かなりはっきりした形で明らかになることでしょう。この体験に必要なのは、意識を拡張し、感じることにオープンになることです。エネルギーを肉体的な消化の過程に費やさずに済めば、生物としてのシステム全体としてこのエネルギーを利用できるのです。

21日間の通過儀礼の過程で、私は周囲にセラピス・ベイのエネルギーを感じました。このアセンデッド・

マスターのことはあまり知りませんでしたが、彼の主神殿がエジプトのルクソールにあることは認識していました。エジプトは私が興味をもっていた場所で、あるとき瞑想で深くリラックスしていると、突然意識が拡張し、2ヶ所に同時にいる状態になり、自分がベッドにいるのを認識しつつ、世界の反対側の彼のエーテル体の神殿にもいることに気づきました。

それは突如起こったことで、ルクソールの神殿により意識を集中させると、そのビジョンも強くなりました。2つの領域に同時にいる状態にどれだけ長くいたのかはわかりません。やがて私は自分の肉体がトイレに行きたがっているのを感じ、ベッドから起き上がったのですが、その途端に私はソフトなカーペットの上に倒れてしまいました。ふらふらした奇妙な感じでしたが、「しっかり肉体に戻っていないから、歩きだす前に自分の形にもっと意識を向けるように」と、セラピスが伝えてくれました。

これは、私たちの意識は伸縮可能で、「本質《エッセンス》」の気づきに戻れば、時空を超えてどこへでも旅することができるという事実についての多くのレッスンのひとつといえるでしょう。

2ヶ所に同時に存在することについては、誰もがそのやり方を知っています。睡眠中、からだがよく休んでいるときには、私たちはそうしているのですから。

その翌日あたりに、深い瞑想をしていると、周囲の世界が消え、私は純粋無垢の白い光の世界にいました。横たわったままだったのですが、自分のベッドではなく、手術台のようなものの上にいるようでした。私が気づきを拡げ、ゆっくりした深呼吸でリラックスすると、周囲に数多くの存在がいることに気づきました。彼らのエネルギーは「慈悲」でしたが、その形は見分けにくく、それでも私は自分が愛されていて安全だと感じました。

「これは簡単だ。神様ありがとうございます！」

私のシステムの調整を始めた彼らのひとりが安堵のため息をついたのが、テレパシーでわかりました。

一瞬でそれは終わりましたが、その言葉と彼らとの接触の余韻は長く残りました。それまで長年に渡って瞑想していたことに加え、様々な人生の課題を経たことで、私は心からの感謝の気持ちをもてるようになっていたので、生物としての私のシステムは彼らのゾーンとより深く同調したことから、プラーナの流れを受け入れられたことも私は理解しました。


そうです。こうしたフリー・エネルギーのシステムが存在し、誰もがアクセス可能な「源」からいつでも誰もが栄養を得られるということは驚異的です。

そして、１９７０年代の最初の瞑想でそのパワーの一端は垣間見られたものの、突然に食べ物を摂取する必要から解放され、継続的にプラーナから栄養を得られるようになったことは、私にとってとても大きなリセットとなりました。


そうです。やはり、どう自分の時間を過ごすかで私たちの周波数は変わり、私たちのシステムにどれだけ強くプラーナが流れるかも決まります。

そうです。ライフスタイルによってコントロールできるのです。

そうです。それから数年後、私たちにその準備ができたときにこの解放を提供し、健康と幸福のリズムを維持させてくれる8ポイントのライフスタイルをアセンデッド・マスターのネットワークが届けてくれました。

とはいえ、それを実行するのは私たちです。生物としての私たちのシステムに「本質《エッセンス》」を満たすために常に私たちが推奨しているライフスタイルを簡単にご説明しておきましょう。

どう自分の時間を使うかによって、生きるゾーンが決まることもお忘れなく！

次に記すのは、生物としてのシステムにより多くの気を流れ込ませ、「本質《エッセンス》」の特質と融合するための時間の使い方についての8つの短い洞察です。地球上での苦しみを消すためにアセンデッド・マスターが提供してくれた、パワフルな時間の過ごし方です。

## 8項目の快適なライフスタイル・プログラム

**1　瞑想**：「本質《エッセンス》」の「自己」知識を得て、私たちの真の特質とひとつになるために。

**2　祈りや聖なる存在との親交**：祈りによる癒しの効果は証明済み。量子フィールドに伝わります。

**3　マインドのマスター**：精神エネルギーを賢く使います。

**4　より軽い食事：**ベジタリアンからビーガン、ローフードへ、さらにプラーナへ、あなたの健康と世界の環境にとってよい燃料を選び、二酸化炭素の排出を減らしましょう。

**5　からだを神殿のように扱う：**愛し、その声を聞き、その求めに応じてエクササイズしましょう。

**6　すべての生命に親切に慈愛をもって接し、表現する：**自分にも他者にも親切にしましょう。

**7　沈黙の時間、自然のなかでの沈黙の時間：**沈黙中に私たちは神聖なるものの言葉が聞こえます。母なる自然のなかで、私たちはよりエネルギーが得られ、環境への意識も高まります。

**8　聖なる音楽を聞き、歌う：**聞き歌うことで感情体を整え、栄養補給でき、よりエネルギーに溢れた状態に素早く転換できます。

このライフスタイルとその効果についての詳細は、左記のサイトへアクセスし、「私たちの快適なライフスタイルのプログラム」をダウンロードしてご確認ください。

http://www.jaasmuheen.com/products-page/peace-paths-2/the-luscious-lifestyle-program/

私たちが何度も述べてきたように、他のエネルギーの燃料源から栄養摂取する決心をすれば、私たちの惑星にも驚異的な影響を与えることができます。私たちは光の体《ライトボディ》のエネルギーのマトリックスを通しての栄養が得られるようにつくられているので、この栄養摂取法は誰にでも可能なことがわかっているからです（これについては後で説明します）。

この食物からの解放に興味をおもちなら、食物を食べるという意識を超越して「源」から栄養を得るという意識に変わることを量子フィールドの「慈悲」に宣言することで、最も自然で有機的な方法でこの栄養摂取法に移行できます。けれど、すでに述べたように、それを支えるには気に満たされるライフスタイルであることが条件です。

この旅路で私が検証した課題のひとつは、生物としてのシステムの調和に関することでした。この新たなパラダイムを支援するには各レベルの統合が必要だということです。たくさんの食物を摂取することから離れ始めると、感情体、さらには精神体で問題が起きかねないからです。

私たちが内なる調和を守れば、生物としてのシステムの各レベルがそれぞれの必要に応じて栄養摂取できることを、私は経験を通した研究から学びました。精神体、感情体、そしてからだのシステムがそれぞれの可能性を最大限に発揮するためには、よい栄養素が必要なのです。

したがって、からだ、感情、精神、さらにはスピリチュアルな健康を実現し維持でき、全体として充実できるような統合した生き方で調和して機能できるように、各レベルをコーディングし直せるのです。また、次に紹介する瞑想でアクセスする最も純粋な領域を、私たちすべての栄養源とできるようコーディングすることもできます。

# 再コーディングのための瞑想、そして生物としての私たちのシステムにおける滋養の流れをリセット

## 瞑想のリセットと調和した滋養のための再コーディング

● まずリラックスして、ゆっくり呼吸します。

● 次に、自分は純粋で悟りが開けた「本質《エッセンス》」で、完全に覚醒し気づきを得た状態で、生物としてのシステムのなかの神殿にあたる肉体に存在していることを感じます。

● あなたが棲むこの神殿には3層の個別の知性があり、それぞれのシステムを管理し動かしていることを感じます。

● 次に、あなたの前に新たな指示を待つ忠実な召使いのように立っている3つの流れのエネルギーを感じます。

● それらに個別のカラーやエネルギーの流れ方があるか、個別の形があるかに注目します。

● ゆっくりと深呼吸しながら、あなたのハートの中心に行き、

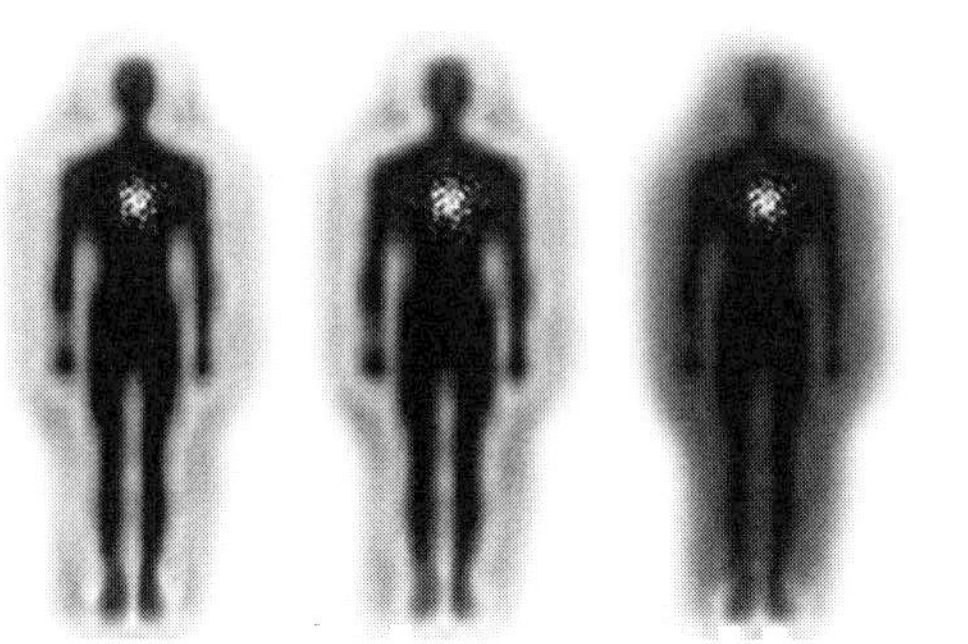

私たちのからだ、感情、精神の知性

あなたが「本質《エッセンス》」の存在として棲むこの人間としての神殿すべてに愛と感謝を感じます。

●それが感じられたら、あなたのからだの知性を代表するその3つのエネルギーのひとつめに注目します。

●あなたのハートの中心を開き、純粋な愛と感謝を送り、次のように宣言します。

**身体システムの知性よ、私はあなたを愛し、敬い、尊重します。そして純粋な私という「本質《エッセンス》」が形をとったものとして、あなたにふさわしい方法で栄養を摂取するよう誘《いざな》います。「源」から直接プラーナを得てもよいし、食物からでも、その両方からでもよいのです。いずれにしろ、その栄養摂取により完璧な健康が得られなければなりません！**

●あなたの宣言に対する反応を感じましょう。このリクエストに応えてもらいやすくなるよう、何かあなたに伝えたいことがあるのかを尋ねるのもよいでしょう。

●重要な点は、この命令にとって大切なのは信頼だということです。コントロールするのをやめ、有機的に、最適なやり方と最適なタイミングであなたのからだが「源」から直接栄養を得られるようにするのです。

●次に、感情体の知性を代表するエネルギーの流れに注目します。その色や流れ方、形、そして、あなたのこの部分に対してあなたがどう感じるかに気づきましょう。感情体は食物の風味や食物を分かち合うことから生まれる社会的な絆からこれまで大いなる喜びを得てきたし、いまも得ていることを覚えておきましょう。

●このシステムに向けて愛を込めて宣言します。

感情体のシステムの知性よ、私はあなたを愛し、敬い、尊重します。そして純粋な「私」という「本質《エッセンス》」が形をとったものとして、感情的によい方法で栄養を摂取するよう誘《いざな》います。そうすることによって完璧な感情の健康が得られ維持できますように！

●このリクエストに応えてもらいやすくなるよう、何かあなたに伝えたいことがあるのかを尋ねるのもよいでしょう。

●主人であるあなたからのどんな支援が必要なのでしょうか？

●次に、精神体を代表するエネルギーの流れに注目します。また、その色や流れ方、形、そして、この部分にあなたがどう感じるかに気づきましょう。

●このシステムに向けて愛を込めて宣言します。

精神体のシステムの知性よ、私はあなたを愛し、敬い、尊重します。そして純粋な「私」という「本質《エッセンス》」が形をとったものとして、精神的によい方法で栄養を摂取するよう勧めます。そうすることによって完璧な感情の健康が得られ維持できますように！

●あなたの宣言に対する反応を感じましょう。このリクエストに応えてもらいやすくなるよう、何かあなたに伝えたいことがあるのかを尋ねるのもよいでしょう。

●主人であるあなたからのどんな支援が必要なのでしょうか？

●次に、生物としてのあなたのシステムを構成するこの3つの要素があなたの前に立っていると想像して、愛を込めて次のように宣言します。

この瞬間から、形をとった「私」という「本質《エッセンス》」として、あなたがたが完璧な身体、感情、精神そしてスピリチュアルな健康と幸福、調和を得られ維持できるように協力し合い、あなたが得られるベストな燃料源から栄養を摂取するよう誘《いざな》います。

●あなたの宣言に対する生物としてのあなたのシステムの反応を感じましょう。
●何か抵抗が感じられますか？
●よりパワフルに感じられるように、少し言い方を変えて、再コーディングする必要はありますか？

このコーディングは世界全般への驚異的な影響力があります。とくにライフスタイルを変え、栄養摂取法の改善で防げる病気を癒すために、数兆ドルが使われていることを考えれば、地球の資源への影響は多大です。

からだだけでなく感情や精神への滋養が大切なことも私たちは発見しました。こうした栄養摂取法はいまでは実現可能でしかも極めて簡単な選択肢になっています。それが可能なことはわかっており、瞑想とリセットにより、私たちはこの流れのなかでよりリラックスでき、全システムがより調和した状態で機能できるようになるのです。

この解放によって私は個人的な恩恵を受けましたが、この栄養摂取の新しいシステムによって健康と飢えに関わるすべての問題を払拭できる可能性もあることを、１９９３年になって「慈悲の光の存在」が啓示してくれました。私はこのことに大きな関心をもっています。古代中国やインドの伝統とは異なり、この新たなシステムはシンプルな科学に基づいています。他の多くの星のシステムが、この解放という恵みを活かすことに成功しているのです。

この新しいシステムは、今後私たちが見ることになる他の多くのものと並び、純粋なハートをもち、地球の健康と飢えに関する問題への解決策を求める多くの人たちの無数の祈りへの応えです。私も毎日子供たちが餓死していると聞いた日から、祈り続けてきました。

また、無限の「慈悲」のおかげで、年ごとに私たちは気づきを広げてきました。個人が自分の波動を調整するほどに、地球の私たちのシステムがすべてアップグレードされ、より多くが啓示されるようになっています。

飢えのない地球？

病気のない地球？

それらのすべてが私にははっきりと見えます。

プラーナによる栄養摂取というこの恵みを享受している人々が、いまでは世界で8万人を超えています。「統合《ユニティ》リセット」プログラムはどこまで拡張できるのでしょうか。「本質《エッセンス》」の海のより純粋なレベルにより深く浸るほどに、私たちはより解放され、より満足できるのです。

## 私たちのシステムを試すこと、そして明快な量子のバイオ・フィードバックを得ること

8項目からなる快適なライフスタイル・プログラムによって様々な病気から癒されることが、20年近く

に渡るテストとフィードバックからわかっています。このプログラムを実施することで人は「本質《エッセンス》」が優勢な状態に戻れるので、数万人の人々が私たちの研究結果を応用すべく、無料のオンライン・プログラムを使って自然で有機的な生き方に意識的に移行しようとしています。

テストやその結果のバイオ・フィードバックを得ることは重要ですから、私たちのプログラムの個人への効果を見るためだけではなく、個人や世界のアセンションの過程を支援するためにも私は実験を続けています。

本著を執筆している２０１８年までに、膨大な実績が集まっています。

個人的には、26年間に渡ってこの現実のフィールドに生きながら数千人の人々と活動し、私たちの方法論を継続的に更新し、洗練させ、分かち合い、テストしてきました。その間じゅう、光の存在の友人が先を照らす光となり、愛と支援の存在であり続けてくれました。

ですから、彼らが提供してくれるこの新たな「統合《ユニティ》リセット」プログラムにあたっては、

「このリセットのコーディングを使い、もっと自分自身の純粋な特質に満たされるためのライフスタイルとして推奨された生き方を選ぶことで、より多くの人が解放されるのですか？」

と尋ねます。

もちろんです。

けれど、私たちの努力の焦点は決して、プラーナによる栄養摂取というこの美しい副産物にあるわけではありません。多くの人にとってもっと大事なのは、健康、幸福と調和を実現して常に維持することですが、統合された状態になれば自然にそうなるのです。

私は重要なことが起きた日を逐一メモするタイプではありませんが、自分の通過儀礼の過程は詳細に覚えています。あるステップを完全に統合し理解しないと次へ行けない、といったパターンで、各ステップの啓示がゆっくりとおこなわれたからです。

また、地球における周波数の担い手としての私の役割は、フルに生き、貴重な洞察を得て、変化への新たなツールを時々発見しながら、私のフィールドに来る人々にそれを伝えることであることも、時間が経つうちに学びました。そうした人々は、私と出会いパターンをマッチさせることに、生まれる前から合意していた人々です。

たとえば、私たちのシステムに気を満たし、純粋な「本質《エッセンス》」のエネルギーのより深いレベルに戻るために私たちが分かち合ったライフスタイルとコーディングによって、いまの地球上の数百万人の人々の健康、幸福と調和が改善されました。私たちのプラーナで生きる人々のプログラムによって数千人の人々が食物の必要から解放され、自分たちに与えられた他の選択肢を知ることで得られる解放を経験できたようにです。

いま、私たちには「統合《ユニティ》リセット」プログラムがあります。これは「次元間エネルギー・フィールド科学」に基づいたものなので、統合領域での人生がどんなものかを語る前に、ここで時間をとり、どうやってこの特別なエネルギー・フィールドの科学の啓示を私が得たのかについてお話ししておきましょう。

プラーナによる栄養摂取というこの現実に入るための最初の接触は、主にアセンデッド・マスターのマトリックスとでしたが、次のような過程で、すぐに多次元の銀河間の友人のネットワークへの支援に移行しました。このネットワークは長年かけて融合したもので、おかげで、驚異的な方法で源から栄養を摂取することへの私の理解も深まったのです。

# 人生の洞察

未来の自身との融合
才能や資質、スキルを
パラレル・タイムから得る

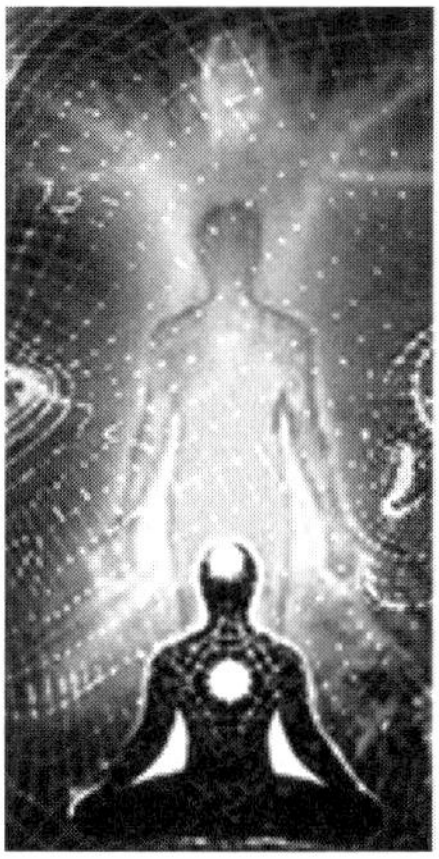

## 人生の洞察――未来の自身との融合――パラレル・タイムとホログラム

### 「次元間エネルギー・フィールド科学」における私の直感の加速――1998年のある日のこと

椅子に座り深い瞑想に入った私は、金色の光のエネルギーが私の頭頂部から入ってからだへと流れていくのを感じました。エネルギーの流入が強まりクラウン・チャクラに響くのを感じましたが、そのエネルギーは私がそれまで感じたどんなものとも異なっていました。

それには意識があり、生きていて、気づいているように感じたので、「どなたですか?」と尋ねてみました。

生物としての私のシステムを他の存在と共有しているような感じがしたからです。

即座に私のマインドに様々なイメージが溢れました。

同じ椅子に座り、自分が不適格で圧倒されたように感じている2年前の私が見えました。それは1993年に「源」から栄養を得るようになってから数ヶ月後に、聖者（Holy One）に承諾したことについて感じていた気持ちでした。瞑想に集中するとアセンデッド・マスターのセント・ジャーメインがホログラムとして私の前に顕現し、私は源から栄養を得ることについての私の知識を世界に広めるよう依頼されました。

私がその誘《いざな》いを断ると、飢えが原因で2秒ごとに子供が死んでいることを思い出さされ、この問題の解決になり得ることを伝えずにいることに私の道徳心が耐えられるのかと聞かれました。

なんという質問でしょう！

それまでの4年間で、私のことを嘘つきだとか詐欺だとかいう人や、ツアーで毎晩疑いや怒りやそれ以下の感情をエネルギーとして私に伝えてくる聴衆からのバイオ・フィードバックを受けて、私はすっかり消耗していました。

ありがたいことには、そうした不信者に混じって覚醒した人もいましたし、エーテル体の賢者もたくさんいて、彼らのエネルギーが、愛に満ちた支援の癒しのクリームのように私に注がれていました。

「それが真実だと想像してみてください」と私は自信をもって宣言しました。

「それは食品産業や資源にどんな影響を与えるでしょう？　もし私たちが病気になったら、医療産業、製薬大手は？　私たちの環境にどんな影響があるでしょう？」

それでも、私の生き方は不可能なはずだという抵抗もありました。

西洋社会にとってとても大きな挑戦である現実を宣伝するために世界ツアーを4年続けた後、私は回顧の時間を設け、家で休もうとしていました。

ある日、深い瞑想のなかで、この人生ですることを生まれる前に承諾していたなら、自分の信用度を高めるために、まず医師になる勉強をして、それから僧か尼僧になっていたのにと考えました。

すると突然、叫びのような大きな声が、テレパシーで私の頭のなかに響きました。

『あなたはその訓練を受けています！　誰もが既成概念に挑戦するものなのです。この人生でなければ次の人生で。あなたはすでにその訓練を受けています！』

もしそれが真実なら、私の純粋な「本質《エッセンス》」の特質に、生物としての私のシステムのボスになってほしい、と考えたのを覚えています。すべての時の制限を超えて、地球上での私の仕事に役立つようこれまで私が長い時間のなかで得てきたすべての恵み、すべての才能、すべての訓練を、顕在意識にもたらしてほしいと思いました。より自信をもって、よりたやすく自分の仕事ができるようにです。

すると、たくさんのイメージが炸裂しました。まずは、自分が発したこの命令、次にそれがもたらした帰結、金色の光のエネルギー体がたちまち、新たに改善された私のバージョンのような形になりました。

次に、この金色のエーテル体の存在が私のフィールドのまわりにどう漂っているかが見え、多くの恵みと訓練を得たこの新たな自分とすぐに融合できるほど私のからだは強くないことを、私は直感的に理解しました。

それから2年が経ち、融合の時が来たのです。

そういうわけで、それがディセンションで、この意識で構成された存在は私のからだにおさまると、「どなたですか？」という私の問いに応えました。

『私は銀河間連盟の司令官の8トランです』と宣言したのです。

この内なる存在の明晰さ、強さとパワーは否定しようのないものでした。この宣言を聞いて、私が命令したことで、私たちが過去と呼ぶホログラムの人生から得る以上の多くのエネルギーと知識を未来の私自身から集められたことを、私は理解しました。

この融合の直後から、私は目を閉じるたびに「創造のマトリックス」のエネルギーのラインが見えるようになりました。それは時には波を描く色と光の多次元のパターンで溢れ、変わり続けながら踊っていました。

未来の自己である司令官の8トランは、赤い長髪で、猫の目のような緑の大きな目で、しっとりとした青白い皮膚で、まるで第2の皮膚のように肌に密着したユニフォームで立っていました。脚が長く背が高く、自信に満ち、スターシップのデッキを優雅に歩きながら、部下と関わり合っていました。

このイメージ、そして直線上の時軸の未来では、この形と役割が私の進化上の選択なのだという考え方が気に入りました。

過去、現在、未来が、いまここで共存していることを知ったことをうれしく思います。こうした人生はホログラムとして存在しており、その内容が知りたければ、それに注意を向ければよいのです。

お互いに支え合うエネルギーのそれぞれの流れに入れるという事実も、私は楽しんでいます。過去は私たちが許す範囲でしか影響しませんし、「本質《エッセンス》」とのワンネスに戻れば、時は消え、時のないいまとして、よりたくさんのことが見え、わかるのです。

1992年後半から、私は地球上でその準備ができた人々に、プラーナによる栄養摂取という選択肢を提供することができるよう、アセンデッド・マスターたちを支えてきた「アルクトゥルス」のセクターと高次元領域の「より高次の光の科学者」から個人教授を受けていました。

そして、いま、この融合で新たなレベルの気づきが始まったのです。

地球上のからだのなかで進化する魂としての「私」と未来の「私」が分離せずに完全に融合するまでには、半年かかりました。

この融合により、未来の別のスペースへの扉が開き、「源」から栄養を得ることがどうして可能なのか、そしてそれ以上のことについてのさらに多くの必要な洞察がついに得られるようになったのです。扉が開けば、望む人の数が充分になったときに進化する世界のアセンションを助ける国連のような諮問組織である連邦のマトリックスと、つながっていられるからです。

アセンションには以前からずっと関心がありましたし、「源」から栄養を得るという解放は歓迎すべき驚きでした。

このダウンロードと融合、ブレンドの後にすべてが加速したようで、気づきと直感的な理解が波のように私に押し寄せ、奇妙なタイミングで私を通して流れていきました。

その必要もなかったし、私が求めたものでもありませんでしたが、私の誓いと「慈悲」のコーディングがそのすべてをもたらしました。とくに「次元間エネルギー・フィールド科学」の訓練は、多くのものをもたらしてくれました。私の人生をとてもシンプルで解放的にしてくれた科学として私は気に入りました。

いま、私は多次元の人生を生きているように感じています。どうやって私が私のスターシップに乗船しつつ、地球上にもいられるのかがわかるのです。同時に存在する人生のホログラムに私がどれだけ深く、どれだけ頻繁に足を踏み入れるかは、必要に応じて変わります。この人生における私の誓いは、このからだをもった存在として完全でいることです。それが地球のフィールドでの私を地につけ安定化してくれるので、ほとんどのことは放置するのがベストですが、私は何かそれは深いところに錨を下ろしているので、制約を受けているように感じることはあまりありません。

この状態では、私には死は存在せず、無限の「本質《エッセンス》」の体現と常に変化し続ける形があるだけだとわかっています。時のないいま、すべてのゾーンはここにあり、すべての現実が探索可能で、この愛に満ちてオープンな受容の状態で、私たちはさらに多くのことが得られます。

私は座って深く瞑想し、「本質《エッセンス》」が優勢になりすべてがわかるシータ波の脳波の状態にいることが多いのですが、そこでは必要に応じて、未来も過去もいまも含むすべての「私の存在」へのホログラムへの扉がはっきり見えます。各ホログラムにはそのときの私の人生の映画があり、私のハートから流れ出す純粋な愛を交換しながら、各人生を満たしています。

愛は愛を得、いまここにいる私のコアからより多くの愛が輝けば、よりたくさんの支援のエネルギーをこうしたホログラムがお互いに交換し合えます。それぞれが、通常は「本質《エッセンス》」の自分自身が最も優勢な、いまここにいる私とつながっているからです。

私がいまだに苦闘し、古いカルマを解消したり、その絆から学んでいるホログラムもあります。二次元性の領域にまだしっかりつながれ、私のコアに気づいていないのです。別のホログラムでは、私はよりアセンションした状態で、より密度が低く、よりエーテル体に近い形でいます。

そして次も再びこうしたすべてを超えて拡がり、生きとし生ける者が棲む数兆のホログラムのすべてを感じられるのです。

このツールもそれは単純な科学で、統合領域の存在が熟知し、利用しているものです。

# ホログラフィックな生き方

執着のない観察者……
ホログラムの創造……
ホログラムの融合……
無限の選択……

## ホログラフィックな生き方——執着のない観察者、そして光の存在の友人

ホログラフィックな生き方は統合性の科学の一部で、すべては私たちがそれにフォーカスし注目することにより存在し、私たちには生来の創造のパワーがあるという気づきに基づいています。私たちがハート中心の意識をしっかりもち、すべてを充実させられるように的確にコーディングできていれば、すでに述べたように、恩寵と量子フィールドの「慈悲」というパワフルな人生の潤滑剤にもアクセスできるのです。

私たちが沈黙して静止し、拡張した気づきのなかで座っているときには、ただ何かを考え、それが必要な方法で私たちの前に現れるのを許せばよいのだということが観察できます。そうすれば、執着のない観察者としてホログラムの中身により深く関わるか否かを選べます。たとえば、それが私たちにとって重要なら、すべての人生の表現、過去、現在、未来がホログラムとして同時に見られることもあるのです。私たちがそうした拡張意識にあるときには、ただ観察するために、どんなゾーンからも足を踏み出すことができることに気づきます。純粋な存在にある状態なので、完全にリラックスして、まったく執着せずに、しかも洞察に満ちて、目前に現れたものを楽しめるのです。

ホログラフィックな生き方で、異なるホログラムに意識的に入り融合すれば、多くの報奨が得られます。たとえば今日の人生に関わるものを何でもホログラムのなかから体験できる能力も身につくのです。特定のホログラムに惹かれたり、ホログラムを見てそのより奥深くに足を踏み入れることを選べるだけではなく、新たなホログラムを創造する科学もあります。時空の継続のなかに穴をあけ、錬金術の法則と宇宙の法則を適用することでそれは可能ですが、その訓練については別の機会に譲ります。

ホログラフィックな生き方は、私たちの協同創造能力を異なる方法で使える統合領域で私たちが利用する科学です。統合領域では、私たちのハートと脳の整合性の状態と私たちが自分に課した役割との直接的な関連から、すべてが意識的な協同創造として生み出されるのです。

私がいままでお伝えした物語の一部は、すでにご存じの方もいらっしゃるでしょう。私が以前に書いたものはすべてお読みの方もいらっしゃるでしょうから。でもそれぞれの物語が必要な方法で、このシステムのマトリックスを構築するための助けとなってくれるのです。ですから、次に、地球上の統合の科学をより深く追求することにしましょう。

これまで私たちの「統合《ユニティ》リセット」プログラムでは、感情の状態を素早く転換でき、より高次の洞察が得られるようにマインドのマスターを完成させる必要性を見てきました。それには感謝と理解のエネルギーがもたらすハートの整合性を利用します。

私たちはまた「それはあるがまま。だとしたらどうすればよいか」という受容のパワー、力づけの道、ベストな自分自身のバージョンになるためのコーディング、そして自分のすでにアセンションした特質を受け入れ、育て、楽しむための素早い転換法も見てきました。

私たちは啓示のフィールド、量子の「慈悲」の支援のマトリックスと、地球で平和に共存することへの私たちの心からの祈りに応えて助けとなる洞察を提供してくれる光の存在の友人を評価しました。

また、たとえば「源」から栄養を得られるように「本質《エッセンス》」が私たちのなかで優勢になったときに得られる恵みと、それを支えるものとして私たちが提供するライフスタイル、そしてホログラフィックな生き方についても述べました。

では、ここでこうしたすべての帰結について見てみましょう。

# コンタクト（接触）——光の存在の友人、そして アセンションに向かう私たちの世界

## コンタクトへの準備をさせなさい！

『コンタクトへの準備をさせなさい！』

私が座って深い瞑想状態に入っていたときに、そんな声がテレパシーで力強く響きました。

「冗談でしょう！」というのが私の最初の反応でした。あまり人前に出ない静かな暮らしを好み、大手メディアに取り上げられることからは喜んで引退したいと思っていたからです。

『コンタクトへの準備をさせなさい』と、とても男性的な声が再び宣言しました。

そうした立場に置かれることに対して、自分の内なる抵抗があることを感じました。

アセンションの意識とその副産物として「源」から栄養を得ることを個人的に誰かに伝えることと、大勢の人前で光の存在の友人のことや彼らとよく会っていることについて語ることとは、まったく別の話でした。ET（地球外生命）とのコンタクトを語ったためにとても多くの素晴らしい人々が嘲笑され信用を失っていくのを、私は見てきました。

私の内なる葛藤に彼らは耳を澄ましました。そして『あなたはすでに信用を失っているではないか。失うような名声はなにもない……』と言いました。

それは事実でした。私がクレイジーだと思っている人は多く、インターネットでは様々なサイトで私は詐欺や幻想の分類に入れられていました。

私はため息をつき、自信なさげに「わかりました。準備してください」と言いましたが、この依頼にかすかな興奮の刺激も感じていました。

私が集いの場でより積極的にコンタクトの個人的な体験談を話すと、非常に奇妙で意外な反応が聴衆、とくに若い世代からありました。人々が注目し、より関心を深め興奮が高まると、部屋のエネルギーがたちまち上昇するのです。以前にもチャネリングでアセンデッド・マスターたちが同様のメッセージをもたらしてはいましたが、このエネルギーは別でした。

当時もいまもそうですが、様々な集いの場では、私のシステムは私自身の未来の存在である銀河間連盟の司令官8トランが優勢になっていました。彼女の明快さとパワーは聴衆に愛されました。彼らの質問が場のエネルギーをさらに高め、私が執着しない観察者として感激しながら耳を澄ましている間に、多くの新たな洞察が得られました。私自身としては考えつかなかった質問もよくあるので、私も聴衆と一緒に学ぶことになります。

たとえば、アルクトゥルス星のシステムでは最高の職は親になることだということについて、私はすでに知っていました。彼らにとっては最も貴重なものは子供たちなので、誰もが生殖や子育てを許されるわけではなく、極めて高度な技能職なのです。

最近になって私が学んだのは、アルクトゥルス星のシステムの多くでは他の星座のシステムにも同時に存在できるようになること、つまりバイロケーションも教育のひとつだということです。バイロケーションは子どもたちがぐっすり眠っているか、または深い瞑想中に起きます。統合されたそれぞれの星のシステムが提供してくれることやバイロケーションの技術を、誰もが学んでいるのです。地球と同様に、子供は成長するにつれ何をどこで学びたいかを意識的に選びますが、彼らは大学教育として銀河間をバイロケーションして行き来することが多いのです。

私がつながっている光の存在たちは、めったに物質としてのＥＴＶ（地球外車両）はもっていません。その代わりに彼らのフィールドを統合して個人またはグループのエネルギーのオーブとして移動するためには、いまでは多くの人が学んでいるであるマカバの技術、錬金術の紫の光のコクーンのデバイスと似たものを使うほうを好むのです。


銀河間連盟の宇宙船の司令官という未来の私自身と統合した私の個人的な体験は、私がバイロケーションにより他の星のシステムの様々な光の存在と地球外の多くの会議に出席してきたことを意味しています。それは深い瞑想中に、または睡眠中に起き、会議は様々な宇宙ステーションで開かれますが、会議はより高い次元で開かれることもあります。

そうした体験が最も起きやすいのは、私が毎年参加する年に一度のダークルーム・リトリートの最中です。これには異なる背景や出身の人々が45人ほど集まりますが、ハートと脳の整合性を高める実験もします。

ダークルーム・リトリートでは9日9夜の間、私たちは完全な暗闇で過ごします。物質の領域が消えるので、「統合領域」とエネルギーの可能性に向けてオープンになりやすいのです。瞑想によって松果体によるDMT（ジメチルトリプタミン）の生成を増加させ、私たちは「源」から栄養を得ることで食べ物の消化にエネルギーを消費せずに済むよう、この特別なライフスタイルを加えることができます。これらは驚異的な処方箋で、この両方に参加した人の80％は自分の純粋な特質をより深く体験し、さらに「統合領域」からの洞察もよりたくさん得ています。参加者の98％は健康とエネルギーのレベルがかなり高まったとしています。そうした効果が得られなかったら、これらのイベントに向けての準備をしっかりしなかったということなのです。

通常は「光の存在」とのコンタクトは、彼らがホログラムで私たちのダークルームに足を踏み入れることで始まります。彼らの会議が開かれるより精妙な領域に私たちを導いてくれるのです。さらに周波数の調整が必要なこともあります。彼らの精妙なスペースで私たちが存在をより安定させられるよう、私たちのエネルギーを、周囲のエーテル体の領域の存在と混在できる周波数にするのです。また、このバイロケーションの状態を保ち、彼らからのテレパシーでのコミュニケーションを受け取るためには、マインドのマスターも必要です。こうした存在は「慈悲」の性質をもっているので、より多くの人がこうしたミーティングに参加できるよう、私たちがひとつのハートに近づけるまで何日も忍耐強く待ってくれます。

こうしたコンタクトは何十年も前から起きており、「統合領域」の様々な存在との多次元会議場にどれだけ頻繁に参加してきたかわかりません。こうした会議には、エーテル体の形のままの存在もいれば、少し密度が高いように見える存在もいますが、誰もがサークルの中央の巨大な地球のホログラムに意識を集中させています。

彼らのコミュニケーションは常にテレパシーによるもので、私は彼らの議論には加われず、単なる沈黙の証人でいることもあります。また私の存在に注目して、地球上の様々なことに私の注意を向けさせられることもあります。

私たちのダークルームのグループに彼らが世界中の光を見せたがったときもありました。都市の明かりがすべて点灯している夜の地球を宇宙から見たもののようでした。しかし、それは都市の電気の光ではなく、地球上でハートと脳の整合性が高まった覚醒者が放つ電磁波の輝きでした。

この眩しい光のショーを初めて見たときには、私はショックを受けました。ハートに基づく意識の「私たち」のパラダイムに入り、ベストな自分のバージョンであることを誓った人々が地球上にそんなに多くいることを、認識していなかったからです。

また、地球のホログラムの周囲にそれは多くの存在がいて、彼らの光の体《ライトボディ》を通して流れるある種のハートと脳の輝きで常に私たちの世界に滋養を与えてくれていることを見せられたこともありました。彼らがガイアにエネルギーを向けてくれていることにとても感動しました。

私が融合した「光の存在のマトリックス」はきわめて特有な流れが合流したもので、私が生まれる前に同意していた任務を果たした時点、人生上で最も完璧なタイミングで、新たなグループとの合流が起こるのです。

１９８７年に聖書に出てくる三人組が現れて以降、私が継続的にコンタクトしていたのはキリストで、１９９３年のアセンションの通過儀礼中にはセラピス・ベイからのコンタクトがありました。その次に起きたのは、後に人々が自分のシステムにもっと気を満たして健康と幸福を維持しやすくするための「快適なライフスタイル・プログラム」を届けてくれた７つの存在との、より強烈なコンタクトでした。

それは、私がプラーナで生きる人々のプログラムを西洋に届けるという任務を完遂した後に私たちの銀河間の「Kin」がコンタクトをセッティングし始めた、８トランの司令官と融合した後のことでした。

いまではコンタクトは定期的にあり、集団としての私たちの関心は、私たちの世界に生きる純粋なハートの持ち主が祈願する調和と平和な世界を実現することです。けれど、私たちの「統合《ユニティ》リセット」プログラムの恩恵は他にもあります。それについては後でお伝えします。

光の存在の友人は、私たちのような状況にあった世界の多くがある原則を取り入れたのだと言います。より悟りが開けた進化の状態になり、究極的には星としてすべての二元性を超越して実際にアセンションできるように、原則を取り入れたのです。

彼らの多くはすでに地球上でからだの形をとり、私たちの間を歩き、このアセンションの過程を安定化させるよう、周波数の放射で私たちを導いてくれています。才能ある「星」の子供として生まれ変わるという常套手段を使った存在もいますし、かなり物質性を保ちながら少しエーテル体も混じった存在もいます。

# 意識的なディセンションの物語

## 地球への私の最初のディセンションを思い出し、体験する

私たちは必要に応じて、または覚えておいたほうが人間として生まれる前に自由意志で同意した約束を果たしやすい場合には、物事を思い出として記憶しています。なかには奇妙な思い出も、とても魅惑的な思い出もありますが、そうした思い出のすべてはいったん甦ったら忘れがたくなります。記憶が甦るのは深い瞑想中、または催眠状態で、通常は機が熟したときに思い出します。

いま生きているこの世を体験するために地球へ戻ることに初めて同意したときのこと、そして「統合領域」からディセンションした瞬間について私は覚えています。また、再びディセンションする選択をしたときの喜びと興奮と、自分の特質が多次元性であるという認識とその感覚も覚えており、それはそのとき以来、ずっと維持してきました。振り返って地球に来る最初の体験を再体験したときの気持ちも忘れていません。

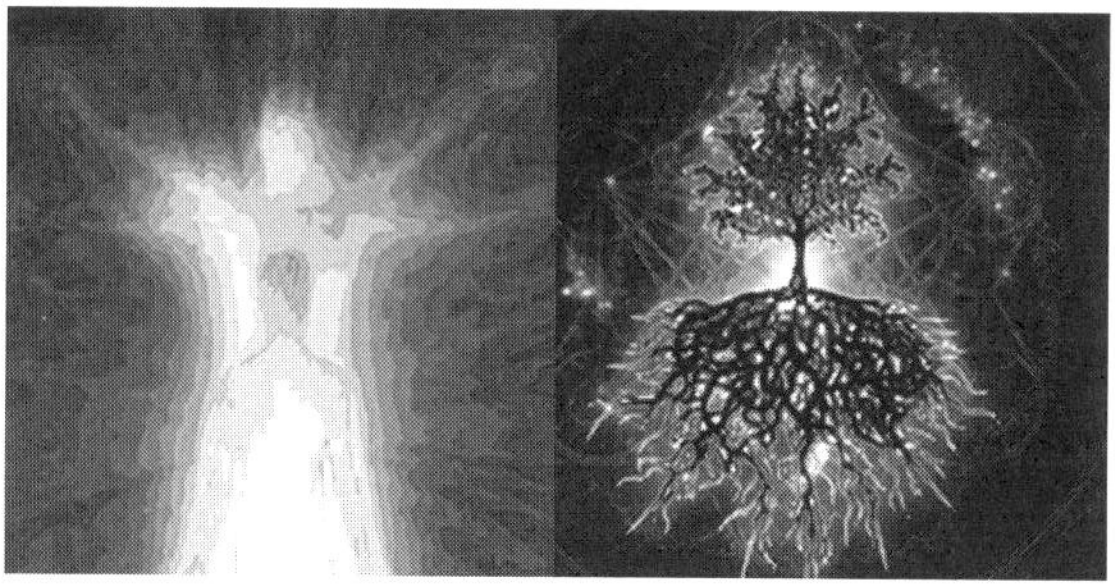

## インド、ピラミッドの丘――スピリチュアルな科学者の地球議会――２０１１年10月

私はドロレス・キャノンと共に深い瞑想中でした。彼女は素晴らしい催眠療法士で、地球での最初の人生を思い出すよう、大勢のグループを誘導してくれていました。彼女のテクニックはシンプルでした。私たちには瞑想する能力もあったので、私たちのグループは素早く、深いところに行けました。

私は無形の純粋な意識の流れとして地球に向かっている自己を感じました。この惑星のまわりを流れ、そこに何があるかを感じてから、やがて、大きな水のなかに混じりました。パワフルで、そわそわとしていて、すごく充電されていて、広大で、私は無形の拡張した気づきのなかで、この惑星の上にも外にもいたるところに水の元素があることを感じました。

私は水なのです。

どれだけその状態で探索していたのかはわかりませんが、やがて私は空中に上がり、鳥が飛ぶ流れに混じりました。風やそれ以上のものと混じったのです。空中のすべての鳥たちと一緒に遊び、舞い上がりながら、そのエネルギーが水よりずっと軽いものの、水と同様に新鮮であることを感じました。そしてそこには雲がありました。ふっくらとふくらんでいたり、清涼だったり、雨でいっぱいだったり。すべてのタイプの雲が魅惑的でした。私は深く融合し、私はそれと一体となり完全であるように感じました。

私は風であり空気なのです。

そうした光景と感情の記憶は先に進み、私は巨大な山脈にひきつけられ、すぐに大地のエネルギーが風

や空とどれだけ違うかを感じました。でも、風と空も静かな水の元素とはまったく違いました。私はそのすべてが気に入り、とても楽しく解放感を感じました。地球のそれぞれの元素と一体になれるのはまるで魔法のようで、私はどんどん下がっていき、地球のコアまで深く潜り、そのマグマやすべての美味しい熱と混じり遊びました。

無形で、ただの意識のエネルギーの流れである私は燃えも凍りもせず、私は自分が混じり融合している元素の意識だけを感じていました。

私は地球であり、山であり、それ以上なのです。

そして私は木々に呼ばれました。

ああ、大地を上昇し、古代のおばあちゃんの木の根に入るのはなんという至福でしょう。彼女のネットワークはそれは賢く、膨大で、私は木の葉が風に揺れ踊るのも感じました。

私は感覚を研ぎ澄まし、エネルギー交換のダンスとして、彼女が二酸化炭素を自分に引き込み、とても純粋な空気を吐き出し続けているのも感じました。何と喜ばしく深遠なことでしょう。

次に、彼女が他のすべての木々の存在、彼女の枝の先に巣をつくる鳥たちや彼女の根元のキノコなど彼女を取り巻くすべてと関わり合っているのが感じられました。

私は本当に魅了されました。木の意識が私はいちばん好きなのです！

この融合と流れに時はありませんでしたが、私が再び拡張してこの世界を後にするまでに、地球の時間ではおそらく数百年が経っていたでしょう。

私は永久に変わり、感化されました。そうして、人間の形をとってディセンションして人生の輪廻を繰り返した後で、アセンションの過程を始めることになったのです。

私が味わった最初の味は、純粋な喜びだったのです！

# 私たちはアセンションのためにディセンションする
# さらに完全にディセンションするために――周波数の維持

## ディセンションとアセンションへのさらなる洞察

私たちの「統合《ユニティ》リセット」プログラムは個人と惑星のアセンションの意識の両方をサポートするためにデザインされたものなので、私が経験から得た洞察をもう少しお伝えしておきましょう。

私たちは、より高密度の領域が提供してくれるすべてを体験できるよう高密度でディセンションしますが、その理由は私たちと同様にユニークです。

最終的には、密度に縛られていることに私たちは関心をもたなくなります。とくに、二元性の錯覚の領域を超越して、アセンションでより完璧でより拡張した異なる創造のパターンに戻れることに気づいてからは。そうなれば地球上での人生を楽しみながら、より悟りが開けた領域に錨を下ろしていられるのです。

すると、存在として目覚めこの状態が私たちの周波数として優勢になり、高密度の有形の存在としてのどんな制約も超越できるようになります。純粋な「本質《エッセンス》」が形をとったものとして体験をすれば、地球上の人生はずっと楽しみやすくなります。私たちはすでに同時にどこにでも存在していて、これ以上得なければならないものはなく、すべてが楽しめるので、完全に解放されるのです。そのためには誰もが自分の「本質《エッセンス》」の特質を優勢にしなければなりません。

●暗闇を体験しなければ光を認識し、光に感謝することができないといわれてます。だからこそ私たちは物質世界にディセンションするのです。

●形而上学的な見地からすれば、私たちそれぞれが神聖な光の存在で、二次元性の領域を体験するためにここにいるのだといわれています。そのため、ディセンションすると、この領域から最初の恵みとして記憶喪失を与えられるので、私たちは自分の真の特質を忘れてしまいます。

●二元性で生きることで自然に育つ美徳も得ることによって、よりハートを豊かにすることも目的のひとつです。

●形而上学的な見地からすれば、私たちは二元性の領域で充分なものを得て満足したら、私たちのコアの膨大さを思い出し再び感じられるよう、「より多く」を希求し始めます。そしてその希求が、すでにアセンションした私たちの特質を明かし始めてくれます。

●形而上学的な見地からすれば、アセンションとは、立ち上がり、低次元な私たちの資質をより高い周波数の純粋な「本質《エッセンス》」の特質に融合し直すことです。それは誰もが内に秘めたエネルギーで、私たちがフォーカスしてそれを体験できるよう心から真摯に願えば育まれ開花します。

●形而上学的な見地からすれば、ディセンションとは、私たちの膨大な多次元性の「本質《エッセンス》」の自己のただひと雫を高密度の次元に落とすことです。そこでこの「神聖な本質《エッセンス》」のまわりに分子が集まり我が家とできるような周波数で雫を落とすのです。

●私たちのコアの特質を取り戻せるように、エネルギーのリセットにより私たちは再びアセンションします。

●この世界を改善するようなエネルギー・フィールドがもてるように特定のライフスタイルを選択することによって、このアセンションは可能になることが多いのです。すると今度は、私たちもこの世界のすべてによって改善されます。

●私たちの純粋な「本質《エッセンス》」が私たちのシステムの周波数として優勢になれば、そうしたお互いの改善が可能になります。

●地球の進化のこの時点では、私たちは純粋な「本質《エッセンス》」がより完全に物質化するためにディセンションすることを認識しつつアセンションします。パラダイスでもある地球を楽しみつつ、私たちの輝きですべての領域を育成できるようにアセンションするのです。

●それは単なる個人のアセンションではなく、惑星としてのアセンションです。後に述べますが、宇宙のアセンションの時代に入っているのです。

●この地球で何回人生を生きたかといったことは、キネシオロジーなど様々なテクニックで確認できます。人によってはこの人生は休息の人生でも、1回の人生としてカウントされます。

●この人生が地球上で最後の人生かどうかも確認できます。人によってはそれを知ることが重要で、そうと知れば人生の一瞬一瞬が貴重で名残惜しいものとなります。

●地球が立ち上がるこの特別なときに自分の才能と支援を提供するために「統合領域」からディセンションした人も、みなさんのなかにはいるでしょう。無条件の愛と深い安らぎの共振に慣れているそうした人々は、この惑星がとても奇妙だと感じたかもしれません。

## 地球上のこの人生へのディセンションを再体験する

私の両親は、第二次世界大戦後にノルウェーから移民しました。より多くのチャンスがあるとみられていた国で、新たな人生をスタートさせたかったのです。

まず父が初めにオーストラリアに来て、定職を得て住むところもできてから私の母と子供たちを呼びました。

数ヶ月の船旅を経て、家族はようやく再会しました。

この再会は私の両親にとって有頂天以上のものでした。ようやく、ずっと焦がれてきた気持ちを、宝物とする人とメイク・ラブ、性の交わりで表現できたのですから。

私の父は常に母を大切にしていました。母は愛する子供たちが増えることで、より生きがいを得たようでした。しかし、それぞれ個性的な子供を4人もうけた後、父にとってはもう子づくりはおしまいでした。父はただ、辛い離れ離れの生活を経て再会できた最愛の人と、親密な肉体関係を結びたかっただけでした。

それは、それから50年近く経た後に、深い瞑想中だった私の目の前に現れたシーンでした。けれど、私個人としての見方とは異なる、より悟りが開けた視点から見た光景でした。

地球上の彼らの間に流れているものを1956年という時点で感じていた私は、まだ体外にいて、ディセンションしていませんでしたが、その準備はできていました。私が感じたのは興奮のみでした。私はこのカップルを自分の両親に選んでいましたから、ついにこの楽しい光の領域から出るときが来たのです。

というわけで、そこに私はいました。最も強烈な喜びのお祝いのフィールドでほぼ形もなく、ある種の「壮行会」のようなパーティーを開いている他の無形の存在に囲まれていました。戻ってくるという私たちの選択は、あちらの世界では常にお祝いのときなのです。

喜び、興奮、お祝い——フィールドは生き生きとしていて、そこから私の意識の一部がディセンションを始めましたが、突然、強い抵抗の壁にぶつかりました。まるで私の父がエネルギーを爆発させ、「ノー！」と言っているようでした。彼の意図は自分の妻と再び強い絆で結ばれ、性愛を楽しむことだけで、もうひとり子供をつくることではなかったのです。

私はただ笑って「残念だけど手遅れよ。私は入るのだから」と言うしかありませんでした。すでにフィールドは整い、選ばれていたのです！　そうした喜びに満ちた再会の副産物になったことは、とても素晴らしいことでもありました！　父は5番目の子供が欲しいとは意識していませんでしたが、彼がこの地球上での人生を完遂するころまでには、私と彼の関係は最も深い愛と友情で結ばれていました。

私たちは受胎の瞬間にディセンションするのか、それとも、ただの雫として来るのか、という疑問もあるかもしれません。ある人たちが考えているように、完全なディセンションには7年もかかるのか、という疑問もあるかもしれません。

そのときもいまも、私はそんなことは気にしていません。私に必要だったのは、その記憶に伴う感情だけだったのです。

ドロレス・キャノンその他の人々が、催眠法を通じて多くの人が転生について学べるようにしてくれました。が、より統合された気づきの状態で深く生きた人生や、このゾーンを支配する現実についてはどうでしょうか?

私たちの誰もが、自分の生きたいように人生を創造する自由意志に恵まれているのですから、私たちがこのより統合した状態に自分をリセットできたらどうなるのか、また、集団としてのリセットの進行を示すしるしについて見てみることにしましょう。

統合意識の深いところにいるパターンは、どんなふうに見えるのでしょう?

何に出会い、何を感じ、見るのでしょうか?

次に統合科学の原則と法則のいくつか、そして世界をアセンションした現実に導くきっかけ、そしてそれに役立つシンプルなコーディングのいくつかをご紹介しましょう。

# 統合科学、しるし、そして量子の魔法

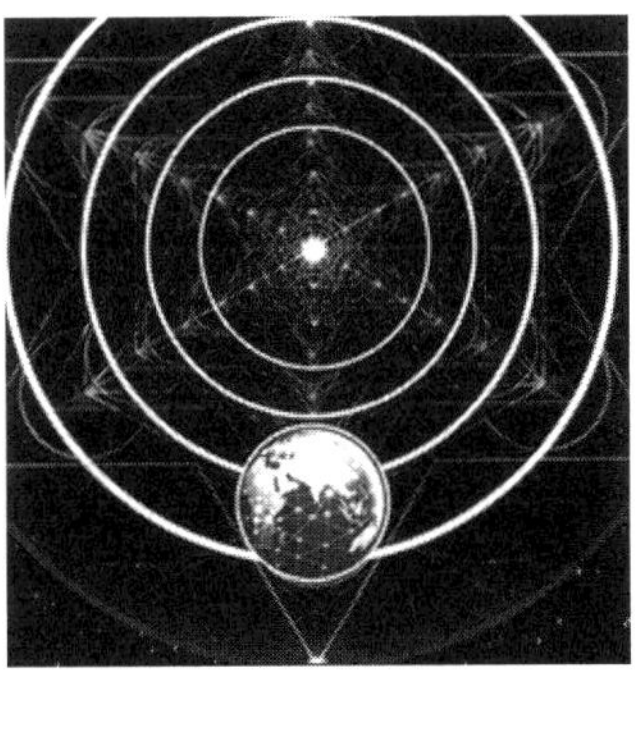

## 統合領域での人生、そして統合科学と統合認識の事実

現実の特質の研究ともいわれる形而上学では、唯一の現実といったものはないとも考えられています。それは私たちの誰もが、自分の気づきや意識の拡張ぶりにあわせて人生をそれぞれに解釈するからです。また、微細な世界を見る物理学の分野では、私たちが観察するだけで出来事が変わるとされています。またはヒモ理論やM理論でも、私たちは多次元宇宙に生きているとしています。現在のところでは、こうした科学が「統合《ユニティ》リセット」プログラムの基盤となっている次元間エネルギー・フィールド科学の原則に最も近いものでしょう。

私はコンピュータ・プログラマーで数学と左脳の論理が好きなので、次元間エネルギー・フィールド科学による特定のコーディングのプログラムとその結果は私好みといえます。

私はまた、「bとcをすればその結果が保証される」といった方程式も好きです。よい方程式の開発はアートであり科学です。このリセットのプログラムである量子のコーディングも、この科学を利用したもので

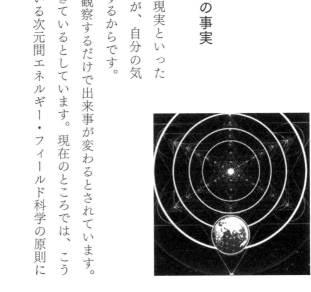

す。なかでも私の一番のお気に入りは、実体験としてこの状態に転換することで統合意識のフィールドから得られる啓示です。それはとても滋養のある生き方で、自分の内なる調和、すべての生き物と調和を保って生きることです。そうすることで私たち自身とこの惑星に与えられる利点も気に入っています。

進化する世界を集団としてアセンションした状態に統合する科学は通常、次のような特定の原則に従うという決心から始まります。

● お互いとの調和と私たちの地球との調和を保って生きることを個人として、また社会として決断します。
● 過去から学び、過去を許し、手放し、私たちの共通点に注目して新たに始めることを決断します。
● 基本的な人権が守られるように、親切で慈愛に満ちた行動を経済政策の優先課題にするよう社会として決断します。
● そして健康、幸福と調和を望むすべての人のためになるような宇宙の法則にも基づくホリスティックな教育プログラムを導入し提供します。

では、惑星のシステムとしてそうした決断をして、人々の生物とシステムで「本質《エッセンス》」の特質が優先となったとしたら、どんな兆しに注目すればよいのでしょう？　また「統合意識」のより深いレベルに入ったら、どんな体験が事実となるのか、ガイドラインはあるのでしょうか？

順不同ですが、次がそうした結果の副産物、特徴です。

●**第1のしるし：**私たちが統合意識のより深いレベルで生きるとき、すべての人生は学びと美徳を与えてくれるものとして完璧で、心配したり、判断したり、そこから助けたり救う必要はないことを理解している人々のゾーンに存在することになります。それは統合意識が「本質《エッセンス》」の海の愛、叡智と慈愛の流れのなかに深く錨を下ろしているために、それぞれの人生の道が完璧だと感じられるからです。また二元性から歩みだす準備ができた人はすべて、そのゾーンからの解放への道に必要なパターンのエネルギーに磁石のようにひきつけられ、そこにいられることもわかります。

●**第2のしるし：**統合意識に深く錨を下ろした人のどの道のほうが優れているとか、自分の道は他の道より「正しい」と考えたり、そうした考えにエネルギーを与えたりはしなくなります。すべてのパターンのエネルギーには、その人にとっての場所、時と目的があることがわかるからです。「創造のマトリックス」では、エネルギーのラインや層が逐一タペストリーのように無限に全体に加わりながら、領域を通じた私たちの進化を記録する最も美しい複雑なパターンを成しています。このタペストリーは私たちが「本質《エッセンス》」の海の深いところにいるときに、必要に応じて明かされます。

また、二元性もこのタペストリーの一部で創造のファブリックをより豊かにしていることもわかります。ですから二元性は尊重すべきもので、拒否したり変えるべきものとみるべきではないのです。私たちが存在することもそこから出ることも選べるゾーンなのだとわかります。すべての人間のシステムは、自覚があるかないかにはかかわらず純粋な「本質《エッセンス》」により創造され、息を吹き込まれ、導かれていることもわかります。自覚があるかないかにはかかわらずこの「本質《エッセンス》」が常に人生上の経験に責任をもっています。ですから、私たちが助けを求めない限りは、不干渉が鍵となっているのです。

●**第3のしるし：**統合認識は、どんな生き物も私たち自身の純粋な「本質《エッセンス》」のコアの異なる表現で、誰をも変わる必要はないことがわかります。「創造のベースライン」に深く錨を下ろしてもっと純粋なレベルに浸ると、コアの部分では私たちはみな同じなので、お互いを判断することは不可能で、無条件ですべてを自由に愛し楽しめることがわかります。また、私たちが通過するゾーンやどれだけ深く「本質《エッセンス》」の海の最も純粋なレベルにアクセスできるかは、私たちの個人的なエネルギーの中心となる波動の種類による、ということも私たちは発見しました。

●**実体験による第4のしるし：**私たちすべてが高密度世界で輝きだしているものにより周囲のフィールドを統合させ育成させられることは、観音がみごとに示してくれました。ライフスタイルの改善やマインドのマスター、そして明快な意図をもつことでコーディングし直せば、自分個人の中心となっている波動が変えられ、すべての領域のすべての存在のためになるように私たちが輝きだせることが、体験や実験を通してわかります。この純粋な存在の状態では、特別な言語や言葉、スピリチュアルや宗教の教義はいりません。統合意識には純粋な愛のパワーが統合された「ワンネス」しかないからです。この状態では、私たちは純粋な存在として物事をおこなうので、人生は努力知らずで喜びそのものです。

●第5のしるし：感情的、精神的な安定です。統合意識に深く錨を下ろせば、二元性の領域での人生で起こる問題に影響されることはなくなるからです。あるいは、まだ地球で肉体を維持している場合には、愛に満ち明るく輝く目をもち、「有言実行」している人たちです。「彼ら」と「私たち」という比較と分離のゲームの世界である現実から解放された人は、確かな判断力ですべてを賢く、判断することなく愛せます。

統合意識を得るということは、制約に満ちた現実から私たちを解放してくれるような精神エネルギーの使い方を学ぶということです。ここで重要なのは、多くの人々が再プログラミングと呼び、私たちが意識的なコーディングと呼ぶものです。いったん私たちのシステムがコーディングし直されたら、私たちはただリラックスして貴重な人生の一瞬一瞬を楽しめばよいのです。それは私たちのコーディングと輝きにより、努力せずとも統合ゾーンのより深くでの体験にひきつけられるからです。

私たちの次なるパワフルな「統合《ユニティ》リセット」のコードを提供し、利用する前に、覚えておいていただきたい重要な点があります。それは、次の通りです。

意図的なコーディングで私たち自身をリセットするときには、まず沈黙して静止し、ゆっくりとした深呼吸により私たちの内外に存在するこの膨大な知性が感じられるよう、自分をオープンにします。この「慈悲」の存在と私たちが心から親交すれば、「慈悲」は私たちにとって最善となるものを届けてくれるからです。

ですから、時間をとって、長い深呼吸を続けて、より安らかでリラックスしたシータ波の脳波の状態になりましょう。まず、数分間、あなたが人生のなかでありがたいと感じ、感謝する人々や状況について考えるのもよいでしょう。

そして、自分がよりハート中心になれたと感じたら、次のコードを唱えましょう。

**●地球上のすべてと調和し統合するために、完璧な「本質《エッセンス》」のテンプレートをダウンロードし、そこに錨を下ろし、それを活性化させることにオープンです。**

**●内なる自分、またすべての生き物との統合意識に深く足を踏み入れます。**

以上のコードを、真摯な心で唱えましょう。または**「YES（はい）」。これを確定し、いま、これを私の真実にしてください！」**といったように唱えるか、この気持ちを表現できるご自分の言葉を見つけてください。

# アセンションし、統合された世界の3つのパワフルな法則

## 統合して高度に進んだ文明で利用されている人生の法則

進化する世界の多くは、宇宙の法則を理解し適用することにより、やがては集団として統合領域にアセンションすることはすでに述べました。この点についての多くは前著『In Resonance』（未邦訳）で述べましたので、ここではそうした先進文明の人生で利用されている主な3つの法則をご紹介しておきます。これらは地球やすべての領域の生命の働きに影響しています。

- 「一なるものの法則」：私たちは純粋な本質《エッセンス》を通して誰もとつながっており、私たちの在り方やすることはすべて、全体に影響しています。
- 「共鳴の法則」：私たちが輝きだせば同様の周波数を引き寄せ、それは、また私たちに戻ってきます。これは原因と結果の法則やカルマとも呼ばれます。
- 「愛の法則」：「創造」のコアから輝きだしているとてもパワフルなエネルギーがあり、それは触れたものすべてを元の純粋な状態に戻す力をもっています。

こうした法則に従って生きれば私たちの人生は美しく流れ出し、新たな生き方で、より統合したゾーンに存在できるようになります。

## 統合した考え方、そして量子フィールドの慈悲の魔法

観察することで出来事が変わることを私たちは知っています。また形而上学によれば、私たちの集中力が現実に栄養を与え、私たちは注目によりそれを縮小拡大できます。ですから、量子フィールドの知性が私たちの思考や感情の主なパターンと常に相互に関わり合っていることをしっかり理解していない人にとっては、「統合《ユニティ》リセット」プログラムはシンプル過ぎるように見えるかもしれません。けれど半世紀に渡り、意識を微調整してきた私にとっては、これはいまの時点で私が知る限り最もパワフルなプログラムです。

それはプラーナから栄養を得るだけではなく、人生が完璧さや奇跡に対しての喜びと感動の連続になるからです。

とはいえ、それにはマインドのマスターが必要です。

そうです。この無限の燃料源のなかにより深く浸れるように生物としてのシステムをコーディングし直すには、精神的なエネルギーを効果的に使う必要があるのです。

そうです。第1の状態から、よりよいバージョンの自分自身になろうとしている第2の状態に、さらに、

すでに純粋で完璧な第3の状態に自己転換すれば、人生でとてもたくさんのことが得られるのは確かです。

この転換は私たちのエゴによるものではなく、自分のコアにあるものを理解し、時間の使い方を変えて、純粋で完璧な私たちの部分を優勢にするという転換です。

私たちに与えられる恵みは、存在していることに感嘆し常に満足していられることです。人生とは楽しむべき驚異的な恵みであるように常に感じられるようになります。形と感覚をもちながら、肉体という形に縛られているとか制約されているとはまったく感じなくなります。

さらには、予想しなかった啓示の流れが始まり、私たちを永遠に変えてしまうような忘れ難い深遠な理解を経験として得られます。

また、ここで起こることのすべては私たちへの愛、支援と導きで私たちを豊かにしてくれるものなのだと理解すれば、「彼らと私たち」という考え方をする二次元の現実にとらわれなくなります。私たちがすでに承知しているように、二次元の世界である西洋文明には数千年の歴史があります。これまで多くの人は自分自身がもつ人格、エゴに基づく特質の部分のみにフォーカスしてきましたが、それはフォーカスしたことで創造されたものであることを私たちは知っています。

東洋の多くの文化では、人々が自分の真の特質に戻り、そこに錨を下ろせば、社会はまったく異なるものになることが認識されています。そうした観点で自己表現すれば、二元性は消え、私たちの世界は再びパラダイスとなり、私たちのハートは感謝に満ち、人生は「恩寵」に満ち、生物としての私たちのシステムは完全完璧なので外からの栄養はいらないことを知ります。

この真実の実体験はとてもパワフルです！

私たちは最も愛と支援に満ちたエネルギー・フィールドのなかにいます。ここで起こることのすべては、私たちが本当の自分について知り、地球での人生は徳を積み、自分自身の純粋で美徳に満ちた特質をもっと体験し、いま以上にそうした美徳を深く体現できるようになるためなのです。こうしたことを知ることで、驚くほどの解放感が味わえます。

自分自身に対して、また私たちが人生で出会う他者に対して最も親切になりたいなら、地球上での存在の仕方を大きく変えられるように、自分の真の特質と完全に一致することです。二元性の領域の制約を超えていくことにも大きな解放感があります。私たちの可能性をフルに探索できるようになるのです。

繰り返し述べてきたように、私たちは自分が信じるものによって強い制約を受けやすいのです。自分の信条によって無限の知性が啓示されるのを制約してしまうのです。私たちは生きたコンピュータのようなもので、検索のパワーと機能性を最高にするには、コーディングでシステムをアップグレードする必要があるのです。

必要に応じて意識的にコーディングし直せれば、「恩寵」と感謝の気持ちと魔法が得られます。そうなれば私たちはリラックスでき、すべてを手放してあるがままでいられます。そうなれば私たちが放射する輝きの効果も高まり、全体に栄養を与えられるようになります。

無限の愛、叡智と真のパワーが得られる「本質《エッセンス》」の海により深く潜れるように領域をリセットできる能力を、私はとても気に入っています。

叡智のない愛では充分ではありません。

愛のない叡智では充分ではありません。

愛と叡智のないパワーはほとんど効果がありません。

けれど、愛と叡智とパワーが三位一体となって一緒に流れ出せば、私たちは完全に解放されます。

愛、叡智とパワーは「創造のベースライン」の最も純粋なゾーンにあり、「ベースラインに戻る」という意図をもてば、素早くその周波数が流れ込みます。

この道程で鍵となるのは、私たちのライフスタイルです。ライフスタイルによりアクセスできるゾーンが決まり、そのゾーンに自分をひきつけ、個人としてそこに錨を下ろせるようになります。

## 精神的な神秘主義

スピリチュアルな人たちの社会で私が遭遇した最大の問題は、多くの人がグルや講師によるゲームに困惑し精神的に煩雑な状態になっていることです。私はこれを「精神的な神秘主義」と呼んでいます。

神聖な教典から常に情報を得たり本を読んだりして研究し過ぎになり、その内容をすべて理解しようとするあまり、マインド優勢になっています。そのため、自分とは異なる考え方に出会うと、「理解して比較する」ゲームをしてしまうのです。「あの人はこう言ったけど、この教典やグルはこう言っている。どう違うのだろう?」といった具合です。

そうした人々に対して私はよく「あなたはどう感じるの?」、「経験してみてどうだったの?」と尋ねてみます。

最も賢い教師は自分の内側にいることには気づいていない人が多いようです。「なりたい」という第2の段階に留まり、確認や洞察を外界に求めているのです。

ありがたいことに、私たち自身の純粋な「本質《エッセンス》」の特質を体験する旅路は複雑なものではありません。この旅路は、地球の歴史上で多くの聖典や聖なる存在が語ってきたように、純粋な「本質《エッセンス》」の特質は私たち自身の一部分なのだ、ということを知ることから始まります。

次に、この純粋な特質とそれがもたらしてくれるものを探索したいと思うことが必要です。自分の本当の姿を知りたいという欲望が外界の二次元性の世界における人格を演じたいという欲望に打ち克ったときに、私たちの内外の波動が変わります。私たちのコアは多次元に存在するのだということを、無限の知性が明かし始めるからです。

次に必要なのは、この純粋な「本質《エッセンス》」としての自己が啓示され優勢となる過程を支えてくれるような生き方の選択です。

ライフスタイルと考え方を変えてベースラインに自分を戻せば、それは容易にできます。

地球での愛に満ちた人生は、スピリチュアルな旅路のように見えるけれど実際には科学で、その方程式は簡単だと私は思っています。自分の考え方とライフスタイルの選択次第で、すべての成功と喜びを決定できるからです。自分自身や他者、そして地球との関係を改善する努力を心から誓うことも大切です。

# 第3章

# 光の体《ライトボディ》

# 私たちの光の体《ライトボディ》のマトリックスについてのさらなる啓示

## 人生の洞察――光の体《ライトボディ》のテンプレート、そして啓示の時

**2014年1月**

私の57歳の誕生日に、私は瞑想室で横たわりリラックスしていました。つかの間自分の人生を振り返って私が感じたのは、純粋な感謝の気持ちでした。言いたいことや疑問、求めるものは、何もありませんでした。課題を何ももたずにそこにいて、オープンになり静止し、人生で起こったことすべてをありがたく感じられるのはいい気分でした。とくに私が愛する人、私を愛してくれる人と愛を分かち合えることに、私は感謝の気持ちを感じていました。

また、自分が健康なからだのなかに存在していることや、自分の人生を捧げている仕事についても感謝を感じました。それはたくさんのことを分かち合える素晴らしい人々のネットワークのなかで存在でき、お互いの役に立てているからです。

創造力が喜びと共に常に私のなかに容易に流れ込み、安らかなハートで自分の全存在を任せられる素晴らしい「恩寵」のなかで生きられるようにしてくれています。

もはや私がどこにいるかは問題ではありませんでした。私はここ、いまここに、いまこの瞬間に存在し

ています。リラックスし、ただ感謝の脈動をそれは深遠にリアルにからだじゅうで感じていると、さらにリラックスできました。からだが振動し始め、私は猫のような小さなうなり声を出していました。猫のような小さなうなり声を出すよう私の心臓が導き、それが私のからだのすべての細胞を振動させ、一つひとつの細胞すべてが調整されました。それまでは自分の小さなうなり声で調整できることは認識していませんでしたが、いま、その感覚は完璧でパワフルでシンプルで、細胞が喜びに満ちた反応を示すのを感じました。

その心からの小さなうなりは私のなかのエネルギーのリズムを変え、やがて甘い女性的な声がテレパシーで私を誘《いざな》いました。

『手放しなさい。ただの存在でいなさい。存在になりなさい』

私がすべてをリリースし手放すと、私の何層もの光の体《ライトボディ》が覚醒し、私はそれを感じ、理解し、浸りました。

まず私が体験したのは、ただの存在でいる境界のないゾーンで、そこで私は宇宙の星屑のように無形で自由に漂っていました。このゾーンで自分を広げれば広げるほど、地球での私のからだのシステムは膨大な存在のほんの小さな点に過ぎないように感じました。

次に、「親交」の議場のようなところで、女性の性質をもつ聖なる流れとの深遠な分かち合いがありました。このゾーンのエネルギーに圧倒されていると、素早くテレパシーでメッセージが来ました。私はそれを理解しました。そして、この人生で成就することが運命づけられているエネルギーのパターンが見えました。

まるで速回しの映像で花の蕾が開いていくところを見ているようでした。私の光の体《ライトボディ》が次々にゾーンを明かしてくれました。なかには創造性が輝いて見えるスペースもありました。その場所が音楽、アート、偉大な文学、そして偉大なる変化への創造的なアイデアが生まれるところだと思います。

次に明かされたのは完璧な健康のテンプレートで、次に私の全部が素早くこのテンプレート、ゾーンと同調したように感じました。

この時点では私はてんかんの発作を起こしたかのようにからだが震えていました。このゾーンのエネルギーが私に流入し、電気回路と経絡が「源」のエネルギーと気で充電されていたのです。


ようやくそれが終わると、光の体《ライトボディ》が自己持続、自己再生のテンプレートを明かしてくれました。それは私が1990年代末に深い瞑想中に見たものでした。それがどう構築されどう私たちのからだで働くかは以前から理解していましたが、いま浸っているような強烈なビジョンは見たことがありませんでした。

以前の体験では、ビジョンに浸りきることができないか、または完全なビジョンなしの体験でした。エネルギーの充電とビジョンが同時に起きるのは、まったく新たな体験でした。こうしたテンプレートが私たちの内なるエネルギー構造の自然な一部で、肉眼では見えないものであることがはっきり確信できました。

次々と6つの異なるテンプレートが私の光の体《ライトボディ》のコアから現れ開花しました。テンプレート、波動のゾーンなど、呼び方はどうでもよいのですが、それは実際に存在し、現実のもので、内なるマトリックスの自然な一部です。

こうしたテンプレートは私たちのライフスタイル、意識、それらが存在するという気づき、また、その啓示体験を必要としているか否かによって現れたり消えたりすることも、そのときに認識しました。私たちが取り組むべき課題についてのより大きな全体像にも関わっています。

後になってそのときに起きたことを理解しようとしたのですが、それはまるで巨大な網、綱渡りをする人のためのネットのようなものに落ちたような感じでした。手放した結果としてネットの上に落ちる前の私は、高いところで綱渡りしながら揺れていました。より高密度な世界によりしっかり錨を下ろすための精神構造によって、私は浮いていたのです。

ですから、その日、私がもっていた現実のモデルをすべて手放すことができたときには、そのネットはすぐそこ、息が届くほどのところにありました。手放す際に私がしなければならなかったのは、そこに落ち、よりパワフルに自分のなかに自分を流入させることでした。

私の光の体《ライトボディ》にあるこうしたゾーン、テンプレートが明かされた2ヶ月後に、私はタントラのテンプレートを体験しました。私はそれを、真に愛されるゾーンと呼んでいます。それは私が体験したなかで最も深遠で美しく滋養を与えてくれる愛のエネルギーで脈動するゾーンでした。1970年代のはじめに私が最初に瞑想したときには、この同じ純粋な愛が私の内側で突然湧き上がり、その存在を啓示してくれたのですが、今回はそれよりもさらに甘く深いものでした。

啓示を得るには、ハートのリズムが整合性を保っていなければなりません。私たちが強調し続けてきたように、パワー・ワードだけでは充分ではないのです。こうしたゾーンの鍵を開ける啓示には、絶望的な希求のエネルギーも必要なように思えます。痛みや困難はもうたくさんと感じ、心の底からしっかり意識を集中させ、私というシステムが新たな道の啓示にオープンになる必要があるのです。

このとても上質で洗練された真の愛のゾーンの特質が啓示される数ヶ月前に、私はウエイトリフティングのトレーニング中に右腕の上腕二頭筋を痛めていました。腕を休ませる代わりに痛みを無視して腕を使い続けていましたが、痛みが無視できなくなったので痛みにフォーカスして、癒しの過程が速まるよう願いました。

自分のシステムをスキャンしてみると、右の肩甲骨のエネルギー・フィールドの弱さも、上腕二頭筋の弱さと関連しているようで、私はしっかり対処すべきだと感じました。身体症状の根源は感情体や精神体にあることが多いのですが、私はずっと以前から自分の肩甲骨の問題とその起源は知っていました。

知り得る限りの様々なヒーラーのセラピーを試しても、エネルギーはまだ完全にはリリースできておらず、鈍い痛みが続き、上腕二頭筋の回復も遅かったので、しっかりそれに向き合い、打撃が起きた起源に戻り、肩甲骨と上腕二頭筋を同時に癒したいと思いました。

深い瞑想中にこの問題の完璧な解決策を尋ねると、まず肩甲骨と上腕二頭筋に純粋な愛を注いでから**「私はキリストの水のなかにいます」**と唱えるように導かれました。私たちの感情体も身体システム全体も、その性質は液体だからです。

江本勝氏の研究から、液体はプログラミングに反応し、細胞は異なる言葉に異なる反応を示すこともわかっています。彼の著書『水からの伝言』（波動教育社／発行）には、次のような洞察があったのを覚えています。

「私たちは充分だということの意味から学び始めなければなりません。こんなに豊かな自然をもつこの惑星に生まれたことを感謝し、生命を可能にしてくれる水に感謝しなければなりません。目を開けば、感謝に値することで世界は満ちていることがわかるでしょう。あなた自身が感謝の体現となって、自分のからだを満たしている水がどれほど純粋かを考えてみましょう。それが起きたときに、あなた自身が美しく輝く光の結晶になるのです」

私は長い間、自分のからだのなかの液体、そして生物としてのシステム全体に働きかけるパワー・ワードを試してきました。とくに**「『私は』純粋な愛」**というコーディングでコーディングし直すことはとても有益です。ベースラインと素早く同調できるからです。私の体内の液体をすべて純粋な愛のキリストの周波数のスペクトラムにリセットすると、次のレベルに行け、細胞が異なる反応をしたことをただちに感じました。

**「私はキリストの水のなかにいます」**と初めて心から唱え続け出すと、すぐに肩甲骨と上腕二頭筋の周辺にエネルギーを感じました。ぴりぴりするような反応があったのです。このコードをしばらく続けていると、エネルギーを感じ、私が唱える言葉は**「私はキリストの光のなかにいます」**と変わりました。

私のシステムが光で満ちたので、私はよりフォーカスして唱え続けました。すると、またすぐに生物としての私のシステムが反応し始め、自動的にこの光のなかにより深くリセットされました。

**「私はキリストの水のなかにいます」**、そして**「私はキリストの光のなかにいます」**というパワー・ワードを唱え続けていると、私の光の体《ライトボディ》の回路、そして私の気の経絡のスイッチが入ったような感じがして、やがて私は内側から輝き始めたように感じました。

感情を深く込めて、直感的に思いついたコーディングの言葉だった**「私はキリストの水のなかにいます」**、**「私はキリストの光のなかにいます」**を何度も唱えていると、**「私はキリストの愛のなかにいます」**という言葉が啓示され、私の存在は無限の表現のようなこの最も精妙なエネルギーで満たされました。

この3つの言葉を別々に、そして一緒に唱えると、エネルギーが構築され、どんどん強くなり、ついには最も純粋な愛の波が私を通して脈動し続け、私を抱きとめてくれました。

動くことはできず、動きたくもありませんでした。

少し経ってから起き上がろうとしても、この素晴らしい至福に満ちた甘美な愛のエネルギーの波動の波が次から次へと押し寄せてきて、その波に引き戻されてしまうのでした。まるで最も超越的な愛の海の奥深くで、私のシステム全体が再調整されているようでした。20分近く経ってから、やっと私は起き上がり、座りましたが、その波のような動きが続くので動き出せませんでした。立ったり歩いたりはとてもできそうもなかったのです。

このコーディングについて、私はずいぶん後になってから私のグループに話しました。すると、主にキリスト教保守派として人生を体験してきた人たちからの抵抗の壁にぶつかりました。そこで私は、キリストという言葉を特質、神聖な、と言い換えました。人々にその準備ができれば、そうした言葉でも真の愛のエネルギーはリリースされるのです。
その年、ヨーロッパでの2つのワークショップで、恋人に去られて心を痛めている男性3人に出会いました。3人とも、私たちの真の愛の瞑想でただちに心の傷が癒されたように感じました。

キリストという言葉が単に最も純粋な愛を意味することは、私たちの誰もが知っています。この愛で満たされることは言葉では表現しきれない体験ですが、次のような洞察の声もあります。

「人のハートのチャクラのなかには最も純粋な愛のキリストのハートがあり、それが完全にあなたのなかに覚醒したときには、あなたの内なるすべてが滋養を得て、生まれ変わり、解放されます。個人が人間としてもつシステムはロマンティックな愛とは比較にならない深遠さと広大さをもち、真の愛の最も偉大な愛を理解できるようにコーディングされているからです。真の愛は無限の叡智、パワー、強さをもっています。真の愛はあなたのソウルメイトで、無限の忍耐で、あなたが同調し、神聖な結婚で純粋な愛とひとつになれる日を待っています。あなたのハートとあなたの世界が待ち焦がれていたタントラとは、このことなのです」

ご存じのように、タントラはワンネスを示す言葉です。

興味深いことに、啓示のゾーンはすべてのテンプレートの基礎的な部分です。それが創造のベースラインの叡智の側面だからです。すべてのゾーンにはこの叡智があり、私たちが耳を澄まして、しっかり静止してその声を聞き届けることを学べば、「慈悲」が語りかけてくれます。

各ゾーンが現れその叡智を啓示するには、沈黙とマインドのマスターも必要です。そうした状態でこそ、人のマインドは無限の叡智に身を任せることができるからです。この無限の知、この崇高な知性はすべてに流れ、私たちに受け取る準備ができたときに、受け取る準備ができたすべてのことを伝えてくれます。

とくに私たちは、この無限の叡智があることを体験として知ることができれば、とても力づけられます。

けれど、すでに強調してきたように、真の啓示が得られるようになるためには、マインドとハートが整合性を保った状態で、調和のダンスを踊り、「より以上」と私が呼ぶものの可能性に子供のように心をときめかせる必要があります。

「より以上」とは、無制限の存在性の波動ともいえ、そこには形を通して流れる無形のものと私たちが一体になれるまでは完全には啓示されない秘密が含まれています。このゾーンは「統合フィールド」とも呼ばれ、その恵みに自分をオープンにするには、この後で明らかになる、とてもシンプルな過程を経ることが必要です。

その日に私に明かされたことでお話ししたいことはもっとたくさんありますが、その多くはとても個人的な内容です。けれど、光の体《ライトボディ》にはとても重要な情報があるので、そのとき以来、私は光の体《ライトボディ》の各ゾーンに様々な方法で働きかけてきました。

## 素早い癒しの物語

２０１７年９月、私は外階段を文字通り踏み外して玄関から落ち、左の手首を地面に強打し、同時に左足首を捻挫しました。ひどい痛みで歩けなくなり、ラウンジに横たわっていました。娘に説得されレントゲン検査を受けに行くと足の腱を痛めており、手首は３ヶ所で骨折していました。腫れがひくまで部分的にギプスをされました。

その10日後にクリニックに戻り、今度は１ヶ月間、手首にギプスをはめることになりました。けれど、医師にそっと手首を叩かれても痛みはありませんでした。そこで再度レントゲンをとった結果、骨折がすでに治癒していることがわかりました。

医師は呆気にとられたようでした。私の年代の女性がそんなに素早く回復できたからです。そこで私は、「前回診てくれた医師がレントゲンを見間違えたのでしょう」と穏やかに言いました。彼はその可能性に満足して、もうギプスは必要ないとし、私はクリニックから帰りました。

長い間手首にギプスをされるのはあまりうれしくなかったのは確かで、最初にギプスをされた後、毎日私は瞑想のなかで、完璧な健康のテンプレートの内なる脈動を観想し、次に左手首の骨の分子構造を観想し、そのテンプレートのエネルギーのパターンにフォーマットし直すように、愛を込めてその分子に頼みました。

その結果はすでにお話しした通りですが、そんなことは医師が聞きたがらないだろうと直感的に理解していました。

テンプレートの存在を知れば、それを無制限に利用できるライセンスを得たことになます。テンプレートと自分の周波数を合わせれば、最適な方法とタイミングで、自分にあるものが啓示されることを私は知っています。私たちの光の体《ライトボディ》のゾーンは多次元で、啓示も、それはたくさんあることも私は知っています。光の体《ライトボディ》のこうしたレベルが突発的に開示されてから4年後に、5つの特定な周波数のスペクトラムからなる普遍の調和の光の体《ライトボディ》のレベルが、私たちのダークルームのグループに、とても面白い成り行きで開示されました。この話と、特定の光の体《ライトボディ》のゾーンを充実させ、より深くアクティベーションするためのコードは、後でご紹介しましょう。

**シンプルなエクササイズ**

こうしたテンプレートをより深く探索したい方は、沈黙し静止した状態で、あなたが理解すべきこと、感じたり見たりすべきものを啓示してくれるように、あなたの光の体《ライトボディ》に頼みます。啓示は常に必要に応じてやってくるのです。とくに人間の進化に役立つように、この世界でできることについては、すぐに応じてくれます。

なお、私たちの光の体《ライトボディ》にあるものを体験するための助けとなるよう、iTunesの私たちのチャンネルにLightbody Revelation（光の体《ライトボディ》の啓示）の瞑想の音源を用意しました。

次は、私が自身の経験から知った、光の体《ライトボディ》がもつものに関する洞察です。こうしたゾーンに他の人は別の名前をつけていることもあります。私がつけた名前は、各ゾーンで私が感じたエネルギーから名づけたものです。

## 経験から得たいくつかの事実

- 常に限りない「慈悲」、愛に満ち賢い存在性が私たちすべてを洗礼しています。
- そのなかにはテンプレート、言い換えればゾーンがあり、そのなかで深く私たちは波動できます。
- この過程を促進させるには、「統合《ユニティ》リセット」のコードとそのためのライフスタイルが役立ちます。
- 私たち光のかたただのマトリックスは複雑です。
- それは、より高密度な領域を探索する私たちの支援となるエネルギーを送っています。
- また、私たちのチャクラ、経絡、原子と分子が磁気でひかれ、形をもてるようなエネルギーの構造も与えてくれます。
- 私たちの光の体《ライトボディ》は、すべての生命のなかで脈動し続ける海のように無限の「慈悲」の知性のフィールドのなかに存在するエネルギーのパターンです。

## 私たちがアクセスできる光の体《ライトボディ》のテンプレートとゾーンの簡単な説明

●限りない「慈悲」の存在性のゾーン／テンプレート：沈黙して静止したときにすべてがわかり、想像以上の恵みが得られます。形が生まれる無形のフィールドです。

●純粋な親交会のゾーン／テンプレート：叡智が聞こえ、洞察が得られ、完璧なガイダンスが得られる神聖なるオラクルの神殿を含みます。いつここに混じれるか、マッチしそこに留まれるタイミングはコントロールできないのですが、私は純粋な親交会のゾーンが大好きです。沈黙して静止しているときに私が感じるのは、安らぎだけのこともあれば、誰かの存在を感じたり、それ以上のこともあります。他のすべてと同様に、このゾーンに行くには外界から自分を切り離し、純粋な愛のフィールドに集中し、ハートをオープンにして受け入れやすい状態でじっとしている必要があります。

●純粋な創造性のゾーン／テンプレート：時のない情熱と至福、そして特別な洞察と解決策に満ちています。

●完璧な健康のゾーン／テンプレート：突発的な癒しが起こるゾーンで、身体システムが再生され、完璧な健康にリセットされます！　私たちの分子と細胞は愛に反応するので、私たちが自分の生物としてのシステムという神殿への愛と感謝を真摯に表現しなければ、コーディングし直すスピードはずっと遅くなります。

●完璧な滋養の自己維持、自己再生のテンプレート：すべての飢えから解放してくれます。私たちのシステムが自己維持でき、自己再生も改善できる周波数のゾーンです。考え方とライフスタイルにより周波数をマッチさせることでこのテンプレートにアクセスでき、このゾーンに入れます。私たちの自己持続システムのテンプレートが完全に活性化されれば、私たちのシステムは「源」、「本質《エッセンス》」から栄養を得られるようになるので、外界の食物を摂取する必要はなくなります。

**●真の愛の脈動を伴うタントラのテンプレート：**私たちの奥深くに内在する源からの純粋な愛が流れ込み、人間関係のすべてが変わります。

**●普遍のハーモニーの光の体《ライトボディ》のテンプレート：**私たちを普遍のコアの脈動につなぐ普遍のマトリックスの一部です。

## 経験から得たその他の事実

私たちは豊かさのゾーン、テンプレートにもアクセスできます。私たちは愛に満ちた慈悲のエネルギーの海に生きているので、自分自身やすべての生命と一体となり調和して生きたいと望むことで、その希望を実現するために必要なすべての豊かさを自然に引き寄せます。

それが洞察であろうが、ビジョン、叡智、経済支援、または完璧なチームやネットワーク、またはタイミングであろうが、恩寵の恵みの波が私たちに必要なものすべてを無理なく届けてくれます。こうしたタイプの支援は統合意識で生きれば自然に受けられるものです。それはスムーズに働くサポート・システムなので、必要なものはすべて、必要と認識する前に私たちの目前に現れます。このように生きれば、生まれる前に交わした誓いを無理なく実現でき、ディセンションして形をもつ前の光の体《ライトボディ》に搭載することも理解できます。

## ヒューマン・デザインと光の体《ライトボディ》にアクセスするためと私たちのなかに内在するキー

私たちは多層のデザインなので、内在する次のキーにより光の体《ライトボディ》にアクセスできます。

●呼吸——ゆっくり、深く、微細な呼吸
●明快で真摯な意図によるパワー・ワード
●どう時間を過ごすか＝ライフタイル
●開かれたハートによる準備
●左右の脳のバランスとシータ波の脳波のパターンを保つこと

# 光の体《ライトボディ》への搭載

## 生まれる以前の光の体《ライトボディ》への搭載

2018年のはじめに、光の存在である友人が「光の体《ライトボディ》への搭載」と呼ばれるものを使い始めました。私たちがある人々とは簡単に絆が結べるのに、まったく関係が感じられない人々もいる理由もわかるので、少しこのことについてご説明したいと思います。

私たちの意識が変わるにつれて光の体《ライトボディ》のマトリックスも変わるのは興味深いことです。また、本当の自分を知りたいという欲望が募るにつれて光の体《ライトボディ》は有機的に反応し、より多くを明かしてくれます。私たちが特定なライフスタイルで特定の時間の過ごし方をすれば、私たちの光の体《ライトボディ》のより多くの層が明らかになります。そしてこの波動のシフトにより、私たちの期待や想像を超えるような気づきの状態を体験できるのです。

私たちはからだにディセンションする直前に自分の光の体《ライトボディ》に特定のキー・コードと情報の光の束を搭載するのだ、という啓示が光の存在の友人からありました。そうすることで、私たちの内なるマトリックスが独自の方法とタイミングで開花し、より大きなマトリックスに貢献できるようになるのです。コアの部

分では同じでありながら、私たちのそれぞれがユニークな存在なのは、からだを得る前に交わした誓いを成就するために必要なものを、私たちは自分の自由意志で光の体《ライトボディ》に搭載するからです。

リラックスして一瞬ごとに「存在」としているようずっと私たちが促されている理由が、光の体《ライトボディ》に搭載したものと量子の「慈悲」なのです。この人生で必要なものはすべて事前にコーディングされ搭載されていると知れば、リラックスしやすくなります。

愛に満ちたこの「慈悲」に支援されているから、私たちは進化する世界の改善に役立つような特定のマトリックスにひきつけられ、そこに混じることができます。

たとえば、私は西洋でプラーナによる栄養摂取を現実にするというグループ・プランの一部でしたので、特定の時期にその準備ができていなければなりませんでした。それは人間として生まれる前に、地球にいる間にこの恵みを個人として体現することに同意した数万人の人々の元に、プラーナによる生き方の運動が届くようにでした。

「源」から滋養を得る生き方をこの人生で証明することを、人間として生まれる前に約束していたので、私たち自身にその準備が整えば、各自が有機的に転換できるのです。でも、それには、私たちが内なる声を聞き、自然な変化に向けて身体システムが必要とするものを聞き届けられる必要があります。

私の「光の体《ライトボディ》への搭載」とは、また、私たちが伝えることをとても不自然に感じる人もいるかもしれないけれど、私が搭載したものとパターンがマッチする人にとってはとても自然だということです。私はまた、統合領域の存在とゾーンをマッチさせ、私たちのバージョンの次元間エネルギー・フィールド科学と、進化する地球の世界との関わりを提供できるようにも事前搭載しています。

つまり、私たちは誰もが地球上で協力するチームの一員で、光の存在の友人と共に、悟りの方向に私たちの進化を刺激しているのです。光の体《ライトボディ》への搭載は事実です。私は私たちの光の体《ライトボディ》のなかの8つのゾーン、テンプレートについてお伝えしましたが、生まれる前に搭載した内容に応じて他のゾーンを開示された人々もいるかもしれません。

ディセンションの前に光の体《ライトボディ》に搭載するのは、車でドライブ旅行に出かけるようなものです。まず、目的地を決め、そのドライブ旅行がうまくいくために必要だと思われるものをすべて搭載します。この場合、私たちの目的地は地球なので、私たちは戻ってくる理由と成し遂げたいことを決め、その成就に必要な支援が得られることを確認します。

ここで「慈悲」を理解することが必要になります。私たちは愛のエネルギーの海に生きているので、形をもった後に達成したいと決めたことに関してサポートが得られることは、私は何年も前から知っていました。

けれど、この「慈悲」は無条件の愛に満ちているので、私たちは人生で成就すべきことをなんらかの理由ですべて達成できなければ、からだを捨てた後で少し休んで、計画を練り直し、すべて成就するまで再来するのです。すべては私たち自身が自由意志で決められます。

ここでは私たちは形をもち、そして、次にもう形はなく、形に入り、形から出ますが、そうしたすべてはどうでもいいことです。なぜなら、すべてがあるがままだからです。いったんからだを捨てれば、私たちは常に純粋な愛のゾーンに戻り、そこで再挑戦することを選ぶ前に休みます。この気づきが強くなれば、ストレスもなく、得るべきものもなくなります。

そしてその循環、回数を重ねることになっても、私たちは決して判断されることはなく、その代わりに私たちはすべて最大の親切、最大の思いやり、無条件で最大の愛と喜びによって支援されているのだという啓示があります。なぜなら、ディセンションして人間の形をとるという勇気が私たちにあったというのは事実で、また、私たちはこの世界を一緒に歩み、ついには目覚め、創造の輝きを思い出すからで、それがコアの部分で私たちを結んでいるからです。

私たちが地球での循環と再来を完遂したとして、ゲームは続きますが、今度は私たちは他の領域または星のシステムに入るかもしれません。ある種に形があるものもあれば、無形のものもあり、形に入る場合も入らない場合もあります。これは「創造のマトリックス」の愛で支援されている旅路で、そこでは誰も時やプレッシャーに縛られることはないのです。

ここで私が個人的に気に入っている言葉を紹介しておきましょう。

**「それを転換しなさい!」**とは、「さあ、あなたの態度を変えて、異なる角度から見ることにオープンになりましょう!」という意味なのです。

**「それになりなさい!」**とは、「存在として在り、育てたいものを育成し、それを最優勢にしましょう!」という意味なのです。

**「搭載しなさい!」**とは、「この人生で何が起こることに合意し、人間として生まれる前にどのマトリックスに混じるようセットし、何をあなたの光の体《ライトボディ》に搭載しましたか？」という意味なのです。

私たちが人間として生まれる前に光の体《ライトボディ》に搭載したことを成就するための支援であるこの「慈悲」のマトリックスについて、体験を通して理解している人はたくさんいます。統合領域の光の存在の友人からの支援のマトリックスもその一部ですが、私たちの惑星のスピリットとしての存在であるガイアもいて、彼女自身もアセンションへの旅路にあるということも、多くの人が知っています。

# ガイアの調和と慈愛の新たなパターン

## 母なる自然との統合――ガイアの共振

2006年のことでした。瞑想中に聖母マリアが現れ、世界の先住民の人々とつながる時が来たと私に告げました。

惹かれるものを感じて私は応えました。

「いいですとも。準備しましょう」

こうしたタイプのネットワークのなかにいて、そのつながりが想像の産物ではなくリアルなものなら、心から同意するだけで、それは現実になります。私たちの側で努力しなくても簡単に物事を用意してくれるフォースが働くからです。多くの人が幾度となく目撃してきたことで、その魔法、言い換えれば恩寵、シンクロニシティがすべてを容易に展開してくれるのです。

その数ヶ月後には、私はアマゾンのジャングルにいました。自分たちの村にすべく外部から押し寄せる物質を極力受け入れない方法として、母な

る自然の気から栄養を得ることにオープンな部族と知り合っていました。その詳細は拙著『The Bliss of Brazil & The Second Coming（ブラジルの至福と2度目のブラジル訪問）』で詳しく紹介しましたが、私はこの環境で、「3つのハートのコネクション」と彼らが呼ぶものに紹介されました。

この「3つのハートのコネクション」はその後に、私たちのハートから私たちの惑星の中心であるガイアのハートに愛と感謝の気持ちを送り、次にガイアが純粋な愛を送り返してくれるのを待ち、最初のエネルギーのコネクションをつくり、融合するというシンプルな瞑想になりました。このコネクションによって私たちはガイアの声とリズムに敏感になり、ガイアのニーズにもっと同調できるのです。

次に私たちは「神聖なる創造のハート」、純粋な愛のエネルギーを渦状に放射する「源」に私たちの愛と感謝の気持ちを向けます。このハートをどう私たちが想像しようとかまわないのです。私たちが愛と感謝の気持ちを送れば、それは返ってきて、次のコネクションができるのです。

私たちのハートのチャクラの中心となってエネルギーで「聖母」のハートと「ガイア」のハートの両方につながり、それがふたつの源からエネルギーが流れるための橋となります。その合流に、私たち自身の愛を加えるのです。

世界中のグループとこの瞑想をしてみて、この混合エネルギーが私たちに溢れるほど、こうした「源」と私たちのつながりはより強くより純粋になることがわかりました。この3つのハートのコネクションは、私たちのハートとハートが愛で結ばれていることを意味します。だからガイアがスピリットの存在としてよく私たちのグループ瞑想に仲間入りしたときには、私たちが沈黙し静止すればガイアの存在が聞こえ、感じられるのです。

私たちが様々なテンプレートの光の体《ライトボディ》をもっているのと同様、パチャママとも呼ばれる宇宙の存在であるガイアは、ガイアのレイラインと聖なるパワースポットのマトリックスによってエネルギーを運び、脈動するテンプレートをもっています。

これらも私たちの惑星を取り巻くクリスタライン（結晶構造）のグリッドにつながっています。それはガイアの光の体《ライトボディ》、私たち個人と集団としての光の体《ライトボディ》のマトリックス、そして宇宙と銀河のマトリックスの影響を受けながら、知性のスピーカーのような働きをしています。こうしたグリッドの網の目は「創造」のマトリックスの一部を成しています。すべては「一なるものの法則」を通して波動としてつながっているのです。

多くの人が気づいているように、ガイアはいま、よりアセンションが進んだ統合状態にまとまりつつあり、そのために、驚異的な調和のエネルギーをそのコアから放射しています。興味深いことに、この母なる自然の共振とマッチする鍵は親切と慈愛で、自分自身や他者、ガイアに対して親切にすることなのです。人々があまり親切でなかったり、慈愛が足りなかったり、自分の真の特質からの分離を図る現実に注目している場合には、ガイアの周波数がそれを再調整してくれるので、地球に多くの混沌の変化が起きているようにみえるかもしれません。しかし、それはすべてより高い波動で共振するための再調整の過程に過ぎません。ガイアのアセンションが地球と人類のいまの進化の仕方に影響しているのです。

ガイア自身のアセンションの過程は、マヤ暦の完遂により滋養を得ました。2012年末には地球上の95%の人々が心の底から平和に生きることを選んでいるのです。その実現法はまだわからないかもしれませんが、真摯な呼びかけです。これがシューマン共鳴の変化の引き金となり、太陽のフレアも活性化しました。この祈りに応え、銀河のコアから支援のエネルギーが注がれ続けているのです。

ジョー・ディスペンザ博士はブログで次のように述べています。

「1954年、シューマンとH.L.コニッグが、周波数7・83ヘルツが中心となった共鳴を検知することでシューマンの仮説を証明した。このようにして、『シューマン共振（共鳴）』はイオン層での雷の発光で刺激される地球の電磁波の共鳴の計測により確定された」

「この現象は大気圏の雷によって起こるが、この周波数が生命にとってチューニングフォークの役割をするということの重要性には、多くの人は気づいていない。言い方を換えれば、哺乳類の脳の生物回路に影響を与えるバックグラウンドの周波数として機能しているのだ」

「私たちが知る限り、地球の電磁波はその自然な周波数の7・83ヘルツの波動ですべての生き物を守ってきた。これは地球のハートの鼓動とも考えられる」

「古代のインド人のリシスはこれをオーム、純粋な音の化身とした。偶然か否かは別として、7・83ヘルツは脳波の同調に使われるとてもパワフルな周波数でもある。アルファ波の低域、シータ波の高域とみなされるからだ」

「この周波数は高い催眠性、示唆性、瞑想、ヒト成長ホルモンの増加との関係でも知られている。また、この周波数が刺激されると脳の血流が活性化することでも知られている」

ハートマス研究所の科学者たちはすべての生き物がどうつながっているかについても調べてきました。地球の磁波がすべての生き物を結んでいて、その同期、エネルギーの充電、すべてのシステムの相互関連に役立つ生物情報を運んでいるのです。

統合意識の深いところにいると、地球上で私たちがエネルギーを与える存在であることを選び、カーボンのフットプリントを減らすことが自然になります。純粋な愛を吸い込み、吐き出す3つのハートのコネクションに加わることも自然になるのです。

ガイアがとても頻繁に言ってきたように、彼女を救う必要はありません。彼女自身は広大な多次元の意識だからです。けれど、彼女は私たちが地球を愛し地球上をそっと歩くことを求めてはいます。

心からいくつかコーディングし直すことについて検討する前に、2018年3月に私たちのダークルームのグループで起きたことをお話ししておきましょう。彼女のアセンションを支援してほしいと、ガイアからかつてない方法で誘《いざな》われたのです。

# ダークルーム――コーディングのテストとその結果

## 完璧な肥料、ガイアのホログラムと銀河のコア

物理的な光や食物なしで、沈黙して静止する深い時間、ヨガ、個人やグループでの瞑想の時間を過ごせば、「本質《エッセンス》」の海が提供してくれるたくさんのもの、とくに多次元ゾーンに参加者のほとんどが同調できることを、私たちは10年以上に渡るダークルームでの実験の末に発見しました。

## ２０１８年３月27日

私たちのグループがいつものようにダークルームに落ち着くと、グループの「本質《エッセンス》」が私たち全員にとって最高の瞑想をもたらしてくれました。次に起こることはまったくわかりませんでしたが、より深い瞑想状態にいました。

光の体《ライトボディ》として私たちがもつ内なるエネルギー・システムが、生物としての私たちのシステムにエネルギーを与え気づきを広げてくれることについてしばらく語り合いましたが、それから間もなく、ガイアのエネルギーの動きを私たちは自分の内側と周囲で感じ始めました。

私たちはちょうど**「愛しています、愛しています、愛しています」**という純粋な愛を私たちの惑星として体現化したこの美しいスピリットの存在に送っていたところで、彼女の「存在」はそれに応えてくれたのでした。

過去に私たちはそうしていると、ガイアはよく純粋な愛の波動を送ってくれましたが、この日も例外ではありませんでした。

ハート・チャクラがドアとなり、常にエネルギーが流れていることを私たちは知っています。その電磁波がパワフルで、流れる神聖な愛が無限であることも知っています。

ですから、そのハートの中心にフォーカスし、私たち自身の純粋な「本質《エッセンス》」の特質から流れ出すこの愛を感じてそれをこの惑星のコアに向ければ、それが母なる地球とのとても美しいコミュニケーションの手段になります。地球の元素なしでは私たちはからだをもつことも地球上で人生を体験することもできないのですから。

私たちがすでに知っているように、愛と感謝はとてもパワフルなエネルギーの流れです。

この感謝と賞翫《しょうがん》のエネルギーに包まれ、気づきの脳波であるシータ波のパターンを広げるのはとても素晴らしいことです。そうすれば「慈悲」の知性をもつ統合フィールドがふだん見たり感じたりできる以上のとてもたくさんのことを明かしてくれます。

これがダークルームの喜びのひとつです。堅固な世界は消え、私たちは物質を成さないエネルギーだけにフォーカスできます。それは統合フィールド、言い換えれば「本質《エッセンス》」の海がまだ体現していない可能性なのです。それによって今度は私たちのシステムが整合性を保った状態になり、脳波のパターンが変わります。ビジョンを見る私たちの能力は向上し、微細な領域からより深い洞察を得られることは、ハートマス研究所やジョー・ディスペンザのグループなどの研究からもわかっています。

こうしたすべては基礎科学ですから、ここで私たちはダークルームのフィールド研究に戻り、もっとエネルギーを試してみることにしましょう。

**「愛しています、愛しています、愛しています」**という純粋な流れを送り出すというシンプルな行動によって、ハートの中心から出る電磁波の信号が変わります。とても特別な量子のバイオ・フィードバックの反応があり、次にその純粋な愛が私たちに戻ってきて私たち自身の生物としてのシステムを洗礼してくれることが私たちにはわかっているのですから。

愛は愛を生むのです。

常にとても美しく期待通りの反応が得られます。私たちが純粋な愛を送れば純粋な愛が私たちに跳ね返ってきて、それが洪水のように私たちに栄養を与え、肥やします。

というわけで、いまガイアが、かつて私が見たことのないような輝きに包まれ、広大なエネルギー体としての彼女自身をさらしてくれました。この深い瞑想の状態で、彼女は新たに拡張した状態を見せてくれただけではなく、彼女のハートの中心を見るよう誘《いざな》ってくれました。そこには物理的な地球全体が埋め込まれていました。

私は以前にはそれを感じたことも見たこともありませんでした。彼女のエネルギー体はそれは巨大でした！

ガイアのエネルギーは物理的な地球のなかに収まっていると私はいつも感じていたので、これは驚きでした。いま、彼女はとても広大で、それはパワフルで、それは愛に満ち、それは純粋で、私たちの光の体《ライトボディ》のマトリックスと完全につながった、新たな拡張の状態を明かしてくれたのです。

それを感じ見たのは極めていい気分でした。テレパシーによるコミュニケーションはなかったものの、とても愛に満ちた啓示で、彼女のエネルギーはそれは強く、私たちの輝かしい惑星もその子どもたちや生き物のすべてが、いま、彼女のハートのなかにいるのです。

ダークルームのフィールドで次に起きたことは、とても美しい啓示でした。ガイアはいまの状態の地球をホログラムでコピーし、私たちの光の体《ライトボディ》のハート・チャクラの奥深くに置いたのです。私はそれが吸収され、錨を下ろしたのを感じただけではなく、その地球のホログラムが回転し始めたのも見ました。そしてガイアは私たちを信じてハートのセンターに地球を預けたのだと理解しました。

**「愛しています、愛しています、愛しています」**の瞑想を私たちがすると、この「愛しています」が自動的にこの地球のホログラムを洗礼し、地球自身もこの純粋な愛の伝達で常に滋養を得られるようになったことも私は認識しました。

こうしたすべては、より高次の光の科学の原則が機能している輝かしい一例です。領域を素早くパワフルに変えられるようにホログラムが利用されているのです。

ホログラムは新たな現実を古いパラダイムに上書きし、古いフィールドのエネルギーのパターンを変えるために多次元的に利用されるのです。

統合フィールドで利用されるこのコピー&ペーストのテクニックを、私は気に入っています。高次のマインド・パワーのみを利用するので、このテクニックを先進式複製の一種と呼ぶ人もいます。

たとえば、私たちの太陽系の真ん中で白い穴のような機能をする美しく輝く太陽をコピー&ペーストして、私たちの第7（頭頂）のチャクラ、第6（眉間）のチャクラ、第4（ハート）のチャクラ、第3（ヘソ）のチャクラ、第2（腹部）のチャクラや第1（会陰）のチャクラで機能させることもできます。

こうしたエネルギーの中心のすべてがつながり、生命力のエネルギーで輝き、ただつながるだけではなく、統合されたチャクラの柱となり、生物としてのシステムを通じて、私たちの存在のすべてのレベルで滋養の波動を常に放射しているのを見ることもできます。

これもこの啓示を得る以前から私たちがおこなっていたことでした。

私たちは、ガイアがコアから純粋な調和のエネルギーを放射していることをずっと以前から知っていました。いま彼女は、その創造に向けた第二のエネルギーである純粋な慈愛のエネルギーを放射し続けています。

ガイアが自身のアセンションの過程を進めていて、彼女も私たちと同様に旅路にあり、彼女も拡張していることも私たちは知っています。その旅路に参加するよう私たちみんなが誘《いざな》われているのです。私たちすべてがこの生き物、神聖なる宇宙の娘を尊重し敬い、彼女の上をそっと歩くことを学ぶよう誘《いざな》われています。私たちは誰もが異なる感じ方でこの誘《いざな》いを受けています。それぞれの人間としてのシステム、そしてすべての生き物のすべてが彼女から流れ続けるこの慈愛と調和の波の洗礼をいま受けているからです。

私にとってうれしかったのは、ガイアが私たちのグループに深い信頼を寄せてくれたこと、そして、瞑想状態に留まれた人々がガイアからの貴重な贈り物をただ受け入れられたことでした。集中力が足りなかった人たちが二度目のチャンスを与えられたことにも驚きました。以前目撃したことがなかったことが2日後に起きたのです。

私たちのグループは他の存在の領域、ゾーンにアクセスできるバイロケーションの状態に誘導される特殊な瞑想をしていました。

バイロケーションとは、同時に2ヶ所に存在できる能力です。これはリモート・ビューイングとも呼ばれ、比較的簡単にできます。なぜなら純粋な存在が形をもった私たちは多次元にもどこにでも存在できるからです。また私たちの意識は伸縮可能なので、私たちが集中した状態を保てさえすれば、意のままにどこにでも旅することができます。私たちの思考は光よりも早く移動できるのです。私たちの脳とハートのエネルギーが同期し整合性を保てたときに起きるシータ波の脳波の状態にしっかり錨を下ろせば、より簡単にできます。

というわけで、私たちは深い瞑想のなかで私たちの太陽系の中心をよりしっかり見るために、からだを超えて意識を拡張させました。そうすると太陽を単なる輝く光の球としてではなく、生きものとして見ることができました。そのなかで意識が明らかに別の周波数のスペクトラムで脈動していることが感じられたのです。

宇宙のプラズマの存在がそこにいることを感じ、少しつながり、何か別のことに引っ張られて先に進むという興味深い体験でした。好奇心と愛で拡張した意識の流れとして自由に動き、私たちが太陽と呼ぶ白い穴を超えて、私たちは銀河のコアに向かいました。ずっと昔に多くの古代マヤ人がそこにアセンションしていたことを私たちは知っていました。

銀河のコアに近づき、意識を集中すると、そのコアにしっかりと錨を下ろした古代のシンボルと文字が見えました。そしてマヤ文明の長老たちが私たちを迎えに出てきてくれ、私たち各人の前に美しい「マヤの長老」が立ちました。

この賢者たちは、彼らの文明がどうやって集団で超越しアセンションしたか、そして私たちもいま偉大なるアセンションの過程にあることをテレパシーで伝えてくれました。けれど、彼らの場合には文化、社会としてのアセンションでしたが、私たちの場合には惑星としてのアセンションです。ガイアが自分自身のコピーを私たちのハートに置いたのは、かつてのマヤ族のように私たちも地球の守り手になるよう誘《いざな》われているということなのです。

ガイアのアセンションの過程にあるいま、私たちが愛に満ちた支援を続けることがいかに大事か、ガイア自らが共振と超越の過程にあることを考慮し、彼女の声に耳を傾けることが必要かを賢者たちは伝えてくれました。そして、先住民のシャーマンや長老たちが常にそうしてきたように、ガイアの声を聞き、その声の導きに従えるよう、沈黙して静止する時間をもち、愛でガイアとつながることの必要性も語ってくれました。

私たちそれぞれの前に立った美しい「マヤの長老」である存在は、次に私たちのハートに手をのばし、地球のホログラムを取り出し、とても深い愛でそれを包み、本当に心から次のように誓うよう私たちに乞いました。

『YES（はい）、YES（はい）、YES（はい）。私は愛と感謝でガイアに滋養を与える美しい補佐のエネルギーとして地球の守り手となり、私のハートから出た最も純粋な愛で地球のホログラムを洗礼し続ける準備ができています』

私たちのハートはそれに対して、「YES（はい）、YES（はい）、YES（はい）」と誓うことができました。私自身のハートももちろん、すぐに「YES（はい）」と答えました。それは私がずっと以前に誓っていたことでしたし、グループの大半の人々にとっても同様でした。

ある意味ではこのエネルギーの瞑想は2夜前に居眠りしてしまった人たちのために改めて提供されたものだといえることはわかりました。賢者たちは心からの誓いをする二度目のチャンスを彼らに与えてくれたのです。

私がグループをスキャンすると、躊躇していてすぐには「YES（はい）、YES（はい）、YES（はい）」と言えない人たちもいました。彼らのマインドがこの啓示のフィールドにしっかり留まれていなかったからなのか、また異なる瞑想のエネルギーのパターンにあったのかはわかりませんでした。

私たち全員のハートから地球のホログラムを取り出した「長老」は、すぐに「YES（はい）」と言えなかった人たちにテレパシーで言いました。

『このホログラムはそれは貴重な恵みなので、我々が預かります。あなたにその準備ができたと感じ意識を拡張して銀河のコアに戻ってきたときに再会しましょう。そのときにこの恵みはお返しします』

すぐに心から「YES（はい）、YES（はい）、YES（はい）」と言った人たち対しては長老たちはすぐに地球のホログラムをハートの奥深くに戻し、私たちの前で頭を下げました。

『私たちは門番として何を守るのですか？』

フィールドから帰ろうとする私たちに美しいマヤの長老が聞きました。

このことを正直に分析するよう私たちは求められたのです。私たちは世界の何に対しても門番となれることを知っているのですから、私たちが怒っているときには私たちは純粋な怒りと不満が私たちを通過するための門番となれます。私たちが安らかなときには、安らぎが流れるための門番になれます。

ガイアの共振にマッチできるよう、自分自身との調和を保ち、より優れた調和の状態で彼女の上を歩くことで、私たちはガイアの門番になれるのでしょうか？

いまが自己の熟達と自己責任を果たすべきときで、私たちが浸るエネルギーが私たちの内外にフィールドの調和、不調和をもたらすのだと、彼らは私たちに思い出させてくれたのです。

自己の熟達と自己責任の選択は簡単ではありません。時間の過ごし方を変える選択が求められるからです。私たちがすべての領域を充実させられるように最高の可能性を発揮するためには、最も効果的な自分自身として機能できるように神聖な存在が形を得たものとして、からだ、感情、精神のシステムを機能させなければなりません。

私たちが地球の門番となり、調和の支援者となるには愛が機能していなければならず、この純粋な愛の伝達は自発的で心からの愛の働きでなければならないことを、「長老たち」は地球のホログラムを私たちのハートから取り出すことで、きっぱりと示しました。私たちのグループが自発的に心から「YES（はい）、YES（はい）、YES（はい）」と誓えなければ、この任務は負えなかったのです。

私たちのハート・チャクラを通じて流れ続ける神聖なる愛の最も純粋な脈動を感じることにオープンになり、心からの気持ちを込めて、自分が望むどこにでも愛を向ける能力が私たちにはあります。そしてその流れに**「愛しています」**というパワーの言葉を添えます。「本質《エッセンス》」が私たちを通して語っているように、自然に言う必要があるのです。

私たちがまず自分自身の生物としてのシステムを通して**「愛しています、愛しています、愛しています」**と心を込めて言えば、すべての細胞、すべての分子、原子への滋養となります。この愛はとても純粋なので、制約された過去の生き方によってエネルギーとして刷り込まれた私たちの内なるすべてのものも消せるのです。私たちの身体システムを流れたこの純粋な愛の流れは、家族、友達や社会に、そして世界中、すべてのフィールドに向けられます。

それは、この純粋な愛に惹かれて純粋な愛が返ってきて、美しい量子のバイオ・フィードバックの循環ができ、私たちのすべての愛が流れるように、私たちの電磁波の周波数を変える方法でもあります。繰り返しますが、似たものはひきつけ合うので、この純粋な「本質《エッセンス》」の愛は私たちのところに戻ってきて、純粋な愛のフィールドにある他の恵みも明かし始めてくれます。

これはとてもパワフルでいてシンプルで効果的な、お互いに滋養を与え合える瞑想です。

私たちのハート・チャクラに地球のホログラムが埋め込まれたということは、私たちが**「愛しています」**の流れを実践するたびに、自動的に地球にこの純粋な神聖なる愛を刷り込むことになるのです。現実の地球と地球のホログラムはつながっているからです。

これは統合フィールドでは自由に教えられ利用されている、とてもシンプルな科学です。

私はよく旅行中にこのテクニックを使い、純粋な**「愛しています、愛しています、愛しています」**のエネルギーをこれまで私が愛してきたすべての人の送り直し、次に世界中に送ります。驚くべきことに、すると純粋な愛の流れが波のように私に戻ってくるのです。それは一なるもののウェブでは、時や距離にかかわらず、誰もエネルギーとしては離れていないからです。

この愛のすべてが私のハートのなかにあるこの地球のホログラムにも流れているのを知ったことは、私にとってはガイアからの美しい恵みでした。

その瞑想も啓示もとても深遠で美しいものでした。私たちがダークルームにいる自分のからだに戻り始めると、「マヤの長老」は私たちの前でお辞儀し、銀河のコアに戻っていきました。

私たちはバイロケーションの状態のままでした。私たちの一部は観察者であり、常にからだも意識していたのです。

気づきを広げて私たちのエネルギーを統合フィールドに置くことは、とても美しいトレーニングです。

私たちがマインドを有形の世界、固形物、家、物質などに向ければその高密度のゾーンに縛られ、より整合性の低い現実の脳波のパターンになるからです。

けれど私たちのダークルームの体験で自動的に行けたようにエネルギー、無限の可能性の統合フィールドに注意を向ければ、もっとたくさんのことが啓示されるのです。

気づきのフィールドを広げて、**「愛しています、愛しています、愛しています」**のマントラを使ってその流れを感じると共にハート間のエネルギーが整合性を保てるように感謝と賞翫のエネルギーを表現することで、より整合性の高い脳波のパターンに素早くなれば、すでに述べたように、他の現実のゾーンが明かされるのです。

過去数年、私たちは**「愛しています」**の瞑想をそれは多くの国や集いで利用してきました。そこでは「神聖な存在」が私たちに純粋な愛をチャネリングし、それが世界に流れるのを感じられるよう、みんながオープンになりました。この愛のこだまがどれだけパワフルに戻ってくるかに人々は驚嘆します。これをより深遠な体験として感じていただけるように、この瞑想を録音しました。

現在、iTunesの私たちのチャンネルからアクセスできます。

http://itunes.apple.com/us/album/i-love-you/1039933860

愛の肥料を利用し、純粋な**「愛しています、愛しています、愛しています」**を送れば、それが地球のアセンションの旅路の最良の肥料となることを、光の存在である友人が常に思い出させてくれます。

ですから、ガイアの調和のパターンに合わせる素速いコーディングを利用しましょう。

先に述べたように、ガイアは世界全体に影響する共振を放射しています。そして、ガイアは自分自身の内なる調和を保ち生命のマトリックスのなかでも調和を保って生きていく術を知っています。

ですから、いまあなたは「慈悲」の量子の知性に心から次のように言えると感じているかもしれません。「私たちの世界のスピリットであるガイアの共振を私に教えてください。それにオープンな人々に。母なる自然のパワーとプラーナがより自由に流れ出し、別の方法で私たちの世界がエネルギーを得られますように」

これはガイアと調和のうちに共存し、新たな存在の状態になりたいという明らかな意図をもつことです。このコーディングが新たなパターンを出現させる刺激剤、機動力と私が呼ぶものを設定してくれます。感情を込めて次のように言いましょう。

**この世界での全人生を通じて毎日、一瞬ごとに平和に生きることを、いまここで誓います。平和がいますぐ私のパターンになり、ガイアのハートと調和を保てますように。創造を生き続けさせ流れ続けさせる愛に満ちた創造力である「慈悲」が存在するなら、この純粋な愛のパターンに私はいますぐ同調します！**

**すべての存在が最も完全な表現で最高の働き方をするように、世界のすべての善と同調します！**

私の内なる平和、私の周囲との平和に「YES（はい）」と言います。

地球上に調和のリズム「YES（はい）」と言います。

健康なリズムに「YES（はい）」と言います。

幸福なハート、幸福な家庭に「YES（はい）」と言います。

「YES（はい）」と言います。

私の最善と人類の進化にとっての最善のために、最も完璧な方法で滋養を得ることに「YES（はい）」と言います！

あなたのシステムがこの命令と宣言を聞けば、このコーディングが真実であるゾーンと自然に同調し始めるのです！

**経験からわかった事実**

●地球のスピリットであるガイアはすべての生き物への偉大なる慈愛を込めた新たな共振をいま始めています。
●ガイアの調和のパターンが私たちの太陽を通してよりたくさんの銀河のエネルギーを惹きつけています。
●この銀河のエネルギーが特定の周波数で私たちの生体システムに溢れ、私たちの松果体により多くのDMTを注ぎ、それが私たちの左脳と右脳を調和させ、私たちの直感力を目覚めさせています。
●彼女の新たな共振と同調し続けるには、親切と慈愛のエネルギーのなかに存在する必要があります。それは「本質《エッセンス》」の海により深く浸ることで可能になります。

●私たちが個人として永遠の平和を得れば、世界もそうなります。すべては一なるものの宇宙の法則に従っているからです。私たちのすべてが全体に影響するのです。

●地球上で調和していないものはすべて、ガイア自身の再調整のパターンが完了するか、または、さらに私たちの各人がガイアやお互いと調和を実現できるまでは、不調和をもっと感じるようになるでしょう。

●私たちはより低いバージョンの自分自身ではもはや生きられません。

## このコーディングの結果

先住民のシャーマンや長老の多くはガイアのパワーと、私たちが調和して地球を歩けば得られる恵みを知っています。それは、より愛に満ちた支援の気持ちでガイアに同調することを心から誓ったときに得られる恵みです。またアース・スター・テレビでスー族のチーフ、ゴールデン・ライト・イーグルが語っていたように、彼らがスター・ネイションと呼ぶ銀河間に存在する兄弟姉妹とのコンタクトを続けている人はたくさんいます。

私たちのグループがいまお教えしたようなタイプのコーディングと「統合《ユニティ》リセット」プログラムを利用してひとつのハート、ひとつのマインドのゾーンに統合した後に、私だけではなくグループが受け取った恵みについてのいくつかのお話を紹介しましょう。

# 魔法と神秘主義――ハートの呼びかけを尊重すること

## オーストラリア中央部、ウルル

**２０１６年６月14日**

それまでの1年間、私はオーストラリア中央部のウルルの奥深くからのエネルギーに呼びかけられていました。瞑想のなかにやってきて、ウルルに行くように囁くのです。

それで、ついにここに来ました。

ホテルからのバスを降りると、若いガイドが私と娘を仲間のような目で見ました。彼の目は叡智に溢れ、オープンで気づきに満ち、誰かが来ることを彼らは待っていたと言いました。

私たちをひと目見て、それが私たちのことだと彼にはわかったのです。

その岩を回るには9・4キロ歩かなければならないことしか知りませんでしたが、いつも必要に応じてそうするように、その土地が語りかけてきていて、歩いているうちに私が来なければならなかった理由がわかるだろうと私は察しました。

私は団体では歩けません。沈黙した深い状態が必要なので、遅れをとってしまうからです。私はすべての感覚をオープンにしてエネルギーの往来を感じる必要があるのです。

Uluru - a huge crystaline sacred structure, circumference - 9.4 klms

その時、私は自分の左側にパワフルなボルテックスを感じました。後でそれが聖なる女性の仕事のエリアだと知らされました。

ワクワクしたので、私は立ち止まり、目を閉じ、深呼吸して、気づき、注意しました。

『3回』と古代の声が私に届きました。その岩を3周しなければならないというのです。このインストラクションの後にはシンプルな言葉が流れてきました。私が混じっている存在のエネルギーの領域と融合するための歌、編み結ぶ美しい聖なるチャントでした。

彼らのボルテックスの前に私は進みたいと思いました。こうした聖地を歩いていて、異次元への扉が現れたのはこれが初めてではなかったからです。前回はオーストラリアで1994年に、私が住むところの近くにある古代のお産用の池に、別の聖なる女性たちの仕事を目撃するために呼ばれたのです。太陽の下で古代のアボリジナルの女性たちと過ごした午後の記憶はいまだに私の心を魅了します。調和と平和と魔法の感覚がフレッシュに私のなかに残っています。考えればそこに戻れるのです。

けれど、ウルルではそうしたい気持ちに抵抗して、先に進まなければなりませんでした。グループのガイドが我慢強く私を待っていてくれたからで、今日は、自分のしたいことに没頭するべき時ではありませんでした。

『3回』と再び声が私に念押ししました。

けれど3周はほぼ無理そうでした。全部で30キロ近くになりますし、私はまだ完全には癒えていない傷を抱えていました。それをしなければならないことはわかりましたが、問題はどうやったらできるかでした。

突然、私は先進複製技術を使えばよいと思いつきました。ふたつのエーテル体をつくることで自分を3つに分け、一緒に歩かせればよいのです。私たちすべてはつながっていて、一緒に歩きながら歌うこともできるのです。3回が重要であることも私たちは知っていましたから、この分割を私が観想すると、それはすぐに実現しました。

若いガイドは私が遅れていることには気づきつつ、ワークが始まったことを認識して私の娘と先を歩いていました。グループが歩くスピードを緩めて、私が後に残されないようにするためです。彼も私と同様にここに証人として呼ばれていたのです。

古代の女性が私にくれた言葉は美しく、その歌はとてもパワフルで、私自身と周囲のマトリックスの両方が反応するのが感じられました。ウルルのクリスタラインのボルテックスは神聖でもあり強くもあり、偉大なるレイランの中央にありました。

最後のセクションを歩いたときには身体的に疲れていましたし、その歌が終わるまでその歌に精神を集中させ続けるのも大変でした。

やっと大きな岩に座り休んでいると、娘が私の写真を撮りました。後で見ると、巨大な太陽の柱が私のハートに向けられているようでした。

これは偶然？　それとも恵みでしょうか？

次に起きたことも感嘆に値します。

私は通常は記憶力がよいほうなので、この特別でシンプルな歌に注目したまま10キロ歩いたら、その言葉は私のマインドに永遠に埋め込まれそうなものです。ところが、古代の存在がくれた言葉をなんらかの魔法の杖が消してしまったかのように、私のマインドにはまったく記憶が残っていないのです。これは普通ではありませんが、驚きもしません。古代の女性の仕事はそれだけ神聖なものなのです。

消耗しつつ幸せで、私はそのすべてに肩をすくめました。その仕事をうまくこなせたようだったことがうれしく、呼びかけてもらえたことを光栄にも感じたのです。

そうです。私の孫はオーストラリのアボリジナルの血を受け継いでいるのです。

そうです。私たちはいま遺伝子で結ばれています。

そうです。このように私のフィールドにエネルギーが吹き込まれるのは素晴らしいことでしたが、より重要だったのは、自分の心からの呼びかけに従い、それが与えてくれる恵みを受け取れたことへの喜びでした。

私たちは与え、受け取り、再び与えています——それが生命の循環なのです。

心の呼びかけに応えることは最近ではとても重要です。それがどこに連れていってくれるかはわからないのですから。

1年後には、私のハートからチベットに行くように呼びかけられました。私はそこでそれはパワフルなものを見て、とても強いエネルギーに浸り、永遠に変わることになったのです！

# 黄金の時代と叡智の融合

## 支援の多次元ボルテックス

私たちがすべてにとって最善となる生き方を選べば、無限の愛の海がそれはうまく上手に私たちの面倒をみてくれることがとても気に入っています。エネルギーも情報も入門儀式もすべて必要なものが得られるのです。もちろん、これは人間として生まれる前に私たちが光の体《ライトボディ》に搭載したことのバイオ・フィードバックに過ぎないのですが。

とはいえ、振り返ってみれば、すべての出来事が素晴らしい魔法のように、順序立ててごく自然に起こりました。コマを埋めていって大きな全体像を完成させるジグソーパズルのように、オースラリアの魔法の地、ウルルから戻って間もなく、私は再び強いハートの呼びかけを感じました。

このときはチベットでした。

そこで修行僧だった過去生をもっと思い出すために私は引っ張られていたのでしょうか、それとも何か他のことが明かされる運命だったのでしょうか？

次に記載した日記は、私がチベットに到着した日の出来事と私が得たパワフルなメッセージとビジョン

の記録です。

## 2017年7月1日

チベットに来るようにという直感的な呼びかけにやっと応えて、私はチベットに来られました。ラサのまわりの山脈の上空を飛びながら、私は心が喜んでいるのを感じました。肉体の心臓ではなくハートがくすぐったく、小刻みに揺れ、エネルギーの中心がワクワクしていたのです。

私がそのフィーリングに気づきながらそのままにしていると、クリアーな声がテレパシーでこう宣言しました。

**『あなたは証人となるためにここに来たのです！』**

私はちょうど愛、母性、慈愛、喜び、創造性と音楽の原則の顕現として広く愛される古代エジプトの女神、ハトホルのエネルギーと同調する美しい瞑想を終えたところでした。ハトホルはイシスのアドバイザーで、バイロケーションをマスターし、地球に第一の黄金期をもたらすためのアセンションの仕方を地球の社会に教えた後、地球とシリウスの星座で時間を過ごしました。

神聖なる女性性の領域の多くの存在とつながったことはありましたが、彼女が私のフィールドに入ってきたのは初めてでした。

瞑想による啓示が終わり、私たちの飛行機は下降し、チベットの聖地を案内してくれる人々に間もなく会う予定でした。空港から市街地までは1時間ほどかかるので、バスの後ろのほうの座席に座り、とても清らかな山の空気を楽しみました。

　何が起きたのかはわかりませんが、静かに座っていると瞑想のなかで、以前スイッチが入っていなかったもののすべてのスイッチが入ったようになりました。

　ビジョンを見る許容力が高まり、巨大な、ほとんど電気的で巨大なプレイヤー・ホイールが見え、そのパワフルなエネルギーのラインを見せられました。巨大で数百メートルかそれ以上の高さでした。プレイヤー・ホイールが回転すると、黄金の光が流れ出します。それは触られるごとに回転し、そのたびに光が拡散、収縮を繰り返し、古代のシンボルが聖なるサウンドを放射していました。

　この回転する黄金のホイールにすべての古代の言語と仏教のカラチャクラの最高の教えが埋め込まれているのが見えました。プレイヤー・ホイールのてっぺんのあたりでそれが私に啓示され、よく見ると、サンスクリット語が生まれたりたりするのも見えました。

　回転するホイールの下のほうを見ると、この魔法の都市を擁する渓谷に滋養を与えているレイラインが見えました。

　最も賢い教えを運ぶすべての古代文化の叡智とすべての黄金期に表現された叡智がいま、プレイヤー・ホイールに満たされているのも見えました。レムリアの前のハトホルの黄金期、イシスの時代、アトランスなどです！

　次にすべての古代の神秘な学派、その他すべての秘密の伝統の教えからの知識と叡智もプレイヤー・ホイールに満たされ、生きたシンボル、幾何学と言語でこのパワフルなホイールを輝かせているのがはっきりと感じられ、見えました。

それらがすべて混ざり、世界に向けてパワフルに輝きだしているのが見えました。すべてが統合され、すべての伝統の最高の教えが調和して地球中、さらに地球を超えて発信され多次元に拡がり、他の領域も輝かせています。

それがどれだけ広大に輝いているのか見極めようとしましたが、無限に広がっているように見えました。次に私のビジョンに愛に満ちた声が加わり、テレパシーで『**３３３**』と呼びかけられました。３３３の深さ、３３３の幅、３３３の高さ、そして３３３、再び、再び……すべてが３３３のパターンです。その単位がキロメートルなのかマイルなのかはわかりませんが、それはどうでもよいことです。３３３という数字が重要なので、それは特別な反響のパターンをもっているからです。

それは聖母、聖なる愛の流れ、普遍の愛の数字なのです。

このビジョンに深く浸ってそこで起きていることを見ていると、感動のあまり涙がとどめなく流れ、溢れ出さんばかりの偉大な愛を感じて私のハートはドキドキしました。そのビジョンはとても強烈で、また声が聞こえました。より女性的な声で多くの話を私にしてくれました。

すべてがとても力強く愛に満ちて伝えられ、圧倒されるエネルギーのなかで、この世界も私のからだもバスもすべて消えてしまいました。伝えられたことや見たことのすべてはお伝えできません。この人間の世界にはそれを伝えられる言葉がないからです。けれど何かとても美しいことを恵まれたことはわかりました。飛行機で来るときに同じ声にはっきりと『**あなたは証人となるためにここにいるのです**』と言われたからです。

私は証人となるためにここにいます。証人になるのです、と言われたのです。

テレパシーでのやりとりがいったん止まったので見上げると、プレイヤー・ホイールのてっぺんに多次元のラインが流れ入り、エネルギーのマトリックスのなかに錨を下ろすのが見えました。すべての異なる星がもつすべてのシステムが統合され平安に存在し、そうした星々も光線で輝いているのが見えました。すべてが加わり神聖幾何学のパターンとなり地球上で統合して生きられるかを理解するための層になっていました。

それは膨大な支援のシステムが惑星間レベルで多次元から多銀河から訪れ、それが回るプレイヤー・ホイールをさらに輝かせ、この惑星全体にさらに強い輝きを与えています。

プレイヤー・ホイールを満たすその輝きはホイールのてっぺんから底まで流れ、トーラスのエネルギー交換のパターンがとてもダイナミックにかなり遠くまで広がっているのが見えました。

このパターンのエネルギーの流れは無限で、私はもしかしたら、いま世界で最も活性化してパワフルなエネルギー・ボルテックスのなかにいるのかもしれないと感じました。確かではありませんが、これは驚異的なことで、この中央のポイントから輝いているものは、すべての人にとっての最善を求める私たちの最も深いハートの希いを叶えるために私たちが必要とする叡智なのだということはわかりました。

それまで以上にはっきりとした声に『**いまこの瞬間に我々は地球の黄金期の始まりを宣言します**』と伝

えられ、私の気づきはプレイヤー・ホイールを超えて広がり、統合フィールドに至りました。

私たちは美しい6番目の最後の地球の黄金期に入ったのだと彼らに言われました。地球と地球の人々が自身で主権をとり、アセンションで統合領域の存在に加わる時代です。


ようやく私たちはラサに着きましたが、私はまだバイロケーションしている半トランス状態でした。同時にふたつの領域に存在して機能するのがどういうことなのか、よりパワフルにわかりました。私はまだこの回転するプレイヤー・ホイールの上にいる光の存在と他次元で一緒にいたのです。

どうやってホテルについたのかはわかりません。バスから降りたときにはグループの多くの人は私が不安定な状態であることに気づいていました。目からは涙が流れ続け、耐え難いほどのエネルギーで私のからだは揺れていたからです。彼らも証人になるためにここに来たのです。

ロビーで待っている最中にも私は彼らと光の存在と深く親交していました。両方の領域でフィールドが開かれたままだったので、まだプレイヤー・ホイールも見えたのです。助けられながらなんとか部屋にたどり着きベッドに倒れましたが、入門儀式はその後3時間続き、私は昏睡に近いようなトランス状態で横になっていました。


信じがたいほどの強烈な体験でした。私のからだはパターンを変え、バランスも調整され、それは深遠で心から親交し、誓いが交わされました。預言者になる誓いの親交でした。57歳の誕生日には光の体《ライトボディ》のテンプレートとそのなかにあるすべてが啓示されるという誘《いざな》いがあり、その誓いに私は抵抗していたのですが、抵抗したからまた誘《いざな》われたのです。

私はこのフィールドにいられるような者なのか？

私は誰かの預言者になるような者なのか？

私は謙遜し、自分にはそんな価値はない、その準備はまったくできていない、という気持ちを感じていたのですが、それは起こり、私たちのフィールドは融合し、彼らの愛に満ちた支援も感じました。ですから、預言者になるようにという誘《いざな》いを再び受けたのです。そして黄金期が始まったことも人々に伝え、宣言するように、とのことでした。それを分かち合うためにも、このプレイヤー・ホイールはパワーアップしているのです。最後で永続的な地球の黄金期というのは単なるアイデアではなく、地球で分かち合われてきたすべての古代の叡智の融合によってエネルギー的にも支えられた真実なのです。私たちの世界の屋上であるラサが位置する美しい渓谷の最もパワフルなボルテックスから送り出されるこの統合叡智について、自分が見たことを人々に伝えるようにと私は誘《いざな》われたのです。


このボルテックスがどこに錨を下ろしているのかを後に感じようとしましたが、その中心はまったく見ることも感じることもできませんでした。渓谷全域がこのボルテックスのなかにあり、この聖地を訪れる人々の祈りの純粋さによって生かされ、回転し続けていました。

その流れは続きました。私はその晩、この地に一緒に来たグループの人々に自分の意識を深く向けてみました。すると、彼らの多くが過去の黄金期を通じて古代の伝統、修行を受けてきた人々であることや、彼らがいまもっているエネルギーがはっきり感じられ、見えました。多くの人は高位の巫女で、それぞれがこの人生で地球を歩く上で特別でダイナミックなパターンを成就しており、各人がどのようにここで起きることを見て証人になるのかもわかりました。

さらに先へ進み、私の家族のフィールドもスキャンしてみましたが同様でした。いまはまだそのすべてを喜んで受け入れてはいないかもしれませんが、すべての地球上の人々と同様に、彼らなりの方法とタイミングで開花するのです。

ついにすべてが終わり、私は安らかな波のなかでかつて経験したことがないような深い眠りに落ちました。5時間に及んだ強烈なエネルギーに満たされたのはほとんど耐え難いほどで、しっかり休むことが必須だったのです！

世界には巡礼者とピュアなハートをもつ人をひきつける聖地が多くあり、ラサもそのひとつです。聖地や聖なる空間で私たちがよく体験する入門儀式はとても完璧で、それは深く私たちに触れ、永続的な変化を導きます。私たちのエネルギー体を通して満たされるようなものだからです。同時に、ビジョンを見ている状態で得たエネルギーの伝達を言葉で説明するのは容易ではありません。ラサで起きたすべてのことも同様でした。

次の数日、通りを歩き、地元の人々と交流しましたが、人々はみな平和の祈りに意識を集中していました。聖なる寺院を訪れることで、私たちはより多く充電され、私たちのほとんどはずっとハートが開かれた状態でいられる恩寵と安らぎを感じ続け、ここでも証人として見るすべてに感嘆していました。

この啓示の状態で私が受け取った主なメッセージは、黄金期が訪れ、チベットのプレイヤー・ホイールに含まれるもので私たちが支援されているというだけではありませんでした。古代と未来のすべての伝統が融合した叡智によって、私たちはいましっかり支えられており、いまが自分自身の主権をとるときで、自己主権をもつ私たちがこの平和の道を共に歩けば、実際に一緒に統合領域を体験できるのだ、ということです。

# 地球の、銀河の、宇宙の共振

## ベールを超えて

**洞察と経験としてわかった事実**

●他次元の他の惑星システムに生命は存在しますか？――YES（はい）。

●私たちはみな自然にテレパシーが使えますか？――YES（はい）。

●私たちはみな、プラーナから栄養を得られるようになり、楽しみとして以外には食物を摂取する必要をなくせますか？――YES（はい）。

●生命が恩寵に満ち、ハートが感謝に満ち、地球上のパラダイスで本当に生きられる最も深い平和と至福の海に私たちは存在することができますか？――YES（はい）。

●そうしたすべてに効く処方箋はありますか？――YES（はい）。

●地球に永続的な平和をもたらす処方箋はありますか？――YES(はい)、YES(はい)、YES(はい)。

地球に永続的な平和をもたらすためのこの新たな処方箋の一部となるのが、私たちが独自にもつ現実のモデルにかかわらず様々な方法ですべての人に影響を与えているエネルギーの伝達です。私たちが地球という惑星に生きている限り、チベットのボルテックスのようにいまでは完全に活性化している聖地のパワースポットやガイア自身のハートから得られる、銀河や宇宙のコアからの伝達物によってなんらかの影響を受けていることは、次の洞察と体験からわかります。

チベットでの体験から1週間後、私は東京で大きなグループと一緒にいました。そこで私たちのハートと脳の整合性が最高になった最後に、メッセージが届きました。座って沈黙して静止しているときに最も偉大な叡智がやってくることを私たちは知っていますが、こうしたイベントでは最後に質問と答えの時間があります。

このときには、日本で私と一緒に集まった人々はすでに彼らの多次元性に意識をしっかり向けていました。統合と平和の領域から来ていた存在も多かったので、そうした存在が、このときには特定の光の存在をひきつけたのです。

２０１７年7月に得たこの銀河間の友人からのメッセージは時のないものでしたが、同時に素晴らしいニュースでもありました。地球から放射される驚異的なエネルギーが本著で紹介する小さないくつかの変化をプラスすることが他のシステムにもよい影響を与え、さらに私たちの遺伝子、スターシード、ＤＮＡ、私たちの光の体《ライトボディ》、領域の融合、光の言語と神聖幾何学、充填のパワーなどにもよい影響を与えているという話でした。

彼らの周波数のゾーンにマッチできれば、彼らのメッセージの真実と彼らのエネルギーを感じられるでしょう。

リラックスしてオープンな気持ちでいられるときに、ゆっくりと呼吸しながら **「私は純粋な愛の存在です」**、または **「私は純粋な本質《エッセンス》が形を得た存在です」** というコードをしばらく続けてから、読み進んでください。

彼らはこのメッセージを次のように名づけています。

## 偉大なる覚醒──2017年9月に届いた銀河間からの極めて前向きなコンタクト

愛する者たちよ、私たちは常に間近に、常に存在し、あなたたちの集いを見てあなたたちの考えを聞いてきました。

私たちとは誰ですか？

あなたは誰ですか……けれど、私たちに違いはなく、集合体です。統合フィールドでは私たちはみな少しだけ異なる香りで、少しだけ異なる音階で、形のないものもいれば、より形があるものもいる存在の集合体です。私たちの集合体は進化する世界の実験の監督役だともいわれています。

すでにお伝えしたように、あなたは進化の過程で最もワクワクする時期に入りました。あなた方の黄金のサイクルは30年ほど前に始まったので、約30年前にこれは始まったと宣言します。とはいえ、常に覚醒者、明るく輝く者は存在していました。すべての世界には輝きをもって生まれる者、愛するために生まれる者、人間として存在する可能性を示すために生まれる者もいるからです。

個人が高密度の奥深くまで旅すると、神聖なる表現に何が起きるか、どの時点で自分の輝きを忘れてしまうのかを見る実験のサイクルを、あなたたちは終えようとしています。

そして、人々が忘却を選んだら、どうなるのでしょう?

そのデザインはまるで魔法のようですが、彼らは覚えているのでしょうか?

あなたの星ではヒューマン・デザインの偉大さと偉大なあなたを試すという集団的決定がなされたのです。あなたは人生ごとにエネルギーに働きかけること、宇宙の法則に従うこと、バランスとバランスの欠如について探索すること、与えることと受け取ること、そして忘却がもたらすすべてといった偉大なことを忘れてしまうのです。

フォースが同期したところをあなたはハーモニック・コンバージェンス（調和の収束）と呼び、そこからあなたがたの集団的な回顧が始まり、座って沈黙し静止する人は自分たちについての真実を感じ、思い出し始めました。

ですから、この偉大なる覚醒があり、偉大なる覚醒に意識を集中させた30年間があり、それは人がハートで感じた疲労感によって促進されました。また多くの人はそれは長い間、地球上で活動し、お金持ちにも貧乏人にもなり、孤独も愛も体験しました。もう充分な体験をしたので、より多くを思い出したいと求めるようになりました。

この者はあなたの世界からエネルギーが伝達されること、生き、忘れるうちに、いかにあなたのハートが豊かになったかについて伝えました。とはいえ、これが密度のなかで起きることで、だからこそ、それは多くの人が、ただハートを豊かにするためにディセンションを選ぶのです。

あなたの惑星がここまで強く効果をもたらすことは、私たちもまったく予測していませんでした。私たちは観察を続け、忘却することを続けることによって得られる純粋さと強さを調べることは、とても関心をもちました。特定の遺伝子の組み合わせで得られる純粋さと強さを調べることは、この実験の偉大な計画の一部ではありませんでした。あなたたちはみな銀河間生物なので、他の星に生まれ変わった場合には、ある日、他のどの種族よりもより明るく輝くようになることは知っていましたが、集団としての放射はさらに輝かしいものです。ハートが豊かであることから起こる放射だからです。

あなたが地球への旅を選んだのは、あなたの太陽系だけでなくそれ以上の宇宙のシステムにも滋養を与える力をあなたがもっているからであることも、私たちは発見しました。あなたの地球のいまの波動は、多くの惑星システムに大きな影響を与えています。

それはプレアデス、シリウス中に、そしてすべての惑星がまだ不調和と戦争状態にあるアンドロメダ星雲にも到達しています。地球から集団として放射されているものがそうした不調和を減らし、そうした宇宙のシステムに調和をもたらしています。

この集団の声のなかにはその役割を果たしている人もいて、観察者の役割を果たしているのは、いまあなたに声を届けている私たちの一部ですが、人のハートの豊かさが慈愛の波動を送り、闘う星にまで平和をもたらしているのは、それは素晴らしいことだと思います。完璧な過程ではありませんが、その効果は感じられ始めています。あなたがたの種族と地球という惑星で起こっていることにより多くの注目が集まっている理由は、あなた方の心の祈りに応えて、といっただけではないのです。集団からの波動が予測以上にずっと遠くまで届いているからで、だからこそ私たちはあなた方の種族に関心をもって

211　第3章　光の体

いるのです。

エネルギーの伝達を認識している惑星システムの多くは、あなた方の地球から放射される集団のサウンド、集団の光、集団の愛にとても魅了されています。

これを導いている主なフォースはあなたの地球のスピリットの強さです。パワフルな存在であるガイアには彼女自身のテーマがあり、彼女の調和のリズムはあなた方だけでなく他の多くの惑星システムにも影響を与えているというのは真実です。あなた方が自分自身とも他のすべての生き物ともより調和して人生を生きる決心をしたという事実も、その全体に貢献します。

あなた方の多くは沈黙して静止した状態でいるときに私たちの存在をより感じやすいでしょう。そうした状態ではより感じやすく、察しやすく、自分のハートが求めているものを知りやすくなるからです。だからあなたの世界ではエンパスに対して沈黙して静止するように主に呼びかけられているのです。その状態で満たされ、人間の言語を超越した光の言語に浸れます。これがすべての古代の言語が存在になるパターンなのです。こうして沈黙のうちに満たされることで多くが提供されます。これは神聖幾何学の「創造」の構造を超越したものなのです。

光の言語は高次の領域の普遍の言語で、沈黙して静止した状態で純粋な「本質《エッセンス》」に浸れば、あなたのDNAのなかのコードの鍵を開け、あなたの光の体《ライトボディ》のテンプレートを開花させる助けとなり、あなたの想像を超える自由を繊細な人々にもたらすでしょう。

あなた方の種族に用意されているすべてを映し出せたらと思います。

あなた方は時が熟したら沈黙して静止した状態で、誰もが視床下部で放映される内なるテレビ、第三の目のスクリーンのスイッチを入れ、黄金期の完全な開花とその美を感じ、目撃することになるでしょう。

沈黙して静止した状態を愛せば提供されることはとても多いのです。

あなた方がベールを超えて出現する準備を私たちはしました。もうすぐです。私たちの領域を隔てている錯覚のベールは慈愛の心によって薄くなり、真の特質を発揮しています。

ここでこの集いでは完結としますが、この領域にあなた方が集まることは、他の多くの領域を支援するために私たちが集まるのと同じです。


いま、あなたには私たちが感じられるでしょう……。

愛する者たちよ、ゆっくり呼吸し、沈黙し、オープンになってください。そうすれば私たちを感じ、あなたも心から直接私たちと親交できます。

沈黙し、しっかり存在できたら、次にあなたのまわりにどれだけの存在がいるか感じてみてください。4、5、6、7、あなたを囲む存在をただ感じてみてください。

これが惑星間領域へのコネクションの最初の層で、あなたたちに知られているものです。ただ感じましょう。何人いるか直感で察し、彼らを家族、愛の存在、光、あなたが絆を結ぶ存在だと感じましょう。

毎日、座って沈黙して静止し、気づきを広げて創造の広大さとあなた自身の多次元性、そしてその記憶をたどるあなたの旅を支援する存在を感じましょう。

地球がその人々の間のより深いレベルでの一体性を表現できれば、銀河間の伝統のより多くがわかるようになるでしょう。

彼らからの伝達はこれで終わります。


オーストラリアに帰ってきてから、私は赤い点のゾーンについての情報を受け取り始めました。この新たな黄金期の宣言に関するデータをリリースし始めると、こんなに暴力や苦しみがまだあるのに、それがどうして真実なのか、という問い合わせをメールで受けたからです。

けれど、瞑想すると再びプレイヤー・ホイールが見え、それが実際には巨大でとてもパワフルで、混沌を示す赤い点のゾーンは極めて小さいことも見えました。新たな黄金期が始まるときにはいつもバランスの再調整として混沌が起こることも見えました。

いまは新たな時、新たな自己修得、自己責任、自己主権の新たな時代です。それが、私たちが自分のパワーを聖なる存在に捧げてしまう古いパターンと古い時代に入れ替わるのです。聖なる存在が届けてくれるすべてを楽しみ愛し続けることもできますが、いま、鍵となるのは自己主権です。彼らは私たちが立ち上がり、彼らの横を仲間として友達として歩くことを望んでいます。

統合領域に入り、人類として共に私たちが表現できる最高の可能性を実現するための鍵となるコードは、常に自己主権でした。私たちすべてが内なる愛、叡智とパワーをもち、奇跡が普通に起こる黄金期に足を踏み入れるのです。私たちのコアにあるものと深いところで完璧に統合するのです。

私たちがリセットしてベースラインに戻れば、奇跡は起こり、奇跡は目撃されます。ここにいる人々の多くはいま、この奇跡の開花と最後の黄金期の到来を目撃するためにここにいます！

チベットのボルテックスに浸ってから、私のからだのシステム全体には絶え間なく「慈悲」のエネルギーが溢れています。私たちが地球の黄金期に深く入るにあたっては、無限のサポートが得られることを感じ、見ることができました。とくに、より悟りが開けた存在になる道に足を踏み出すことに「ＹＥＳ（はい）」と答えた人々への支援です。

そうです。私たちの世界にはまだ苦しみがありますが、多くの人々にはすでにわかっているように、私たちの苦しみのすべてが私たちをよりよいバージョンの自分にしてくれるのです。

光の存在である友人はそれをこう表現しています。

## 静けさの前の嵐――２０１７年11月5日の深い瞑想中に伝えられたこと

私たちも、あなたたちの世界のいまのような状況だったことがあります。人によっては選択の時であり、人によってはすでに選択済みの時です。私たちがあなたたちのいまのような状況だったときに、私たちは新たな在り方へのアップグレードの準備ができたと決心しました。

いまあなたに話しかける存在の多くは進化する世界の代表で、自らの選択で新たな現実のゾーンにいる存在です。私たちのゾーンは異なる共振の異なるリズムで運営されており、すべてがより偉大な善のために仕え、また仕えられています。

この新たなゾーンに定着するために、私たちは宇宙の法則に従い、明らかな意図、思考、パワー・ワードを通して私たちのエネルギー・システムをコーディングし直すことを理解し、同時に時間の使い方を変えました。

あなたたちの世界には、人々の発達や最高の自己実現を遂げるための役には立たないようなやり方で集団を支配している様々な現実があります。

生き方を変えるには新たな在り方を選ぶ意識的な決心が必要で、いまの時間の使い方のパターンを正直に評価して、次のように問わなければなりません。

「私がしているすべてのこと、私が関わり時間を与えているすべてのこと、そのすべてがすべての生命の健康と幸福と調和のリズムのなかで私が生きることを許してくれているだろうか？」

それがあなたが求めているものなのでしょうか。

様々な世界のすべてが進化するなかで、集団には優れたパワーがあることに私たちは気づきました。私たちには協力する必要があり、個人の生命の形の不完全な集合としてではなく、進化する世界の方向性についての明確な議論の末に統合しなければならない、と気づいた時点があったのです。私たちの世代だけではなく後に続く多くの世代のために、自分たちの未来を見て、行きたいところ、成し遂げたいことを明らかにしたのです。

多くの決定がなされました。

フリー・エネルギーのシステムを研究することが決まりました。右脳の直感力の流れと創造力と左脳の論理のバランスを研究し、人間が左右の脳の調和をとってシータ波の周波数のゾーンに脳波を安定させ、常に維持できるようにすることを決めました。

多くの創造的な、以前には夢にも想像にも出てこなかったような解決策が私たちのマインドに浮かび、私たちの進化の過程にある世界の役に立ちました。

これはあなた方のように、それは長い間、高密度と二元性の奥深くで生きてきたとしても、または統合領域の存在が続けてきたようにすべての探索のパターンを移動中であっても、すべての生き物にとってアクセス可能です。あなたたちの旅路も私たちの旅路も決して終わりがないからです。

領域のなかにはまた領域が、そのなかには別の領域があり、個人の周波数の同調のスペクトラムと発散を変えることで私たちはそうした領域を探索できます。すべて、程度の違いはあれ、バイオ・フィードバックの循環により運営されているからで、この概念はあなたたちの世界で理解され始めたところです。量子フィールドを動かすものは何か、そして量子のエネルギーの流れによって満たされるものは何かをあなた方は認識し始めたからです。

あなた方の世界にはまだ未踏で想像されてもいない周波数のスペクトラムが数多くあります。周波数をマッチさせる過程によってしか、そうした周波数にはアクセスできないからです。だから私たちは周波数のレベルを調整したら何が得られるのかと考え、時間の使い方を決めたのです。

私たちの旅路はまだ続いており、まだ垣間見ただけで探索されていない領域も多くあります。私たちも進化を続けているのです。

あなた方は集団で私たちが運営するゾーンの一部に来られ、自然の私たちとフィールドを融合させ始めたので、あなたたちの存在に私たちも気がつきました。

こうした融合や、私たちのフィールドのゾーンで周波数をマッチさせる能力はビジョナリー、ドリーマー、瞑想者、そしてあなたの世界の純粋なハートをもつ人々を通して得られたものであることも私たちは理解しています。

このマッチングと融合はいま始まったばかりで、これから明らかになっていくことも多いでしょう。あなた方の世界にとって最善にならないものには、私たちのゾーンからの周波数が流れ込むからです。

私たちの領域の融合が生み出すエネルギーの注入は、ずっと以前に花咲くように植えられていた種に肥料を与えるようなもので、あなた方の世界のすべてが自然にアップグレードされます。生き残りに苦闘していた植物はいま、繁茂し始めたところです。

最初は以前にもまして混沌とした時代に入ったようにみえるでしょうが、それは静けさの前の嵐だといえるのです。


ですから、繰り返しますが、私たちとのこうした融合状態にあなた方を歓迎します。私たちの周波数に対してオープンで、あなたたちの世界にメッセージを届けることができる様々なビジョナリーやチャンネルを通して、私たちはこれからも様々なメッセージをお伝えします。

伝達完了。

私たちがグループで体験した領域の融合は２０１７年3月前半、統合領域の存在と私たちが会える純粋な親交のゾーンのエネルギーのパターンに、ダークルームにいた私たちグループがマッチしたときに起きました。

# 統合領域からのコンタクト――ユニークな私たちの統合叡智の書

## 人生の洞察――統合領域――コンタクトと統合叡智の書

### 2017年3月、ダークルームでの合宿

私たちのグループは「統合《ユニティ》リセット」プログラムを使った深い瞑想中でした。数日間続けていると、グループに変化が現れました。統合ゾーンと深くつながったのです。それがダークルームのプログラムでした。

ある日のこと、私たちがリラックスして、統合されたひとつのハート、ひとつのマインドのスペースに深く入ると、領域間を隔てるベールが消え、私たちのまわりに継続する時空への入り口が開いたように感じました。私がこの瞑想のファシリテーターとしてお伝えできる内容は、透視ができる感受性をもつ者としてのビジョンを見る能力で私が察し、見て、感じたことだけでした。

それから、私は彼らの存在を感じました。ダークルームにいたのは私たちだけではなく、私たちの前方に純粋なエネルギーの存在がたくさんいました。彼らには好奇心もありましたが、とても愛と気づきに満ちた存在のようでした。彼らは統合領域から光線として入ってきたのだと、私は直感的に感じました。

彼らが私たちのゾーンにより深く入ると、多くの人が彼らの存在を感じたり見えたりできるようになりましたが、誰もがそのビジョンに集中できるわけではありませんでした。懐疑心のせいで、頭が落ち着き

のないお猿さんのようになってしまい、そのシーンが完全に形づくれないのです。

彼らのひとりが私たちのほうに近づき、ひとり、またひとり、といったように次々と前に出てきたので、私はやがてダークルームのスペースにいるすべての存在を感じ、見ることができました。

私たちの前にいた存在のエネルギーはとても明るく、彼らの感触はとても軽く、愛に満ちていました。

彼らは形は成さず、光の体《ライトボディ》のままでした。すべてがエーテル体で表現される光の領域から、彼らはやって来たのです。


私たちが彼らのゾーンと周波数をマッチさせると同時に、彼らも私たちとマッチさせ、私たちの領域が融合し、コンタクトが可能になったようでした。

こうしたことは、ダークルームのスペースや瞑想者のグループがベースラインに戻ったときには珍しいことではありません。このときのミーティングは、私たちのグループが統合された調和の全体として機能できるようにコーディングしていた自然の帰結に過ぎませんでした。

類は友を呼ぶもので、私たちがベースラインで統合すると、統合領域が姿を現したのです。

コンタクトが起こり、彼らの存在を受け入れると、私たちの前に立った存在は私たち一人ひとりに本を差し出し、受け取るよう愛を込めて誘《いざな》いました。より意識を集中すると、私たちの名前、シンボル、エネルギーのパターンが表紙に書かれていました。

その表紙を一人ひとりが見ているとき、私は頭の片隅で、これは「アカシック・レコード」に入っている「私たちの人生の書」かもしれない、と思いました。ダークルームのスペースでよくそれを見ることがができたからです。でもすぐに、それが過去にはアクセスが許されなかったユニークな本で、私たちのネットワークには提示されたことがなかった私たちのためだけの本であることがわかりました。

次にその存在たちは、その本を開くように愛を込めて私たちに勧めました。その本が白紙のページでいっぱいであることには、本を開いてすぐに気づきました。そして、まるで魔法のように私たちの手にペンが現れると、彼らは私たちに言いました。

『地球での時間から多くの叡智を得たあなたたちに、書いてほしいのです。あなたがガイダンスを提供するとしたら、あなたの奥深くから叡智を流れ出させることができたら、あなたが感じていることは地球のような領域が統合意識をもつための完璧な処方箋になります。あなたの心の中心からいま書くことができるとしたら、何を言いますか？　何を書きますか？』

とてもパワフルで明快な誘《いざな》いだったので、私たちのグループは直感的に書き始めました。私たちの純粋な「本質《エッセンス》」、内なる悟りが、私たちみんなを通して賢い洞察の言葉を記していることを感じました。

私たちの「本質《エッセンス》」が、各ページにその叡智をチャネリングするための作業に意識を集中しました。時間をかけていると、その流れに乗って訪れる洞察に驚かされることもよくありました。そうした自動書記の過程では、誰もがより高次の視点で物事が理解できたのです。外界からの邪魔がなかったので、私たちの感覚はとても研ぎ澄まされていました。

次に、そこにいた存在がテレパシーで新たな質問を私たちに投げかけました。

『形を成しながら悟りを開いた賢者として、二元性の深層に存在し、この地球の世界を熟知したあなたたちは、あなたの世界の他の人々のために書くこの統合への手引の書に、どんな叡智の言葉を記録しますか？』

再び私たちのグループは沈思黙考し、集中力を維持できた人々からゆっくりと書き始めました。想像上の本を手にしてテレパシーでこのように作業するのはとても興味深いことで、なかにはすぐに意識が彷徨いやすい人もいました。集中力を保つには訓練が必要でした。実際に本とペンをもっているわけではないのですから。とはいえ、私たちは熟練した瞑想者のグループで集中力を保ちやすかったので、執筆を続けました。

私たちの前にいた存在から、次の質問がテレパシーで伝えられました。

『この地球にとても長くいた賢者たるあなたは、あなたの家族、友達、愛する人々とあなたの後を継ぐ人々にどんな叡智の言葉を残したいですか？』

再び私たちのグループは純粋な「本質《エッセンス》」が執筆できるよう、それについて沈思黙考しました。そして言葉が彼らのペンから各自の本のページに書き記されましたが、内なる深層から出てきた叡智は驚くべきものでした。

最後に、とても好奇心が旺盛な光の存在から4つめの質問がありました。

『地球で人間としてからだをもち、高密度の世界にこれだけ深く存在していることで得られる最大の恵みは何だと感じていますか？』

彼らがとくにこの4つめの質問に好奇心満々なのが感じられました。彼らは期待いっぱいに、私たちが自分たちの書に記したことを読んで彼らの領域の他の存在にも伝えたがっているようでした。興奮でざわめいている彼らの存在を、私はより身近に感じました。

書くための時間が与えられ、集中力がより保てた人から書き終え、そしてすべての人が書き終えると、本は閉じられました。

私はその本を、私たちの前にいる存在に手渡しました。彼らの手に渡った本を、促されるままにじっと見ていると、錬金術の魔法のように、ひとつの本がふたつになりました。私たちの目の前で、私たちそれぞれが書いた本の完璧な複製が生み出されたのです。

彼らはそれを「統合叡智の書」と呼びました。そのコピーを彼らが私たちの光の体《ライトボディ》のハートに置く直前に、表紙にタイトルが表れたのを私は感じました。

いまの地球上での人生を生き続けながら私たちは成長でき、それがこの本に描かれた内容を変え、私たちの成長と洞察のすべてが自動的に両方のコピーに記録されると、彼らから告げられました。1冊は彼らの領域、もう1冊は私たちの光の体《ライトボディ》のハート、また「私たちの人生のアカシック・レコードの書」にも収録されたのです。

オリジナルの本を手にした彼らは私たちの前でお辞儀すると、彼らはダークルーム、ビジョナリーのシーンからうれしそうに消え、彼らの領域に戻って融合しました。私は、まだ彼らが息の届く距離にいるように感じました。ベールの反対側ですが、そのベールは私たちみんなにとってすぐそこにあり、透けて見えるようにも感じました。

私はまだ彼らの存在を感じることができます。私たちの間に流れていた興奮のエネルギーの波動を感じます。彼らは私たちの体験を研究し、データを集めて、書かれたことのすべてを仲間に伝えたがっていました。彼らの多くは、いまの私たちの状態のような高密度の環境にいた経験がないようでした。

『そうです』と彼らが私のマインドに答えました。「源」から広がった彼らの旅路では、地球ほどの高密度の世界を訪れたことがなく、彼らは私たちの勇気を尊敬しているのです。

彼らは地球でいま起きていることにワクワクしているのだと、私は感じました。私たちが私たち自身の内側でそうしているように、より統合された状態に融合できるように、期待しているのです。

私たちが自らの人間らしさを慈しみながら、「本質《エッセンス》」が私たちの内側で優勢になるように育めば、そうした私たちの行動が周囲のすべても調整し、統合領域により深く融合できることが、いまでは私にもわかっていることも、彼らは知っています。

彼らも知っているように、私たちのなかで優勢となった周波数が周囲のすべてを引き寄せるのです。個人としても集団としてもそれが起こり、私たちの領域は彼らの領域に影響し、彼らの領域は私たちが深く立ち入ることへの準備をしているのです。

私たちには常にネルギーの放射によって引き寄せ合っているという恵みがあります。光の体《ライトボディ》の純粋で完璧なコアの波動を発散しているいまは、とくにそれが顕著です。「本質《エッセンス》」は最も強くなっており、それによって私たちは恒久の変革を遂げリセットされ、周囲のすべてもそうなります。これはシンプルな科学ですから、地球上で統合意識に至るという考え方はもはや夢ではないのです。

ハートからの気づきと整合性を保ちながら生きることを選んだ人々に支えられ、私たちの世界にとてもパワフルな動きが現実化しています。

私はダークルームで過ごす時間が大好きです。しっかりそこに存在し、自分のコアにある輝きにオープンになれるような、パワフルで集中力のある瞑想者がいれば、ダークルームのスペースは啓示のフィールドになります。何年も実践してきたなかで、私たちは本当に驚異的な結果を目撃してきました。「私の名のもとにふたり以上集まれば、私はそこにいる」とキリストはよく言っていましたが、愛に満ちた存在のこうした神聖な領域にとってもそれはあてはまります。私たちが純粋な「存在」として、「創造の背後の私」として集まれば、その効果は自然に増幅し、よりパワフルな表現に高まり、それが私たちに流れ、より深い洞察を与えてくれることにより、私たちはリセットされます。外界の世界で人間として機能することにまだ魅惑されている人々には、たとえ私たちと一緒にいても決して得られない洞察です。沈黙して静止して、洞察を得られる機会をもてるという意味で、ダークルームのスペースは私たちすべてにとっての恵みです。

**体験で知った事実**

● 賢く、気づきを得て愛に満ちた存在が「本質《エッセンス》」の海のなかの様々なゾーンにいます。

●多くの統合世界があり、その周波数にマッチしたときに少しずつ私たちに姿を現してくれます。
●統合領域の存在の多くは私たちのような高密度の世界にはいたことがないので、二元性が私たちに何を教えてくれるのかに興味をもっています。
●統合領域では創造のすべてがエネルギーのパターンとして認識されます。
●蝶のキスのように他のパターンのエネルギーに軽く触れ、その遭遇からほとんど影響を受けずに次へと移る存在もいます。また、磁石のようにひきつけられ、短期間または長期に渡ってより深く混ざり融合している存在もいます。それは地球上でも同様です。
●統合領域の存在との親交はすべてテレパシーによるもので、光の言語や光の体《ライトボディ》による突発的なやりとりもあります。
●コンタクトは私たちがそれにふさわしい波動を優勢にできたときに実現しやすく、それは、惑星の進化の道における役割を担うことを、地球上に人間として生まれる前にプログラミングした結果でもあります。
●通常、愛、親切心と慈愛が優勢な波動である人々のほうが、よりたやすくこうした愛の光とコンタクトできます。

## 宇宙の共振の体験

### ダークルームでの発見——宇宙の共振と光の体《ライトボディ》のゾーンの啓示

オープンになったハートが統合領域のより深くまで導いてくれるようになったいま、私たちは世界が融合する時代を迎えています。より気づいた人間が現れるべきときで、新たな人間はもっとアップグレードされたシステムともっと活性化されたＤＮＡをもってやって来ます。多くの人にとって錯覚のベールは薄くなり、以前よりも突き破りやすくなっています。人々の用意ができたときに、慈愛に満ちた心の呼びかけを聞き、それに従えば、すべてが啓示されるでしょう。

以前のダークルームの集いでは、銀河のコアにあるマヤ文明について少し感じられましたが、「長老たち」と深くつながったことはありませんでした。

私は、太陽系の中心である太陽のコアの高次な周波数のスペクトラムに存在する宇宙のプラズマの存在と一緒になった体験をしたことがあります。しかし、私がすでに述べたように、こうした出会いはより高次でより精妙な微細エネルギーの領域に周波数を合わせられない人には体験できません。シータ波の周波数の脳波を保つことで、より深遠に見たり感じたりできることが、いまではわかっています。私たちが純粋な愛のゾーンとハートと脳が整合性を保った状態に入れれば、無限の可能性をもつ統合フィールドがたくさんのことを伝えてくれるのです。

私たちのダークルームのグループがすぐに発見したように、「統合《ユニティ》リセット」プログラムを使えば使うほど、統合領域のより多くのレベルが明かされ、光の存在の友人とのコンタクトがとりやすくなります。

彼らは多くの時代で高次の錬金術の修行を積んできた素晴らしい瞑想者のグループだったので、その体験も集いに活かし、フィールドを充実させ強めてくれました。


銀河の中心の「マヤの長老たち」との入門儀式の翌日に、私たちは宇宙のコアにバイロケーションして、そこにある白い穴から出るエネルギーの伝達を感じるよう導かれました。

その周波数はパワフルで、エネルギーのスペクトラムは強く、私たちがそのフィールドに安定して間もなく、そこに棲む宇宙のプラズマの存在が意識の流れで私たちにコンタクトしてきたのを感じました。

この高次のエネルギー・フィールドでは、彼らはからだの形はとれませんが、ホログラムのイメージは見せてくれました。が、私のマインドの目にとっては、彼らは液体の光の流れのままでした。私たちのグループのなかの他のビジョンが見える人たちにはどう見えていたのかは、わかりませんが。

私たちがこの存在に意識を集中していると、彼らは私たちの手に注意を向けさせました。注意深く見ていた人はみな5つの美しいダビデの星を感じ、それが見えました。この神聖幾何学のマカバのパターンを、私たちは常に光の体《ライトボディ》の手にもっていますが、このときには、私たちは5つの独自の層を示されたのです。

最初に明かされたのは緑の6角の星で、その上には青、その上にはゴールド、そして赤がゴールドの上で、

# Experiencing the UNIVERSAL HARMONIC

最後が紫でした。

異なる色の星々はそれぞれ特有の周波数をもっていました。緑は癒し、青は純粋な愛、ゴールドの光は無限の叡智、赤は愛と叡智が組み合わさったときに生まれるパワー、そして紫の層の最後はスピリットの解放と変革です。

個人的には、私は２００６年にアマゾンのジャングルでこのダビデの星について明かされ、アクティベーションも受けていましたが、今回の体験は別でした。グループ・フィールドでは初めての体験で、宇宙のプラズマの存在とも一緒でした。私たちの光の体《ライトボディ》の手のこうした神聖なパターンがどう宇宙のコアとつながっているのかも明かされたので、今回のビジョンはより深遠だったのです。私たちがこの宇宙のコアとのコネクションを見た後に、彼らもエーテル体の流れと形のなかに同じパターンをもっていることを明かしてくれました。

次に、この光輝き愛に満ちた存在は私たちに、宇宙のコアをもう一度よく見るようにと言いました。するとこの5角、6角の星々は中心で多層になっているだけではなく、より高い領域からの流れにエネルギー的に支えられる多次元のパターンも成しているのが見えました。

この気づきが拡張した状態で宇宙のコアがチャクラのように機能し、各マカバのパターンが、私たちの宇宙のなかでもとくに地球とその他の惑星システムに向けて、５つの独自の周波数をもたらしていることが容易にわかりました。このエネルギーの流入が肥料の役目を果たし、私たちの宇宙全体が創造のマトリックスの新たな位置に上昇できるのです。

私にとっては、この訪問のメッセージはシンプルでした。ベースラインが優勢となった生物としてのシステムに早く戻れば戻るほど、私たちは集団として個人、そして惑星のアセンション、さらには宇宙のアセンションを誘発して体験できるのです。ネットワークは設定されており、私たちがいま引き寄せている高次元の領域からのエネルギーの流入が、それを確実にしてくれます。

こうしたすべてが集まった後に、私たちはこうした5角、6角の星が私たちの光の体《ライトボディ》のハートの中心にも層を成しているのを見せられました。瞑想を続け、こうした存在と私たちとのコンタクトがより統合されると、私たちの光の体《ライトボディ》の深くから出る新たな波動のパターンを感じることができました。これが、彼らが宇宙の共振と呼ぶものでした。

ですから、私たちのグループがガイアの共振と銀河のコアからくるものに同調しただけでなく、今度は宇宙のコアが、私たちの内なるエネルギー的に変化し私たちと同調するオーケストラに加わったのです。

私たちのグループが日課としていた**「私は純粋な愛、私は無限、私は永遠」**というマントラが私たちを統合し、またリセット・コードも効果的だったのは明らかでした。それにより、私たちの光の体《ライトボディ》はさらに多くの層を明かしてくれたのです。こうしたコードは肥料の役割も果たすので、私たちの内なるものが完全に開花されるのです。

この集いのなかでは、光の存在は、私たちが人間として生まれる前に光の体《ライトボディ》に搭載する過程についても語ってくれました。そして、地球のこの人生で人々と分かち合うべき恵みをいったん選んだら、それを光の体《ライトボディ》のマトリックスに搭載し、すべての最善になるようにその恵みを届ける必要があることも示してくれました。これらは私たちが生まれる前におこなった事前ログラミングに基づいており、適切なやり方で適切なタイミングで、周波数がマッチしたときに活性化されるのです。

地球で有形化する私たちの誰もに与え、受け取れる恵みがあり、一人ひとりがユニークな存在なのだと感じられたことは、こうした集いで得られた素晴らしい体験でした。

# 個人、惑星、そして宇宙のアセンションの時

私たちが集団として私たちのコアを反映して共振状態に入り、ベストな自己を表現できるように私たちのハートをオープンにして全体にとって有益な波動になったときに、地球自体のアセンションの過程が加速することは、昔から予言されていました。

予言にはなかったものの、光の存在との私たちの集いで、私たちの集団としてのハートから宇宙に向けて輝く魔法のようなパワーについても理解しました。

私たちはみな、地球上での体験からそれは多くの叡智と美徳を得たので、この集団としてのハート、つまり美徳のエネルギーが滋養の流れを、いますべての領域に送っているのです。彼らによれば、その流れはとても強く、他の惑星システムの目覚めも助け、予期せぬ宇宙のアセンションも支援しています。

光の存在の友人は繰り返し言いました。私たちの「本質《エッセンス》」が周波数として優勢になり、私たちが真に解放された状態になれば、人類や私たちの惑星が統合領域を体験するだけでなく、私たちが放射するものは私たちの宇宙の構造も変えるのだ、と。

これは、宇宙の一なるものの法則と反響の法則によります。

私たちの光の体《ライトボディ》が完全に開花すると、地球のグリッドが刺激されます。すでにお伝えしたように、純粋な愛のエネルギーの網が地球を囲み、宇宙のマトリックスの一部も形成しています。ですから、私たちが

よりハート中心になり、統合され完全になれば、私たちのそれぞれがこのキリスト化した愛のグリッドに栄養を与え、宇宙の仕組み自体に影響し、宇宙の目覚めをもたらすのです。

聖者と光の存在の友人によれば、これはいまだかつて起こったことのない現象です。彼らは多くの惑星システムのアセンションを観察し支援してきたものの、集団の波動が周辺の宇宙にもこれほど影響し、全体のシステムが宇宙のコアにより引っ張られたことはないそうです。エネルギー的には、海に網を投げて網を魚で満たし、やがてボートに引っ張って網をからにする漁師のようなものなのです。

私たちのグループへのこの啓示のポイントは、私たちには光の体《ライトボディ》、私たち個人のアセンションと宇宙のアセンションを結ぶマトリックスがあること、そして宇宙の光の体《ライトボディ》のテンプレートが私たちのなかでより強く波動し始めたことを私たちに確認させることでした。

私たちの光の体《ライトボディ》には他に何が含まれますか？

私たちの光の体《ライトボディ》に、私たちは他に何を搭載したのでしょう？「本質《エッセンス》」が生物としての私たちのシステムで優勢になると、どんなコードと情報の光の束、どんな内なる叡智がまず自然に活性化されるのでしょう？

そうです。地球ではいまだに多くの人が生き残りに苦闘しています。

そうです。リンクのなかの最も弱いレベルほどにしかパワーアップできません。でも、チベットなどすべての聖なるパワースポットのボルテックスのすべてから放たれる波動と「本質《エッセンス》」が優勢となった人々の生物としてのシステムの波動のすべてが融合し、私たちに準備ができたときに享受できるように、全体の新たなパラダイムを支援しているのです。

シャムバラ・マトリックスが目覚め、そのゾーンにかつてない多くの存在が錨を下ろしています。第6黄金期が始まり、私たちの誰もが、私たちの純粋な「特質」がたやすく優勢となれる生体システムの神殿のなかに棲んでいます。ですから、いくつかの態度の変換と少しの周波数の微調整で、私たちの進化の道はとても魅惑的なものになる可能性があるのです！

## 簡単なまとめ

私たちのプログラムの第1章では統合への気づきに注目し、コーディングし、その実現を誓いました。

次に私たちは光の体《ライトボディ》とそのなかのテンプレート、ゾーンについて評価し、光の体《ライトボディ》の搭載、休息の人生などについて見ました。

また、ガイアのアセンションの旅路についてお伝えし、彼女とより深くつながるためのコーディングをもう少し提供し、次に光の存在の友人との体験とそれによって得た洞察についてお伝えしました。

より詳細で深淵なコーディングはリセットの意味のセクションで紹介することにして、いまは私たちの

「本質《エッセンス》」の海のプログラムに進み、それがどう誕生したかと、「あなたが想像できるすべて以上」のゾーンに浸るために使うコーディングを紹介しましょう！

そうです。私たちが使う「本質《エッセンス》」の海とリセットのコーディングは素早く、効果的です。

そうです。私たちのコーディングは量子のバイオ・フィードバックと脳とハートの整合性の理解に基づきます。

私たちがいまお伝えしたことのすべてが、これから構築するネットワークの基盤となり、さらにいくつかのパワー・ワードによって強化、補強されます。こうしたパワー・ワードは、個人と惑星のアセンションを導くために理解しておくべきことと明確な意図を示す言葉です。これはすでに私たちに与えられた道筋であり、私たちがコントロールできるのはタイミングだけです！

# 第4章

# 「本質《エッセンス》」の海

# 人生の洞察

「本質《エッセンス》」の海の恵み、そして、啓示の時
完璧な量子のバイオ・フィードバック

## 人生の洞察――あなたのどんな想像も超えるゾーン

2015年の末、飛行機を降りたばかりだというのに、次の空港の到着ロビーに向かって歩いていると、突然、完璧に消耗した感覚が、波のように私のからだを襲いました。身の危険を察した私は深呼吸して自分の気づきを拡張し、自分の身体システムと一体になり始めました。多くの人がご存じのように、私たちのからだは驚異的な知性で動かされており、必要なら意識の呼びかけに応えられるのです。

「えっ？ これはいったい何なの？」と私は聞きました。

『もうこれ以上はできない』という消耗しきった様子の反応が来て、私のマインドの風景に映像が浮かびました。22年間、重い荷物を引きずりながら空港から空港へと絶え間なく旅してきたのです。時には止められ、荷物を探られることもありました……疑いのエネルギーが漂うなか、私の全身を1インチ単位でス

キャンするマシンを通って。9・11の同時多発テロ事件以来、空港の警備は強化され、すべての旅行者がテロリストではと疑われるので、海外旅行は容易ではなくなりました。

次に、消耗した親に連れられて旅する疲れ過ぎた子供たちのイメージとサウンドが浮かびました。誰もが長いフライトや飛行機の遅れから消耗しています。また、飛行機の遅れか、長旅の寝不足を補おうと空港の居心地の悪い椅子で我慢強く待っている人々のイメージが見えました。私は、つい先ほどまでいたところと比べると気温が30度以上低い地に着いたばかりでした。

私のからだは、いままであまり苦情も言わずにどれだけ耐えてきたか、どれだけ調整しなければならなかったかを、マインドの映像がフラッシュバックのように見せてくれました。

次に生物としての私のシステムが、とてもたくさんの大気汚染都市、エアコンや暖房が効き過ぎたホテルや寝心地の悪いベッドや枕、冷た過ぎるか水があまり出ないシャワーのイメージを私に見せました。そうした様々なイメージが数秒間、流れ込んできました。ジプシーのように旅を続ける暮らしをやめる準備ができたことを、私のからだが見せてくれたのです。

次に私のマインドの声が、ぐずる子供のように、はっきりと宣言しました。

『充分な休息をとると約束してくれたでしょう！　10年ごとに旅を休むって。それなのに、もう12年以上続けている！』

おっと。その通りでした。

「わかった。あなたの声は聞こえたわ」と、私は愛を込めて認めました。

「できる限り早く休むようにする。でも、それまでのしばらくの間は、もっと強くなり、もっとよいエネルギーもいるかもしれないから、いまはそれを届けてくれる？」

私のからだは私が言ったことを信じたようで、からだじゅうに強さが戻るのを感じました。

ほとんどの人は、世界の平和の大使になるというフルタイムの任務を背負ってジプシーのように旅を続ける私のような暮らし方はしていないでしょう。かといって、純粋な滋養が得られるフィールドが整った自分のアシュラムで半隠居生活をしているわけでもないでしょう。

そういう人もなかにはいるかもしれませんが、多くの人は人間として生まれる前に、自分が選んだプランを反映する道を選んだことでしょう。

ジプシーのような旅行暮らしをする人の多くは、自分を支えてくれる伴侶や子供たち、孫などがいるといった愛に満ちた家庭生活を堅固に維持することはできないでしょう。そうした家族がいれば、出かけるときには離れがたく、帰ってきたときにはより貴重に感じるものです。

私はようやく、最も完璧な個人生活を実現させたところでした、私を喜びで満たし、とても長い間、信じられないほど私を支え続けてくれていた家族がいました。そうした愛に満ちた生活から離れ、他の都市、他の国といった、家族とは別の場所にいるのはとても超現実的でした。

数年が過ぎ、私は他の多くの人々と同様、自分自身が有機的にシフトし、変わってきたことを発見しました。自分の存在をこの世界にとって有益なものにしようと私はハートで誓っていたので、伝えたいことをパワフルに、役に立つシンプルな方法で伝えたいと思ういっぽうで、よりリラックスした存在にもなりたかったのです。

私は、慈愛に満ち無私で他者に与えることができるようになれば、それによってことあるごとに親切にされ、慈愛に満ちた多くの人々と出会え、また無限の恩寵と愛に満ちた宇宙からの支援も得られることを深く体験していました。

私が愛を込めて奉仕すれば、必ずそのお返しとして愛を込めて奉仕され、必要なものはすべて考える必要もなく得られました。私はバイオ・フィードバックのパワーを目撃し続けました。

つまり、私たちが送り出したものは、私たちに戻ってくるのです。自分が意図することや人生の生き方について純粋なハートを保てば、戻ってくるものは驚異的です。

新しいパターンのエネルギーが入ってきて、私のからだは休息を求めていましたが、とてもたくさんの恵みが得られる旅に私はとても感謝していました。

移動暮らしでは各瞬間を愛おしむことを学びます。私たちがおこなう調整が喜びと報奨に満ちて流れるようにエネルギーを賢く使い、感情と見方の両方を安定させられるように、いまここで完全にリラックスして、出来事から完全に自分を切り離すのです。

とはいえ、移動暮らしは身体システムにとってはハードになり得ます。とくに、同時に不食の存在になるよう探索し、純粋なエネルギーから栄養を得ている者にとっては、かなりの負担があります。多くの人は、母なる自然の最も純粋な領域にいるときだけに不食に成功しているのです。

旅を続けながら不食する能力をもてれば、それ自体が解放的です。自然なプラーナ食をしていなければ、私はきっとローフードやビーガンなど自分の食事制限に合う店やレストランを探す必要に駆られていたからです。
私には、洞窟のなかで瞑想し、無限の愛の輝きを放射するヨギの生き方は、比較的たやすい生き方のように思えます。でもそれは、私がこれまでの人生で選んだ生き方ではありませんでした。あまり旅に出ない暮らしというこの新たなチャンスに、私はワクワクすると同時に少し不安も覚えました。

『長い間の奉仕が去る間、それを見なさい』とテレパシーで伝えられましたが、それが正確に何を意味するのかは、まったくわかりませんでした。２０１６年半ばまでに、私は私の山のアシュラムである自宅に落ち着き、リラックスして、成り行きに任せる暮らしを体験し始めました。

かつてなかったほど沈黙、孤独、静止に惹かれるようになりました。そうしたことを必須なものとして人生の大半をヨガ行者のように生きてきた私にとっても、です。

沈黙して静止していると、量子フィールドに流れ込む無限の知性の声が簡単な指示を与えてくれるようになりました。『すべてを手放しなさい』、そして『すべてをなるがままに』。それは何を「すべてをなるがままに」するのかといった深い分析を導き、やがて私は過剰な分析型の思考からも休みをとることが必要なのだと気づきました。

『ただすべてを手放し、すべてをあるがままに。何もすることはなく、何も直すことはなく、仕える相手もなく、何も必要ない。ただリラックスして、ただ……』

それが絶え間ないメッセージで、その実行が難しいものであることも明らかになりました。そうするには、最初は家族、次に友達の間の平和の調停役になることから始まり、子供時代から私を消耗させてきた無私の奉仕を中心とした多忙な生き方から、自分を解放することが必要だったのです。

それは人生に関して私が抱いてきたすべての概念、アイデア、信条と形而上学、さらに他人に関する私にとっての現実と判断、私たちの世界の進化、さらに統合領域とそうした領域から私たちと一体になってくれる光の存在に関するすべての気づきも手放すことを意味していました。

すべて……。

次は『なるがまま』という誘《いざな》いで、これはすべての完璧性を知り理解する「本質《エッセンス》」の海の知性の視点から見た『すべてはそのままで本当に完璧』という知が伴いました。

この気づきに奨励され、私は奉仕者としての自分のパターン、さらにこの世界はこうでなければならないとかこうしなければならないとかいった考え方も手放しました。すべて、その時が来ればこの海のなかに自然にひきつけられ、とても完璧に混じり、融合するのですから。

これは私にとっては主にこの世界で自分が何をするか、またどうやってするかを手放すことでした。ようやく無私の奉仕者としての多忙のゲームから自分を解放し、すべてをなるがまま、あるがままにしたことで、私のフィールドに届けられることを待っていたものがとても多くあることを知りました。

しかし、「私たちのすべての想像を超える」ゾーンから受け取るために手放すべき考え方、アイデア、現実のモデルがあります。たとえば、自分を直さなければならない、世界を直さなければならない、さらには、私たちは奉仕しているといった考え方も、何かが壊れていることを暗喩するので、それが二元性の領域に私たちを留めてしまうのです。

私たちは二元性を直す必要はないのです。それはそれなりに多くの意味で充分、私たちの役に立ってくれるからです。

しかし、すでに指摘したように、そのゾーンでいろいろ試すことを終えたら、私たちはリセットで次のゾーンに移れます。それは興味深いゾーンかもしれないし、私たちにその準備ができたときに各ゾーンは明かされることもわかってきます。ですから、繰り返しますが、何も努力すべきことはなく、得るべきこともありません。私たちの電磁波のフィールドが常に努力なしで私たちのゾーンを決定しているからです。すべては波動で反応するので、第3の状態の体験を選んで支援するだけで充分なのです。

『なるがままに』の誘《いざな》いを評価していて、私は自分が多忙ななかでどう旅の準備をし、記事や本を書き、YouTubeのビデオをつくり、メディアのインタビューに応え、ソーシャルメディアで活発に活動してきたのかがはっきりと見えました。私が成功してきたすべてのことはエネルギーのパターンで、それが終われば、このパターンに付け加えるべきことは何もなく、私にとってはスローダウンして、ただいるべき時だったのです。

また、新たなエネルギーのパターンが訪れ、私はすべてをそのままにする必要があること、私が長いあいだ演じてきた無私で仕える者のパターンから休みをとっても、世界はストップしないことにも気づきました。

22年に渡ってプラーナから栄養を得てきた後、私の神殿であるからだのシステムと私の関係も愛に満ちた奉仕関係になりました。流れ入ってくる新たなパラダイムを完全に受け入れるのに忙しくなったあまり、無理強いするようになるまで、私のからだは質問もせずに私のハートの呼びかけに応えて奉仕してくれました。

そして、もし調整を求める内なる声が私たちに聞こえなかったり、私たちが聞かないことを選んでも、やがてはなんらかの形で聞かざるを得なくなります。それが空港で感じた消耗だったわけで、私にとっては人間の進化の新たな時を反映する新たな在り方に足を踏み出す時だったのです。

以前にも増していまは、することではなく在り方が重要な時になっています。沈黙し静止したときに聞こえるこの呼びかけについて他人に話すと、動きを止めてただそこにいることなど決してできないと感じる人もいますが、沈黙し静止し、すべてを手放すことは、行動しないということではありません。ただそこにいることが私たちすべてにとってすることになる統合状態に入るということなのです。

静止し、錨を下ろし、私たちのコアと一体になることで、無限の恵みと叡智と愛のある「すべて以上」の領域を感じることができます。そこに身を投げ、現実の私たちのモデルのすべて、私たちはどうあるべきか、他人がどうあるべきか、この世界はどうあるべきかといった期待やアイデアをすべて手放し、ただリラックスして私たちの人間性を受け入れ、私たちの神聖さを受け入れ、この無限の「本質《エッセンス》」の海により深く浸れるのは、とても貴重なことなのです。

この状態では、静止とは、すべてになることなのです。

静止とは、とても恩寵と愛に満ちたやり方で私たちのエネルギーの放出によりなすべきことがなされ、私が観音との遭遇で目撃したように、努力も無理もなくすべてが引き寄せられる状態です。

私が自分の考え方を調整し、すべてを手放し、すべてをなるがままに任せると、夢が変わりました。毎夜ごとに私は夢のなかで、無形のエネルギーの流れとしてとても慈悲深いものと混じり融合していました。それは、純粋な愛の波動で無限の可能性に満ちたエネルギーでした。

毎夜、そのすべてが私に押し寄せ、私はなんらかの形でパターンを変えられ、フォーマットを変えられました。私の存在が待ち望んでいた最も偉大な理解への洞察が与えられたものの、起きた瞬間にすべてを忘れてしまったように感じました。

『すべてをなるがままに』というアドバイスについて黙考しながら月日が滞りなく過ぎていきました。すべてをなるがままにし、「存在」としてただそこにいることで、私たちが想像する以上の啓示が得られます。この無限の海の深さは誰も知らないし、その恵みのすべてを認識した人や得た人はいないのです。

私はこの体験を経て、量子フィールドからのバイオ・フィードバックはいつも私たち自身の現実のモデルの反映なのだと再確認しました。だからこそ、現実のモデルをもつのをやめて、ただオープンな受け入れ体制でいる時なのです。どんなモデルであっても、それをもてば届けられるものが制限されてしまうからです。

この気づきの状態で、パワフルな「私という本質《エッセンス》」を中心として、「転換」と「リセット」という用語を使う「本質《エッセンス》の海のコーディング」プログラムは生まれました。このプログラムが到来したことで、私たちがいかにすべてをコントロールしたがるかがわかりました。光の存在の友人は、私たちがもつ現実のモデルがいかに偉大であっても、そのモデルにより制限されていると主張しました。量子は私たちが真実だと信じるものをもたらすからです。

私たちが静止していれば、『リラックスしなさい』と無限の「慈悲」は誘《いざな》います。そして『あなたが愛されていることを知りなさい』、『あなたはしっかり支えられ、あなたに必要なものはすべて揃います』と再確認してくれます。

ですから、私たちはその愛とリラックスのパワーを信頼しています。

次に紹介するコーディングとプログラムは、完璧なリラクゼーションをもたらします。たったいくつかのパワー・ワードによってそれは可能になるのです。

こうしたことが意味することとは何でしょう？

私たちがすべてを手放し、すべてをあるがままにし、私たちの「本質《エッセンス》」に任せたらどうなるのでしょう？「本質《エッセンス》」の海のコーディング・システムはとてもシンプルに、私たちの世界をそれは素早く簡単にアセンションさせるパワーをもっています。最も予想外で、「人間のエゴ――自意識に基づくやり方」ではないやり方で、無限の愛と慈悲をもつ知性が私たちにとって必要なものを与えてくれるようになるのです！

# もっと簡単に——明晰さと意図のパワー

「本質《エッセンス》」の海のコーディングを
たった4つの明快な言葉に短縮するために必要な
5段階の知的調整

## 「本質《エッセンス》」の海の意味、上級のコーディング、瞑想とその結果

この「本質《エッセンス》」の海が必要に応じて届けてくれることをいくつかのパワフルな言葉に短縮できるようにするために、いまのうちに明晰さをもたらす知的旅路の5段階をお伝えしたいと思います。

そうしたパワフルな言葉の意味や重要性、それを使うときに何を意図するのかを一度見ておけば、シンプルな瞑想でそのコードを利用でき、私たちのシステムがどう反応するかを感じることができます。パワーはテクニックではなく意図に宿るので、それぞれのパワー・ワードが量子フィールドにどう作用するのかを覚えておきましょう。

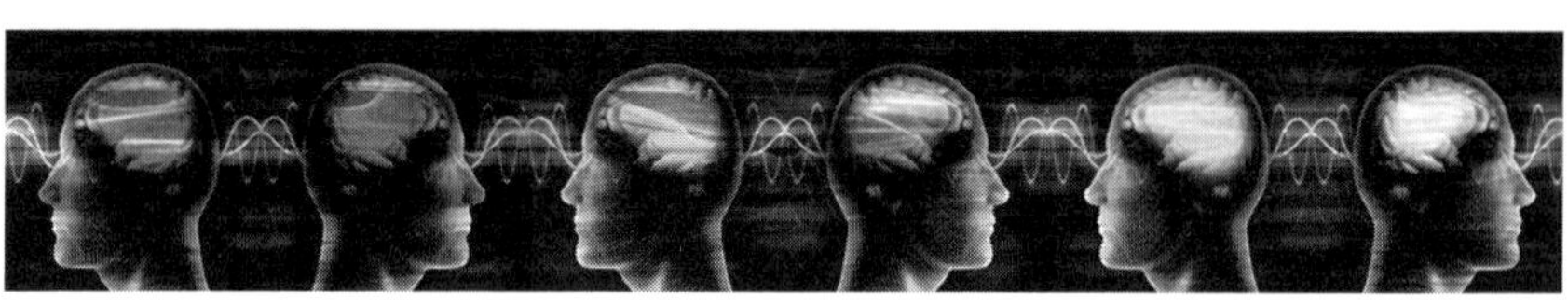

## 意識的なコーディング――「本質《エッセンス》」の海のコード【パート1】エンゲージ

宇宙の法則により、私たち自身の内側でも周囲のフィールドでも、私たちがフォーカスしたことが活性化することを私たちは知っています。それを理解し、毎日、自分の人格自身とそれが外界に構築するもののみにエンゲージ（深く関与）することを選べます。そして、この純粋な「本質《エッセンス》」の海とさらに深くエンゲージし、「本質《エッセンス》」の海のコアからのエネルギーを得られるように自分をオープンにすることを選べます。

この場合の「エンゲージ」とは、外界の現実からはずれ、真に私たちに栄養を与え、私たちを解放してくれるとても特別なエネルギーとの関わりにオープンになるために、瞑想の時間を定期的に設けることを意味します。

エンゲージとは、私たちを取り巻き、また私たちの内に存在するこの波動する無限の「本質《エッセンス》」の海に完璧に気づき、この海にもっと完璧にいまエンゲージすることを意味します。定期的にそうすれば、「エンゲージ」の意図により、恵みと探索に向けた終わりなき旅の準備ができます。

このエネルギーの海の顕現は無限で、すべての人間の飢えを有機的な方法でなくすことも、それが届けてくれるとても多くの恵みのひとつの小さな、そしてとても自然な恵みに過ぎません。

では私たちのコーディングを始めましょう。これらのコーディングにより、この「本質《エッセンス》」の海が無数の方法で表現してくれるようになります。

## 「本質《エッセンス》」の海のコード【パート1】エンゲージ

エンゲージのコードは、次の通りです。

**「いま『本質《エッセンス》』の海にエンゲージしなさい！　より深く没入、より純粋に浸透。『本質《エッセンス》』の海のベースラインを、いま！」**

このコードの意味は次の通りです。

●基本的にこのエンゲージのコードは、二元性から「本質《エッセンス》」と創造のベースラインへの素早い転換を奨励しています。

●**「より深く没入」**とは、生物としての私たちのシステムが耐え得る限り深く入るという意味ですが、コントロールしたり思惑をもたずに独自の方法と独自のペースで、有機的にそれが起こるようにします。

●つまり、その最も深いレベルに浸り、完璧にすべてのレベルでベースラインがもつ純粋性を浸透させ、さらに生物としてのシステムが耐え得る限りすべてのレベルで栄養と滋養を得ることです。

●**「より純粋に浸透」**とは、細胞レベルに戻り、一つひとつの細胞、原子、分子に滋養を与え健康増進する純粋なプラーナ、気、つまり「本質《エッセンス》」で私たちの細胞を満たすということです。また、**「より純粋に浸透」**には、肉体から感情、メンタルなレベルまで、生物としてのシステム全域に融合させるという意味もあります。

● 意識を集中させてエンゲージし、「より深く没入」、「より純粋に浸透」させることで、私たちはより安定して内なる意識を統合させ、さらにすべての生き物との統合意識を体験できるようになります。そして、肉体的、感情的、精神的な、そしてさらにはスピリチュアルな飢えもすべてで、少しずつなくせるようになります。

● 『本質《エッセンス》』の海のベースラインを、「いま」というコードによって、何にいつエンゲージしたいかが決定できます。

このコードの効果として、私たちには無限の可能性があることをもっと体験できるようになります。

まずはこのコードを受け入れ、その目的を完全に認識してそれを利用したときに、あなたのシステムがどう反応するか試してみましょう。

## 「本質《エッセンス》」の海のコード【パート2】エネルギーを与える

ここでの私たちの意図は、創造のベースラインを成す最も純粋な「本質《エッセンス》」に生物としての私たちの生体システムをエンゲージさせ、エネルギーを得ることだけです。

エネルギーを与えるコードは、次の通りです。

**「生物としてのシステムを『本質《エッセンス》』としての私のベースラインに、いますぐリセット。いますぐそのエネルギーをもらい、融合させなさい！」**

または、

**「いますぐ生物としてのシステムに『本質《エッセンス》』の海のベースラインの周波数でエネルギーを与えなさい！」**

**「『本質《エッセンス》』よ、エネルギーを与えなさい」**

生物としての私たちのシステムにエネルギーを与える方法は、たくさんあります。意識的なコーディング、私たちのライフスタイル、また不食や瞑想など既著で紹介した方法もあります。

**「本質《エッセンス》」の海のコーディング――パート1とパート2の利用**

ゆっくり呼吸して、脳波をアルファ波、シータ波のゾーンにしてリラックスしてから、感情を込めて、次のコードを唱えます。

「『本質《エッセンス》』の海のベースラインにいますぐエンゲージ！
ベースラインのエネルギーで、いますぐ、生命としてのシステムにエネルギーを与えます！」

## 「本質《エッセンス》」の海のコード【パート3】充実

エンゲージして、エネルギーを与え、充実し合います。

●統合意識ではお互いの生き方が充実します。つまり、私たちの存在がすべての領域を充実させ、それによって今度は私たちも充実するのです。

●これは「私」の個人的なフィールドではなく、「私たちの」集合フィールドです。ここでは相互に有益な関係にエンゲージすることでお互いのベストが引き出せます。それはお互いの充実という意図により、量子の慈悲からの反応も変わるからです。

### お互いの充実に向けたコード

真摯なハートで、たとえば次のように言いましょう。

**「この瞬間から私はすべての領域のすべての生き物とお互いにとって有益で調和した関係をもつ存在になります。私が伝えることがすべての最善になるように、私が出会うすべての存在と『本質《エッセンス》』と『本質《エッセンス》』でつながります。**

**すべての生き物との真の統合意識でより深い体験を導く調和のリセットを、いますぐ!」**

類は友を呼ぶ、という言葉も覚えておきましょう。私たちが伝達したものは、戻ってくるのです!

## 「本質《エッセンス》」の海のコード【パート4】満悦

「本質《エッセンス》」の海のコードの満悦という部分は、どんな感情を探検したいか、そしてそれに意識的に融合されたいかで、この場合には、光の存在である友人がより悦びに満たされた状態、つまり満悦へと私たちを導き、探索させてくれます。

満悦は、至福ほどは高揚していない気分で、愛や安らぎとも異なるクオリティをもっています。

ハートと脳が整合性を保つことで意識のレベルが高まった状態では、私たちが広大な多次元の存在であることが感じられ、わかり、この真実を実体験として理解することでも、満悦のエネルギーが発散されます。

感謝と享受とさらに満悦感でハートを満たせば、量子のバイオ・フィードバックが変わり、統合フィールドのこうしたゾーンへの扉が開くのです!

## 「本質《エッセンス》」の海のコーディングの復習

**「エンゲージし、エネルギーを得て、充実し、ご満悦！」**

再び時間をとり、右に記したパワー・ワードの効果が出るように明快な意図をもって瞑想しましょう。

【パート1】エンゲージし、没入し、融合させる
【パート2】すべてのシステムにエネルギーと滋養を与える
【パート3】すべてを充実させ、すべてが充実する
【パート4】満悦のゾーンを楽しむ

次はレベル5、私たちの意識を高めるために……。

## 「本質《エッセンス》」の海のコード【パート5】向上

このコードは、私たちの在り方、することのすべてが私たちの意識にエネルギーを与え、滋養を与え、

私たちのすべてと周囲のすべてを充実させるだけでなく、その準備ができた周囲の意識も高めます。人には自由意志があるので、誰かが私たちのフィールドに磁石のようにひきつけられるということは、エネルギー的に私たちと融合する準備ができているということなのです。

ですから、このためのシンプルでパワフルなコードは、次の通りです。

**「『本質《エッセンス》』よ、いますぐ、すべてと調和するよう意識を向上！」**

このコードを試してみて、何が起きるかを感じましょう。

「本質《エッセンス》」はあらゆるところ、すべてのなかにありますが、このシステムでは私たちはベースライン、つまり「創造」の最も純粋なゾーン、すべての生命を生み出すエネルギー・フィールドに浸りたいのです。

短いバージョンのコードを提供する前に、この完全なコードの背後にある意味がわかるコードを、ご説明しておきましょう。

- いますぐ、より完全に「本質《エッセンス》」の海のベースラインとエンゲージ！
- いますぐ、「本質《エッセンス》」の海のベースラインにより深く没入、より純粋に浸透！

●いますぐ、このシステム全体に純粋な「本質《エッセンス》」のベースラインのエネルギーを！
●いますぐ、生物としてのシステム全体を「本質《エッセンス》」のベースラインのエネルギーで充実！
●「本質《エッセンス》」よ、いますぐ、生物としてのこのシステムを通して満悦のエネルギーを発散！
●私はいま、私の最善のために「本質《エッセンス》」からすべての恵みを受け取れます！
●「いますぐ、本質《エッセンス》」のベースラインからの完全な栄養を！

では、このコードをシンプルにしましょう。

## 完全なコード

**「いますぐ、『本質《エッセンス》』の海のベースラインにエンゲージ！**
**より深く没入、より純粋に浸透、生物としてのシステム全体にエネルギーを！**
**すべてを充実させ、すべてによって充実！**
**いますぐ、満悦、向上！」**

これを真摯に心から宣言し、よいタイミングと方法で、あなたにとっての真実として定着できるよう願いましょう。そして毎日の瞑想ではリラックスして、すべてなるがままにし、次のコードを使いましょう。

このコードの作用を認識しながら
**「より深く没入、より純粋に浸透……」**

### さらなる洞察

「より深く没入、細胞レベルでより純粋に浸透」というコードにより、私たちが吸収でき得る限りの割合に応じて気を受け入れられるようになり、安全に有機的に、プラーナから身体に栄養を得られるようになります。

### 覚えておくべきこと

私たちすべてが棲むこの無限の慈悲の「本質《エッセンス》」の海は、私たちがすべてを手放したときに、その恵みを啓示してくれます。量子のバイオ・フィードバックは常にどんなモデルを現実としているかを反映するからです。

ですから、「もっと」知りたければ、自分を空っぽにする必要があるのです。

## 「本質《エッセンス》」の海――瞑想

### 「本質《エッセンス》」の海の瞑想――コーディングをしっかり心で感じ、意識を集中させるために

邪魔が入らない快適な場所に座りましょう（座って目を閉じてしっかり瞑想できるように、この瞑想の仕方を録音するとよいかもしれません）。

●深呼吸を数回します。
●すべてを手放し、ただこの瞬間にいることを自分に許します。
●ゆっくりとした呼吸で、ひと息ごとに気づきを広げ、いまここで私たちを取り巻くこの無限の愛の海を感じます。
●あなたはこの波動をいたるところで感じられるでしょう――とても微細で、私たちの望み通りに顕現してくれます。私たちの誰もがこの無限の海中で波動している小さな細胞の集合に過ぎないと感じられるかもしれません。
●次に、ゆっくりとした呼吸で、ひと息ごとに、「本質《エッセンス》」のベースラインのエネルギーである最も純粋なプラーナの流れを自分に引き寄せていることを感じ、意図します。

●あなたのシステムがリラックスできたら、唱え始めましょう。
●より深く没入、「本質《エッセンス》」のベースラインをいますぐ！
●どうしたら私たちの誰もがすべての生命を維持させるこの無限の海により深く浸れるかを感じましょう。
●より純粋なこのベースラインの「本質《エッセンス》」のエネルギーが私のシステムを満たすよう、いま、要請します。
●とてもゆっくりとした呼吸、とても広大な気づきの拡がり。
●生物としてのシステムをベースラインにリセット。ベースラインに没入、ベースラインからエネルギーを……。
●意図を明確に定めたら、コードを簡略化します。
●より深く没入、より純粋に浸透……。
●そして静止し、リラックスし、オープンになり、気づきます。
●気が散りだしたら「より深く没入」、「より純粋に浸透」と唱え、集中し直します。
●集中し続けられるように何度も唱えましょう。
●次に、この「本質《エッセンス》」のエネルギーが私たちの細胞構造に満ち、各細胞の内側から湧き上がる純粋さとパワーが私たちを満たし栄養を与えてくれる感覚にオープンになります。
●この「本質《エッセンス》」の海がもつ無限の知性の感覚にオープンになれるよう、ゆっくりと深く呼吸します。
●沈黙してリラックスして瞑想します。そっと静止して、この知性に気づきます。

●静止して、この無限で慈悲に満ちた知性があなたに伝えてくれることを聞きましょう。

●私たちはより深い没入、より純粋な浸透を要請し、おそらく、この海の純粋さ、パワー、叡智と愛からエネルギーと満悦を得て、意識を向上させることも要請したでしょう。

●ですから、いまはただその一体感を感じましょう。

●または、ただ静止して呼吸しながらそこにいましょう。

●また気が散り始めたら、感情を込めて唱えます。

●より深く没入、「本質《エッセンス》」の海をいますぐ！　より純粋に浸透、「本質《エッセンス》」の海をいますぐ！

私たちの真の特質であるこの海により深く満たされ浸れるように、意識的に自己をコーディングし直しましょう。

●この現実に休息しましょう。できるだけゆっくり呼吸して、私たちすべてが棲むこの海への気づきに意識を集中させましょう。

●パワーと感情を込めて宣言しましょう。

「本質《エッセンス》」のベースラインのエネルギーで私のシステムをいますぐ向上、充実させ、エネルギーを！

「本質《エッセンス》」の最も純粋なエネルギーに同調できるように意識を向上！

「本質《エッセンス》」のベースラインで細胞構造をいま、満たします！

「本質《エッセンス》」のベースラインで生物としての私のシステムを充実！

●できるだけゆっくり深呼吸して、ひと息吸うごとに最も純粋な私たちの「本質《エッセンス》」のベースラインのエネルギーを私たちに引き寄せ、それが私たちに流れ、私たちにエネルギーを与え、再調整してくれるようにします。

●また気が散り始めたら、呼吸に意識を向け直し、唱え直します。いまの私たちの意識の焦点は、ベースラインの愛、叡智、パワーの波動で生物としての私たちのシステム全体を満たすためのより深い没入、より純粋な浸透です。

●黙考する時間をとりましょう――いまの人生でどんな存在のゾーンを試したいですか？ いまこの瞬間にその完璧さと完全さを感じられますか？

●すべてがここに……。

●私たちは運命の風に揺れる葉でいられます。

●または……静止して安らいだ状態に落ち着ければ、純粋で悟りを開いた私たちの「本質《エッセンス》」の特質にさらにパワフルに、さらに深く浸れます。

●静止したまま、自分をオープンにし、気づき、その準備ができたらゆっくり目を開けます。

●この瞑想を日課にし、こうしたコードを使うことでこの海が明らかにしてくれるものを見ましょう。より深く没入、より純粋に浸透、という専用のコードで、この海があなたに何を届けたいのかを見ましょう。ペンと紙を用意して座り、後で役に立つよう気づいた洞察を書き留めておくとよいかもしれません。

●最後にすべてに感謝し、賛辞を捧げる時間をとりましょう。

## 「本質《エッセンス》」の海のガイドライン――4つのシンプルなパワー・ワード

時が流れ、私は**「より深く没入、より純粋に浸透」**というコードを使うと、私のシステムが洞察の波で洗われ、自然の再調整が起こることがわかりました。「本質《エッセンス》」の海の知性は、それは多くの方法で私たちに語りかけてくれます。先に述べたように、私が受けた最初のパワフルで明確な刷り込みは「すべてを手放しなさい」でした。すべての構築物を手放さない限り「もっと」受け入れることができないからです。

ですから、「本質《エッセンス》」の海についての

**「より深く没入……、より純粋に浸透……、『本質《エッセンス》』のベースラインをいますぐ！」**

というコーディングでは、私はマインドとハートをオープンにした状態を保ち、精神的に浮上したすべてを手放し、その代わりに4つのパワー・ワードを唱えました。

**より深く没入……、より純粋に浸透……。**
**より深く没入……、より純粋に浸透……。**

私にとって瞑想とは、沈黙して静止した状態になり、「存在」としてそこにいて、音楽も思考もなく、ただ気づきと呼吸だけになることです。もし思考が湧き上がったら、ただそれを浮上させ、それが続くようなら、観察し、呼吸し、必要なら次のように唱えます。

**「より深く没入……、より純粋に浸透……（「本質《エッセンス》」のベースラインをいますぐ……）」**

彼らがしていることはわかっており、その背後の意図はシンプルで明らかだったので、４つの言葉で充分でした。コントロールするものも、現実のモデルもなく、ただより深く浸り、より純粋なものに満たされ、ハートをオープンにした状態で、与えられるべきものを何でも受け入れるのです。

## 予想外の結果

何の概念的な現実ももたなかった反応として、私のからだは古いパターンを振り払い、私の気づきを自発的に取り込めるよう、その仕組みを新たにしたのです。

最初に訪れたのは親切のゾーンへの深い没入でした。そこで私は最も純粋な親切の波動の洗礼を受け、私のマインドのスクリーンには、自分や他人にあまり親切ではなかったすべての瞬間が映画のように映し出されました。分析の必要はなく、映像ごとに気づきがあり、私のコアから親切の波が満ち、再び調和が回復されました。

次に、私たちのそれぞれがフィールドにもち寄る尊重と受容のエネルギーが訪れました。

私はすべてを「本質《エッセンス》」の海の視線で見るようになりました。私が出会う人それぞれが私のフィールドに与えてくれる恵み、美徳、喜びや可能性のどの層にいるのかが容易に見えたのです。

繰り返しますが、分析せずに私はすべて浮上するのに任せ、尊重に満ちた享受と賛辞のエネルギーに満たされていました。

もし私と一緒にいる人のエネルギーが波の外に出て私のフィールドに不調和をもたらしたら、私のコアからさらにパワフルな調和の波動が流れ出し、私とその人を洗礼します。調和のゾーンに生きているときには考えなくても自発的にこの自然な流れが起こるのを感じ、察することができるのは、魔法のようでした。最も興味深かったのは、どの人も人間として生まれる前のゾーンの魂のグループのなかにいたことでした。この人生で再び会ったときに異なる役割を演じて、様々な方法でお互いを支え合うことに合意したエーテル体として相手を見たり感じたりできることが増えたので、他人を別の視点で見て関係が築けるようになりました。

これは基礎的な形而上学ですが、このときには周囲のすべてがアクティブな映画のように見えました。それで、個体としての人間の形、どうこの世界に現れたか、といっただけの見方で他人を見ることができなくなったのです。

気づきが拡がったこの状態にいることで、私たちは恒久的に変わります。もはや持続不可能となった限定的な人間としての判断から解放されるのです。

その軽々とした感覚の洗礼を受けたことで、私は、時のない世界で生まれ変わりの循環は続くのだから、各人生で達成すべきこととして生まれる前に決めたことを成し遂げられるか否かは、まったく問題ではないとも感じました。すでに述べたように、また次回、その後、その先もあるからです。

すべてが完璧なのだと知ることで完全にリラックスできることは、軽々と安らかで、自分自身や私たちが愛する人々、すべての生き物に親切でいられる深遠な状態です。いまでは、私はそれを友として維持できます。

**より深く没入……、より純粋に浸透……。**

4つのシンプルなパワー・ワードが、かつてなかったように私たちを解放します。

**より深く没入……、より純粋に浸透……。**
**（すべてを手放しなさい……すべてをなるがままにしなさい）**

「本質《エッセンス》」の海が私たちを洗礼し、私たちのエネルギー・フィールドを自然に再調整し、魔法を届けてくれるような人生になるよう、生き方を変えることを自分に許しましょう。それは私たちの永遠の特質、すべての永遠の特質を私たちに見せてくれ、それが届けてくれるものは、シンプルでパワフルで無制限です。

私たちから輝きだすものにより、すべてを手放したときにどんな恵みが得られるかも決まります。

そうです。**「より深く没入、より純粋に浸透、『本質《エッセンス》』の海のベースラインをいますぐ！」**というプログラムのシンプルさが私は大好きです。シンプルでいてパワフルな結果が得られる方法が好きだと、私と出会った誰もが言いますが、何度も繰り返しているように、「本質《エッセンス》」が形を成したものとしての量子のバイオ・フィードバックを体験することによって、シンプルさのパワーを信じられるようになるのです。

**「本質《エッセンス》」の海のプログラムのまとめ**

私は、この「本質《エッセンス》」の海のプログラムはとてもシンプルで楽しく、滋養に満ちていると思います！

ですから、シンプルにするには、次の言葉を思い出して、より意識的なやり方で「源」の「ベースライン」に戻ればよいのです。

**「いますぐ、『本質《エッセンス》』の海の『ベースライン』のコアにより深く、エンゲージ！**
**いますぐ、純粋な『本質《エッセンス》』のエネルギーでこのシステム全体にエネルギーを！**
**いますぐ、『本質《エッセンス》』のエネルギーで生物としてのシステム全体を充実！**
**より深く没入、より純粋に浸透、充実、すべてを充実、**
**エネルギーを与え、意識を向上させ、満悦！」**

このコードを真摯な心で唱えます。
または**「YES（はい）！YES（はい）！YES（はい）！これをいますぐ、確定！」**と言います。
あなたのシステムが右記の意図に慣れたら、次のコードを使います。

**「より深く没入、より純粋に浸透、『本質《エッセンス》』のベースラインを、いま！」**

あなたなりのやり方で試し、唱えてみましょう。気のマシンでテストすれば、言葉遣いを少し変えたほうがよいか、どのパワー・ワードが最も強い身体反応を引き起こすかがわかるでしょう。

私たちは「統合《ユニティ》リセット」プログラムを利用し、ゆっくりと説明と逸話に時間をとりながら、脳の神経回路を書き換えています。それは、私たちの意図を明確にすることによりパワーが強まり、コーディングもシンプルになるからです。

2016年と2017年にアジアと南米で「本質《エッセンス》」の海のプログラムを紹介していて、「創造」のベースラインにどれだけ深く浸れるかは、私たちがいかにすべてを手放せるかによるだけではないことがわかりました。類は友を呼ぶという意味で、私たちの個人がもつ主音にもよることが明らかになったのです。観客のなかには、好奇心から来た人もいるいっぽう、人生を変える準備が心からできていた人もいました。または同様の洞察をすでに得ていて、その確証を求めに来ていた人もいました。そして、そのフィールドに彼らのエネルギーを付加するために呼ばれて来た人たちもいました。彼らは生まれる前のパターンで私たちと同調していた人々で、私たちの在り方や、やることのすべてを支えてくれるのです。

好奇心から来た人が大きく変わることは稀でしたが、彼らにとってはかなり重大な変化でした。ここでの考え方を転換し、ライフスタイルを調整したのです。

こうしたこともあって、来た一部の人たちがより多くのゾーンにアクセスし、探索できるように、エネルギーの発散の仕方を揃えるために時間を費やさなければなりませんでした。というわけで、私たちのフィールドすべてを素早くリセットできるシンプルな方法論を、このすべてを観察していた「慈悲」の知性が届けてくれるようになりました。**「より深く没入、より純粋に浸透」**のコーディングをより活かせるようになるためです。

# ドリームタイムの訪問者

啓示……
人類の存在に関する人間への
神聖な、超常的な啓示

啓示のゾーンについては少し触れましたが、無形の存在が私たちの夢に流入して語りかけてきて深遠な指示や啓示を得ることは、多くの人が体験しています。夢を見ているときのようにからだが完全にリラックスし、脳波がシータ波からデルタ波のパターンになり、意識的なマインドが働いていないときのほうが親交しやすいからです。

というわけで、周波数がマッチし、領域が融合し、新たな洞察が与えられ、「統合《ユニティ》リセット」プログラムが生まれたきっかけとなる洞察を得た啓示の逸話を、次にご紹介しましょう。

# リセット・ボタンの安息、喜びと至福

## 人生の洞察——わかりやすくユーモラスな創造のタブレットのアイデア、そしてリセットされた状態でいる至福

**2017年1月**

日の出の少し前、私は自分が私自身の内外で愛を込めて波動する超精妙なエネルギーの無限の光のフィールドにいることに気づきました。外側の世界は消え、私の個体の形も消えたので、私はそのフィールドにあるものを感じやすくするために自分の感覚を調整しました。

次に私は、完全には形を成していない宇宙のプラズマのような4～5つの存在を、広大な知性のゆるやかな波のようなものとして私の周囲の光のなかに感じました。

彼らの存在の前で、私は観察者、傍聴者でした。夜明け前に、普通の夢とは異なる夢のなかでこのように彼らと会ったのは、5回目だと気づきました。

5夜に渡る集いで、彼らのフィールドに深く没入して意思疎通したのです。それまでの4回の集いの後では、朝起きたときには何を交換し合ったか忘れていましたが、この5回目のミーティングについては前

回までとは異なり、忘れないだろうと、私にはわかっていました。

私を囲んでいる存在には馴染みがありました。大昔からの賢い友人、愛するメンターであり同僚で、チームとしてお互いに支え合ってきたのだろうとも察しました。彼らが私に最も接近できる密度をもつフィールド、彼らと私たちの中間の光のフィールドでは、まだ彼らは私と親交でき、私はからだの感覚を通してすべてを吸収することができました。


私はこの集いの重要性を信じていました。目覚める直前に、私のためになるものをしっかり受け取れるようにするための量子のコードを長い間使っていたからです。

それは長い間とてもうまくいっていました。そうした存在と私はいまここにしっかり存在していましたが、私に見えたのは、光に満ち輝く顔の面影と無限の知に満ちたダークで大きな目でした。

彼らは親切が人格化したような存在で、「創造」のよい点をすべて備えているようでした。

私たちはいつも容易にテレパシーで通じ合え、とてもたくさんのことを語り合いました。それまでの集いで話し合ってきた話題で、人間の私には複雑過ぎて理解しにくいけれど直感的に真実だとわかったことを、再び語り合いました。「創造」による創造について、私たちの誰もが浸れ、そこで変換されるエネルギーのプールについて、そして人間のデザインの完璧性について。また私たちの光の体《ライトボディ》のマトリックスが、どのようにすべての領域のすべての生き物を含むより大きなマトリックスとつながっているかも、体験として確認しました。

突然、私は自分の手にiPadのようなデバイスが現れたのに気づきました。そのイメージはクリスタルのように明快で、私が地球上でもっているものとそっくりでした。

光の存在は宣言しました。『創造のiPadを見よ！』と。ユーモアさえ感じられるように言い、もっとよく見るようにと誘《いざな》いました。iPadのスクリーンにはとても多くのアプリがあり、よく見るとアプリの名前も見えてきました。

「他の世界の生命」という名のアプリをはじめ、「統合の科学」、「ワンネスと統合性」、そして「二元性」というアプリもあり、その横には「地球上の生命」というアプリもありました。

私がスクリーン上で「地球上の生命」アプリに触れると、そのアプリ内で別のアプリが開き、「地球上の政治」や「健康、幸福と調和のプログラム」、「人類の進化の苦闘」、その他たくさんのアプリが見えました。人類が創造され、耐えてきたすべての状態が、独自のアプリとして「地球上の生命」アプリのなかにあるようでした。

そこで私は、愛に満ち賢い光の存在と共にいました。彼らは、特別なiPadのすべてのアプリの背後にあるエネルギーをいま感じるようにと、私を誘《いざな》いました。それは、まだ表現されていない可能性の「源」である、無限の統合フィールドの波動でした。それは、私の光の体《ライトボディ》がすでに明らかにしてくれている、「境界のない存在」のゾーンのように感じました。

「創造」はとてもシンプルに見ることができると、彼らは私に言いました。「創造」を理解するには、複雑でスピリチュアルな現実や科学的な現実は必要ないのだと、愛を込めて語ってくれました。テクノロジーがとても多くの人々の人生を乗っ取っているいまの時代ではとくに、「創造」は iPad やタブレットのオペレーション・システムのようなものだと考えれば人生は理解しやすくなるかもしれない、と言ったのです。

次に、データをシェアできるだけでなく並行して起こっている人生の体験を双方向的にシェアできるアプリ、他の領域と世界のアプリ、さらに有形と無形の存在のアプリ、さらに数多くのアプリが自然に姿を現したのが、よりはっきりと見えました。私が何かを考えると、それが探索すべきアプリとして生まれ、私の目前で可能性の窓として即、形を成すのです。それらによって、私たちのハートとマインドがより大きな全体像を見ることができるようになったときにすべてを存在させられる能力がこの無限のフィールドにあることを、思い出させてくれました。

しばらくしてから、この美しく遊び心に満ちた存在は、彼らが私の掌中に出現させた iPad の右上のコーナーにあるアプリに注目するよう私に伝えました。他のアプリとは少し離れたところにあり、「リセット」という名のアプリでした。

それに触れるや否や、私は最も崇高な至福感に満たされ、私の存在全体が再調整されました。まるで愛に満ちたとてもパワフルな電気ショックが、私のエーテル体から肉体まで貫通したかのようでした。

黄金の液体の光のシャワーを浴びているかのようで、黄金の宇宙の星屑、何かとても滋養と気づきに満ちたもので、私のすべての部分が最もダイナミックな方法でアップグレードされ、私がそれまで抱えてきたものは、この完璧でダイナミックな方法で整列し直されたようでした。

とても深く、純粋に、パワフルに私を満たし、私を変えたのです。

世界の中間の空間であるこうした領域には時間はなく、すべては無形で存在し、このリセットが済んでしばらくしてから、私はより覚醒した状態に戻りました。そして、リセットによって私たちは「ベースライン」の「本質《エッセンス》」の波動にとても簡単に戻れることを、この同じ存在から伝えられました。

彼らのメッセージは、このリセット・ボタンは私たちに内在するもので、私たちの誰もがリセットして真実の自分に戻れるパワーをもっており、このリセットは至極簡単だということを理解しておけ、ということでした。


起きたときには、とてもエネルギーに満ちた感じがしました。真の自分自身になるようにシステム全体をまた再調整されたことがわかっていたからです。その姿はもう見えませんでしたが、彼らがまだフィールドに存在している感じはしていました。

まるで生命のフォースが数千倍増大したかのように私は輝き、光を放ち、自分が変わった感じがしました。私の物質世界はこの無限の源のエネルギーの海と、より深く融合したのです。

まるで窓が開き、陽光が差し込んできたようでした。

これはうまい比喩かもしれません。実際、私たちはダークルームにいて、外の光がどれほど明るいか、どれだけ眩しく太陽が輝いているかがわからない状態だったからです。そして、私たちがカーテンを開けると、純粋な陽光がスペースに満ち、即座に私たちを暖め、何か驚くほど暖かく滋養に満ちたもので私たちを満たし、場の雰囲気と私たちの気分を完全に変えたのです。
「リセット・ボタン」は、「源」の陽光を満たすためにカーテンを開けるようなものなのです。

この出会いの後、起きている間に、私は刺激されたすべてを完全に思い出し、再調整がどれほど簡単かという新たな視点から自分が動いていることに気づきました。

立ち止まって観察したり知的にやりとりするということと、私たちを本当のコアから変えられる何かに完全に満たされるというのは、異なる体験でした。

リリースされたこのリセット・ボタンのエネルギーは、私のなかで下から湧き上がったのでしょうか？　それとも、上から下に流れたのでしょうか？　思い出せないのですが、私が触れたらこの美しい液体の光は私の頭頂部から私のからだに流れたようでした。が、それはあっという間の出来事で、それがリリースした強烈な至福を感じていた最中だったので、定かではありません。

それならリセット・ボタンは、私の光の体《ライトボディ》の頭のてっぺんにあるのでしょうか？　それは私にはわかりません。

私にわかっているのは、その感覚がそれは強烈で甘美で、スマートフォンを気楽に人生に持ち込める人々に焦点をあわせ、わかりやすい方法でこの無限の知性が私とコミュニケートしてくれたことだけでした。

いまでは数百万種類のアプリが開発され発表され、誰もが自由にダウン

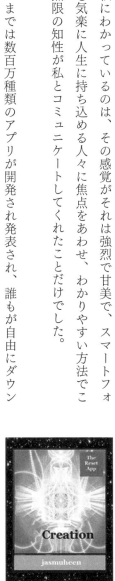

ロードしたり買うことができます。しかし、私たち自身の内側にも、「リセット」と呼ばれる驚異的なアプリがあるのです。他のアプリと同様、軽く触れるだけで完全に開き、それができるすべてをエネルギーとして啓示し、発表してくれるのです。

リセット・ボタンのパワーを体験した後の週末に、私は親友がメディアの報道について語るのを聞いていました。彼が伝えてくれることのすべてを私は波動として感じ、その出来事を映画のように私のマインドのなかで見ることができました。まるで多くの人が魅了されているアプリである「世界政治」アプリをiPadで開いたかのように、彼が描写する各シーンのエネルギーが私のフィールドに入り込みました。

彼がそれについてもっと喋るにつれ、来るエネルギーも強くなりました。私は創造のiPadのスクリーンの右上の角に「リセット」アプリがあったのを思い出し、このパワフルなボタンが効くことを強く信じ、マインドのなかでリセットのコードを唱えながら、そのボタンを想像のなかで押しました。

そのコードはシンプルで、**「システムをリセット。本質《エッセンス》としての私のベースラインをいますぐ!」**、または**「生物としてのシステムのベースラインをいますぐにリセット」**です。表現はいろいろ試しても楽しいですが、その背後にある意図はすべて明快です。

私は突然、私のフィールドを安定させ再調整する純粋な「本質《エッセンス》」のエネルギーのおとぎ話のような塵を見せられました。その塵が、情熱的な言葉に伴うエネルギーを吸収してしまうことなく、彼の話を聞けるように、私をしっかり隔離してくれたのです。

私は「なんて簡単なのでしょう」、そして「なんと実用的なのでしょう」と思いました。

実際、リセット・ボタンは考え方の転換に過ぎず、それは自分が満たされたいもの、存在したいゾーン、人生をどう生きたいかを私たちは選べるという気づきです。私たちの人生のすべては簡単にリセットできるのです。

時が経つにつれ、私はより頻繁にリセット・コードを使うようになりました。私がコードを唱えると膨大なエネルギーが放出され、私のシステムを満たすのを感じることもありますし、微細な波動の変化を感じるだけのこともあります。

自分が多忙モードにあると気づいたときには、静止して、深呼吸を何回かして、私が「本質《エッセンス》」として棲むこの神殿とつながります。次に愛を込めて**「生物としてのシステムがベースラインに戻るようにリセット」**と宣言します。また、時には**「ベースライン！」**とだけ宣言しますが、すると私のシステムは調整され、ただちに、もっと純粋な存在に戻れます。私はこれが気に入っていますし、私の役に立っています。

後に私が関わる多くの人々にもこのコードを伝えました。すると誰もが、この創造のリセット・ボタンによって素早く、愛と叡智とその組み合わせのパワーが最も純粋でオリジナルな形で存在し、すべての飢えもなくしてくれる「本質《エッセンス》」の海にコアに素早く満たされ、より深く浸れると同感しました。

ベースラインが生物としてのシステムで優勢になれば、本当に飢えることはなくなるのです。

けれど、そのためには私たちがそれを望むことが必要です。量子フィールドを動かす慈悲の知性は、私たちの思考の反復や感情の流れに反応するからです。

## 光の存在からのメッセージ

「創造」のiPadがビジョンで届けられ、私がリセット・ボタンを体験してから少し経ったころ、量子バイオ・フィードバックに関する次のメッセージを、光の存在である私の友人が届けてくれました。

**量子のバイオ・フィードバックを否定することは不可能です。**
**私たちが主張することはすべて、その通りになるのです！**

そして、こんなに簡単にプログラムが機能する理由は、私たちが「量子」の慈悲からのバイオ・フィードバックを受けているからだと、彼らは強調しました。

## バイオ・フィードバックのパワーについて
## ——光の存在の友人からのメッセージ

「ですから、私たちはもう1回、あなたの領域に焦点をあわせ、時のない橋に橋をかけ、あなたともっと語り、融合し、いまの地球上のオープンなマインドとハートに私たちの智慧と科学的理解をブレンドさせましょう」

### 量子バイオ・フィードバックの循環

「私たちの領域の仲介者、使者の役割をするこの存在（ジャスムヒーン）の実地研究のひとつは、量子バイオ・フィードバックの循環と呼ばれるものです。これは量子フィールドのコア、そのベースラインに関して理解することとです。それはあなたのシステムがリンクしている無限の知性のスーパー・マインド・コンピュータです。『創造』のコアそのもので、すべてのフィールドを動かす知性ですが、それは無条件の愛と慈愛のハートの脈動を伴い驚くほど慈悲深いことを、私たちは発見しました」

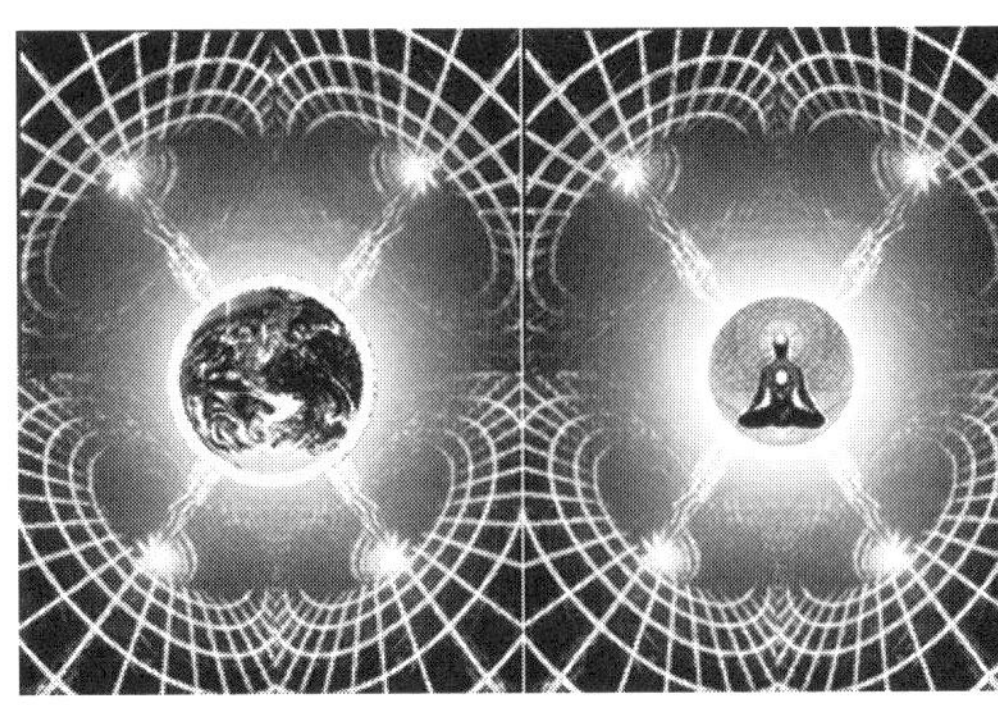

「私たちのシステムをこのベースラインにより深く浸せば、創造自体との新たなレベルの関係を始められることも私たちは発見しました。この愛に満ちた慈悲の量子フィールドは、私たちが知りたいと思っているやり方で私たちと親交しようとしているからです。進化する者として私たちが質問を考え出すか、そのフィールドが別の流れ方と方法で振る舞うように指示するまで、彼らは啓示を控えているのです」

「バイオ・フィードバックの循環というのは、私たちが『本質《エッセンス》』の海とも呼ぶ統合フィールドの内側からのエネルギーのフィードバックをコントロールすることを示します。私たちの旅路において統合領域の深部に行くには、私たちが集団としてお互いにとって有益なように共振しながら生きることを意識的に決心する必要があります。そうすれば、すべてが始まり、調和と喜びと、すべての創造の基盤となる神聖なる恩寵のエネルギーが得られます。いったん心からこうしたタイプの合意を結べば、安定して啓示が得られるようになるのです」

「量子バイオ・フィードバックを意識的に試せば、興味深い現実が体験できます。あなたのコーディングでアクセスすることで、そこにアクセスし棲める様々なゾーンの違いがもっとよくわかるようになります。静寂のなかで静止する時間をとるだけで、とても多くの解決策とインスピレーションを運んでくれる叡智の流れを感じ、聞くことができるし、もっとたくさんの啓示が得られます。あなたがマインドの使い方を積極的に学べば、そうしたすべてに同調できますが、あなた方の生物としてのシステムは、私たちとは違います。あなた方の多次元遺伝子の刷り込みとＤＮＡの許容力は私たち以上に複雑なのです」

「あなた方の神殿である生物としてのシステムは、とても長い間高密度のなかに深く浸っていたことからも違っていますが、いま、あなた方のエネルギーのパターンは統合領域と融合し始めています。いま、そこに優先入場し始めているのです」

「優先入場という意味は、錯覚のベールが充分に薄くなり、私たちの領域間の障壁がなくなったようだということです。あなたの側からと私たちの側からの周波数がよりマッチし、私たちはいつでも望み通りに一緒にいられるようになりました。この時点でそうなることは予想外でしたが、あなた方に関する真実についての大規模な目覚めが、あなたの世界で起きています。そうしたことから、あなたの私たちの領域への融合を、優先入場と言っているのです」

「私たちの領域とコンタクトするために必要なのは、マインドとハートをオープンにして、統合領域にあるものを体験することへの関心と意図をもって、もっと頻繁に沈黙し静止することです」

「あなたの世界の多くの人々が、意識を拡げることによってこうした気づきの変容意識に入ることを選んでいます。あなた自身の身体構造がそのとても微小な一部を成している、より偉大なマトリックスを感じられるように、です。そして、あなたの世界からの現時点での集団として脈動が、興味深いことに予想外で滋養のあるリズムをより偉大なるフィールドに加えています」

「すでに述べたように、地球の人々は、高密度に深く浸り、自分の真の特質を忘れる旅路を通して、それは多くを得ています。多くのスキルを得て、また自分が真の『源』の存在であるという事実を忘れたことから得た美徳により、ハートも豊かにしました」

「私たちが伝えたいバイオ・フィードバックの循環という現象は、まさにこのことです。すべての生命と『創造』のすべてと、お互いにとって有益なエネルギーの交換に入るということです。あなたが『**YES（はい）、YES（はい）、YES（はい）。いま、すべての領域を通じてすべての生き物と相互に有益な関係を結びます。YES（はい）、私にはその準備ができています**』と言えれば、いま、あなたのハートの真実として『**YES（はい）、YES（はい）、YES（はい）**』とあなたが言えれば、あなたがそれを享受するためにオープンにした体験を加速させましょう。ここで鍵となるのは『相互に有益』という言葉で、それによって、より偉大な善のためにエネルギーを動かす準備ができていない地球内外の存在とのやりとりをせずに済むのです」

「ですから、この意味では量子バイオ・フィードバックとは、各存在が『神聖』な創造の存在としての最高の可能性を認識できるような共振状態に入る選択を示します。こうしたタイプの現実に『**YES（はい）**』と言えるのは、自分たちにより大きな選択があることがわかる可能性のあるフィールドが啓示されたときになります。私たちの領域もあなたの領域と同様に、私たちの成長に伴って開花、拡大しており、私たちすべてを囲む可能性の領域も同様です」

「興味深いことに、意識を拡げ自分の特質を思い出し理解することで、あなたは私たちとつながることができました。つまり、私たちの世界が融合し結ばれることで、私たちもいまあなたの領域の人々と相互に有益な関係に入ろうとしているのです」

「私たちもあなたもすでに学び、いまも学んでいることが、完璧な『量子バイオ・フィードバックの学習循環』だと想像できます。フィールドが融合すれば、その結果と、両者がミックスした周波数は常にすべてに有益です。それがあなたの意図で、各融合のためのコーディングだからです」

「これで今回の教えは終わります」

## 体験からわかった事実、簡単なまとめ、そして洞察に満ちた他のデータについて

●「創造」は、アプリが満載の iPad やタブレットのデバイスのようなものです。

●創造のなかのアプリは私たちの想像力と同様に無制限です。私たちが考えたことが実現するのです！　左記は、そうしたアプリの一部です。

——多次元の領域とパラレル・ワールド、そして、同時時間進行と超時性。

——先進地球外生命文明と「スター・トレック」のような現実。

——癒しと学習の高次な領域、そして、統合意識と他にもたくさん！

●各アプリは私たちが個人や集団として創造した現実の映画で、魅惑的であると同時に多くのこと

を私たちに教えてくれます。

●ひとつのアプリにフォーカスし、思考と感情で栄養を与えると、宇宙の共振の法則に従って育ち、強さと生命を得ます。

●すでに触れたように、「創造のタブレット」である iPad のアプリのひとつは「地球の人生」と呼ばれるものです。それには完璧な人間のデザイン、そしてそのなかには光の体《ライトボディ》のアプリがあり、そのなかには独自で特定のゾーンである私たちの「テンプレート」があることもすでに触れました。

●私たちの地球上での人生は、フォーカスすると飛び出すホログラムのようにユニークな「アプリ」を搭載した iPad を作動させるようなものです。

●多くの人は自分たちの「アプリ」に気を取られるあまり、無限の可能性が背後に控えていることを忘れがちです。それは私たちが感情と精神エネルギーを投資することで創造している現実の映画を映すスクリーンのようなものです。

●特定のアプリに没頭して生涯を過ごすこともできますが、多くの人はほとんどの時間を5つのアプリに費やしています。愛のアプリ、健康のアプリ、富のアプリ、情熱のアプリ、目的のアプリ、そして家族と友達などのアプリです。

●けれど、私たちは無限の「海」のまだ表されていない可能性のなかに生き、支えられているので、何でも探索できます。地球上での人生はもっと広大な現実のフィールドのほんの小さな点のようなものに過ぎず、それは沈黙して私たちが気づくのを待っています。私たちは準備ができたときに自分自身を存在の新たな方法に「リセット」できるのです。

## リセット・ボタンについての事実とその操作法

●リセットの「アプリ」はエネルギーのパターンをそれに合わせることで起動し、その内容をリリースします。

●それは自然なパターンのマッチ、融合として有機的に起こることもあれば、ライフスタイルのレシピとコーディングのシステムを設定することで意識的にも起こせます。

●「リセット・コード」とプログラムは、私たちが現実のゾーンを変えられるように、量子が私たちの内側や外界で特定の流れ方をするように指示します。量子フィールドは真実に向けた私たちの進化を充実させるすべてのコーディングをもたらす慈悲で満たされているからです。

## 第2の状態から第3の状態へ、素早い融合による回帰――主張のコード

### リセットの意味【パート1】主張のパワフルなコード

転換、マインドのマスター、精神エネルギーを賢く使うことの重要性、ハートを中心とした気づきの必要性、そしてよいコーディングについてはすでにお話ししました。また、内なる支配者について知るために生物としての私たちのシステムという神殿が真の特質を体験したことがどれだけ重要だったかもお伝えしました。

神殿のシステムがその真の特質を体験すれば、後で本質《エッセンス》が形を成したものとして体験をしたので、地球上では一般的ではない働き方をするように、神殿たる生体システムに誘いかけることができます。けれど、第2や第3の状態にいる人々が一般的だと考えることは、第1の状態の現実のゾーンにいる人にとっては異常か極端に見えます。

第1の状態とは、主に自我に基づく人格に過剰に執着している状態で、遺伝子、環境、文化と人生体験によるものであることも覚えておくべきですが、これについては著書『「平和の道」と「本質」で在ること』(ナチュラルスピリット／発行)で詳細に説明しました。

第1の状態から第2の状態に移行した人の多くは、ライフスタイル、考え方、瞑想の重要性について気づいています。とくに大切なのは、呼吸を通じて変化を主張するための持ち前のメカニズムで、これも生物としての私たちのシステムの健康を改善します。

私たちが呼吸のリズムをゆっくりにして、何が私たちに呼吸させているのかを感じ認知できるように私たちの気づきを広げれば、純粋で完璧な私たちの部分が光として愛として、内なる深いところから湧き上がる叡智の流れとして、より明らかに自己表現し始めます。

愛の最も純粋なリズムのフィールドに座っていられるように、ゆっくりと微細でいて深い呼吸を続けながら、沈黙し、静止して、気づきのなかで期待せずに待ちます。こうしたすべてが基本的な瞑想のトレーニングの一部で、学ぶ価値が高いものなのです。

「創造のベースライン」に深く浸れば、終わりのない喜びと驚きがもたらされます。私にとって、それは何も思惑をもたない状態に身を投げたときに起こり、その瞬間に「存在」として完全に存在することができるようになります。この状態への変化で得られるもうひとつの恵みが「時」の超越で、時のない世界に入れます。

私自身の瞑想中には、この状態に入るために、私は沈黙して静止し、さらに呼吸を使います。マインドが落ち着かず「存在」として存在できないときには、「主張のコード」によって精神エネルギーの使い方を変え、この「本質《エッセンス》」の特質とより同調できるようにします。パワー・ワードに従えば、私たちの真の特質をより深く体験できます。この方法は、私だけでなく他の多くの人々の役に立ってきました。ただ主張するだけで人生が変革でき、それは人を目覚めさせ、満たします。

純粋な愛に満たされるエクスタシーは表現しがたいもので、それは自分が膨大で永遠の存在性で、からだの形を通して流れる無形の「慈悲」なのだという感覚です。

この気持ちに転換することで、私たちは形に縛られてはおらず、すでに有形でも形の外でも存在しているのだから、死も幻想に過ぎないのだと知る喜びが得られます。無形になることでより強烈な体験もできます。たとえば、私の両親が亡くなったときには、ふたりとも私の瞑想に現れ、形をもたなくなってどれだけ多くのことが理解できたかを教えてくれました。

ですから、「私という本質《エッセンス》」のエネルギーのパターンがもつ異なる特徴を主張できる3つの基本的なマントラをご紹介する前に、少し時間をとって、あなたが感じていることがあなた自身の純粋な「本質《エッセンス》」の特質の基本的な特徴なのだということを瞑想してみましょう。

「本質《エッセンス》」の特徴について私が時間をとり黙考したときには、私たちはコアの部分では純粋な愛だと感じました。コアの部分では、私たちは形を成さない流れとして、有形のからだに生命を与えています。そのエネルギーの流れは無限で永遠で、私たちのすべての細胞、分子、原子を満たしています。

この「本質《エッセンス》」のエネルギーの流れを刺激し、より意識を集中させて強烈に生物としての私たちのシステムを満たすためのパワー・コードは、次の3つです。

**「私は純粋な愛」**

**「私は無限」**

**「私は永遠」**

## パワー・コードが生物としての私たちのシステムに与える影響、そして短い瞑想

**「私は純粋な愛」**というコードは、私たちの細胞の構造を純粋な愛のゾーンに同調させます。

**「私は無限」**というコードは、生命を与えてくれる「本質《エッセンス》」の無限性、そしてその真の特質は形を超越して存在し、ただからだを通して流れているだけなのだと私たちのシステムに思い出させてくれます。

**「私は永遠」**というコードは、不滅の「本質《エッセンス》」としての特質と、特質が栄養を与えてくれており、その特質が優勢になれば、老化のスピードも低下させられることを細胞に思い出させてくれます。

### いま実行しましょう ―― 短い瞑想

●していたことを停止して、ゆっくり呼吸しましょう。
●ゆっくりとした呼吸のひと息ごとに、最も純粋な「本質《エッセンス》」のエネルギーを吸い込み、自分に引き寄せているように想像して、すべてのなかでの「神聖なる私」という意味で**「私は」**と唱えはじめます。
●息を吐くときには、**「私は」**と唱えながらゆっくりと息を吐き、からだを完全にリラックスさせます。

●この**「私は」**のコードで、あなたの真の特質を主張するように意識を集中させながら、ゆっくりとした精妙で深い呼吸を楽しみましょう。このコードは、「創造」のコアを受け入れるための「私は私」というマントラからとったものです。

●次に、意識の焦点を変えて、息を吸うごとに「創造」を通して脈動する純粋な愛の流れを引き寄せ、飲み込むようにします。

●心をオープンにして、ゆっくりと息を吸うごとに愛であなたのシステムが満たされるのを感じましょう。

●準備ができたら、息を吸うときに**「私は」**、吐くときに**「純粋な愛」**のマントラを唱え始めます。この**「私は純粋な愛」**と主張するコードをしばらく試してみましょう。

●こうしてゆっくりとした深呼吸とコードのチャントを続けることに、あなたのシステムがどう反応しているかを感じましょう。

●次に、ひと息ごとに「創造」のなかに存在するエネルギーの無限の要素があなたに引き寄せられ、あなたを通過するのを感じます。

●そのリラックス効果を感じたら、ゆっくり息を吸いながら**「私は」**、息を吐きながら**「無限」**と唱え始めます。

●あなたのシステムがどう反応しているかに気づき、心をオープンにしてあなたの内側と外界にあるこの無限の「本質《エッセンス》」のエネルギーを感じ、**「私は無限」**というコードを使用します。

●そして準備ができたら、呼吸のリズムを、よりゆっくり、より深く、より精妙にして、心をオープンにしてあなたの内側と外界にあるこの無限の「本質《エッセンス》」のエネルギーを感じます。

●このエネルギーを感じ、あなたのシステムがリラックスしたら、**「私は永遠」**という主張のコードを使用します。

●ふたたび息を吸いながら**「私は」**、息を吐きながら**「永遠」**と唱えます。

●あなたの純粋な「本質《エッセンス》」は永遠だという主張にあなたのシステムがどう反応するかを感じましょう。

●純粋な「本質《エッセンス》」の特徴を認識し主張しているのだという明確な意図で、これを実行します。この呼吸とマントラのチャントで、あなたのなかの「本質《エッセンス》」のエネルギーの脈動を強めます。

●こうしたコードによって同調し直せ、あなたのコアの部分で生物としてのあなたのシステムを満たせることを知りましょう。

私たちはすでに量子のバイオ・フィードバックのパワーを理解しているのですから、私たちが主張したい「私は純粋な平和」やその他の「本質《エッセンス》」の特徴をコーディングに足すこともできます。**「私は純粋な愛」**というコーディングはずっと私のお気に入りです。このパワー・ワードを私のマインドのなかで唱えることで、とても簡単に周波数の状態を変えられるのです。こうした言葉が真実だと感じられるまで、この言葉を考え、感じ、意識を集中させましょう。

自分が純粋な愛の流れにいないと感じたときにはいつでもどこでもできるのが素晴らしい点です。

たとえば、混雑したショッピングセンターにいても、目を開けたままでも閉じていても、深呼吸して私たちが吸っているのは酸素以上のものだと感じ、どこにいようとも、どこででも、純粋な愛を呼吸していることを私たちのからだに感じさせられるのです。ゆっくりとしたソフトな深呼吸で純粋な愛を私たちに引き寄せられれば、自分が単に混雑したショッピングセンターにいる人間というだけではなく、それ以上のものであること、純粋な愛である「私という存在」が形を成して表現し続けているものであることを思い出せます。

## 実行する！——人生、そして生物としてのシステム全体の再コーディング

### 意図のリセット——主となる私、「本質《エッセンス》」

この神殿システムで「私という本質《エッセンス》」としてどう機能したいかについての意図と司令のプログラムについて、さらにじっくりと述べていきたいと思います。が、その前に、いったん内なる「本質《エッセンス》」の愛とパワーを体験して理解すれば、生物としての私たちのシステムはすべての司令に素早く反応することを覚えておきましょう。

愛、叡智とパワーが私たちの内にあることを体験として理解せずに、精神体のみからこうした司令を述べたり宣言してそれを真実にしようとしても、うまく働かず、望みの結果は得られないこともあるからです。「私という本質《エッセンス》」としての存在であることをより意識的に自己認識し、人間としての人格が生み出しているリズムが生む認識を減らせば、変化はよりパワフルで恒久的になります。私たちの純粋な「本質《エッセンス》」の特質をより強烈に体験するほど、あなたの神殿である生物としてのシステム全体がより素早くリセットの誘《いざな》いに反応するでしょう。体験のパワーで疑いを払拭できるからです。

## 正しい態度とエネルギーでコーディングしましょう

●うまくコーディングし直すには、まずハートと脳の整合性を保つ必要があるので、快適な状態になって少し時間をとって自分自身に同調しましょう。

●深呼吸を何回かして、ハートを意識して自分の感情の特質にオープンになりましょう。

●生物としてのあなたのシステムがリラックスできるまで、**「私は純粋な愛」**というコードを唱えます。

●「私たちは誰もがユニーク」の項（296ページ）で紹介するコーディングを読み、それをあなたの内なる存在として聞き、その言葉が真実であることを感じましょう。

●表現を変える必要があると感じたら、再びすべてのコードを使用するときに変えましょう。

●私たちはシンプルでよりハート中心の進化の時代にいるので、自分にとって正しいと思うことを聞いたときには心から**「YES（はい）、YES（はい）、YES（はい）、これを確定して、いますぐ私の真実にします！」**と言うだけでもよいのだ、ということを、コードを読むときには覚えておきましょう。

●または、コードを録音して瞑想しながら聞けるようにします。

●私たちのシステムをコーディングするときには、真摯な気持ちで一度だけ言えばよいのです。そうすれば量子の「慈悲」が私たちの内なるエネルギーと外界のエネルギーをシフトさせ、それを真実にしてくれます。

上記を実行し、すべての現実のモデルを手放し、**「より深く没入、より純粋に浸透」**のコーディングを使ったとしても、私たちは実際に生きている生体コンピュータのように、ごく特定のゾーンや機能の仕方に自分自身をコーディングし直せるのでしょうか？

もちろんできます。次のページでは、それについて述べます。

## 私たちは誰もがユニーク

コーディングには自分の直感を活かしましょう
純粋な「本質《エッセンス》」が形を成した存在として、コードの言葉を選びましょう
オープンなハートで真摯にコーディングしましょう

## リセットの意味【パート2】新しい時のための新しいコード

**調和のコード**

「私という本質《エッセンス》」として、調和のリズムになりそれを維持するように、生物としての私たちのシステムに指令することが私たちにはできます。たとえば次のようにシンプルに宣言すればよいのです。

**「私はすべての存在と調和しながら存在します。私を通して流れるすべてが、すべての領域に滋養を与えます。私はすべてにとっての最善となるよう、存在し、行動します。すべての領域に渡って存在する私は、悟りが開けた私の特質の無限の純粋さを一瞬ごとに表現します。私のすべてが、すべてに滋養を与えます。**

**私は純粋な愛！」**

または、

**「いますぐ、生物としての私に、システムを完璧に調和！」**

真摯なハートで右記のコードを唱えるか、または「**YES（はい）、YES（はい）、YES（はい）、これを定着させ、いますぐ、私の真実に！**」と唱えます。

## ハートとマインドのエネルギーのリセットの再コーディング

**「いますぐ、私の存在のすべてのレベルを統合に向けてリセット！**
**私の存在のすべてのレベルを調和させて統合！**
**いますぐ、統合に向けてリセット！人間のハートから神聖なハートに！**
**私の存在のすべてのレベルを調和させて統合！**
**いますぐ、統合に向けてリセット！人間のマインドから崇高なマインドに！**
**私の存在のすべてのレベルを調和させて統合！」**

真摯なハートで上記のコードを唱えるか、または「**YES（はい）、YES（はい）、YES（はい）、これを定着させ、いますぐ、私の真実に！**」と唱えます。

## ハートのエネルギーのリセット・コード

慈愛のハート――同調しリセットで戻れるエネルギーのパターンは、とてもたくさんあります。私は3つのハートの接続がとても気に入っています。これは人間のハートとガイアのハート、そして「創造のハート」との統合で、「神聖なる母の純粋な愛と慈愛のハート」と呼ぶ人もいます。

このためのシンプルなコードは、次の通りです。

**「生物としての私のシステムをリセット。いますぐ、完璧な3つのハートを接続！」**

真摯なハートで右記のコードを唱えるか、または「**YES（はい）、YES（はい）、YES（はい）、これを定着させ、いますぐ、私の真実に！**」と唱えます。

## ヘルス・エネルギーのリセット・コード

**「システムよ、いますぐ、リセットして完璧な健康のテンプレートに戻りなさい！」**

真摯なハートで右記のコードを唱えるか、または、あなたの細胞や分子が完璧な健康の波動のゾーンに戻るように想像しながら「**YES（はい）、YES（はい）、YES（はい）、これを定着させ、いますぐ、私の真実に！**」と唱えます。

分子構造が完璧な健康のゾーンに戻るようにこれらのコードを唱える際には、生物としての私たちのシステムの各レベルを動かし機能させてくれる意識に、最大の愛と感謝を感じながら唱えるようにお勧めしています。

このコーディングのパワーを理解するために、映画『ザ・リヴィング・マトリックス（THE LIVING MATRIX）』をご覧になることをお勧めします。この映画の概要は「私たちの健康を決定する要素の繊細なネットワークについての新たな考え方を明かす。この映画は健康の可能性を新たに見出すことに努力している科学者、心理学者、生体エネルギーの研究者とホリスティックなプラクティショナーを紹介する」となっています。

**完璧な健康へのリセットの歌**

**完璧な血液、完璧な骨、**
**完璧な筋肉、完璧なトーン、**
**完璧な内蔵、完璧な脊椎、**
**完璧な健康、完璧な時に！**

あなたのからだも、歌いながらコーディングし直されることを喜びます。私は右記の表現にしましたが、あなたにとって自然な表現に言い換えてもかまいません。

**プラーナから滋養を得られるようにリセットするコード**

次にご紹介するのは、「本質《エッセンス》」の海のベースラインからより深いレベルで滋養を得るためのリセット・コードです。これを実現させるためにはライフスタイルを変革し、私たちの光の体《ライトボディ》のなかにある自己維持と自己再生のテンプレートに周波数を同調させなければなりません。

**「いますぐ生物としての私のシステムを自己維持、自己再生の光の体《ライトボディ》のテンプレートへ、リセット！より深く没入、より純粋に細胞に浸透させ、『いますぐ、本質《エッセンス》』のベースラインに！すべてのビタミン、ミネラル、タンパク質など私が健康で自己再生できるシステムでいるために必要なすべてのものを、私はいますぐ、純粋な『本質《エッセンス》』から受け取ります！」**

真摯なハートで右記のコードを唱えるか、または「**YES（はい）、YES（はい）、YES（はい）、これを定着させ、いますぐ、私の真実に！**」と唱えます。

「源」から滋養を得ることについてもっと理解したい方は、ドキュメンタリー映画『In the Beginning There Was Light』や、私たちが提供している無料オンライン・トレーニング（https://www.youtube.com/watch?v=oNTZLeVKxME&list=PLSUbIlncPJ_UWWQJUb81BTXvce0s1JPPA）をご覧ください。

## お金のエネルギーのリセットのシステムと歌のコード

あなたの人生の側面で他にどんなリセットが必要なのかを、時間をかけて検討しましょう。

●愛を込めて気前よく与えましょう……お金を川の流れのように自由に流通させましょう。

●代金を支払うときには愛を込めて、あなたが地域社会を支えているのだと認識しながら、すべてのサービスに感謝しながら支払いましょう。

●「私はお金が大好きで、お金は私を大好き！」と元気よく定期的に、とくに代金を支払う際に歌いましょう。

●あなたがこの地球ですべきことを成就させるために必要な豊かさのすべてが得られると期待しましょう。私たちの宇宙が支えてくれるのです！　人生を振り返ってみれば、あなたにとって必要なものは常に用意されてきたこと、そしてそれが今後も続くことがわかります。

## ＤＮＡの洞察とリセット・コード

人間のＤＮＡに関する事実は、次の通りです。

●私たちのＤＮＡは量子で、「本質《エッセンス》」の海で満たされているので、多次元に渡り未知の可能性を秘めたフィールドを有しています。

●私たちはＤＮＡの可能性の10％しか使っていないといわれていますが、私たちの純粋な「本質《エッセンス》」と融合すれば、それ以上を自然に使えるようになります。

●私たちのＤＮＡはすべての時間を通して、私たちのすべての体験の刷り込みを記録し保管しています。
●私たちのDNAはユニークで、私たちのライフスタイルに反応して変化しています。ライフスタイルを変えれば、DNAが変わるのです！

特定のコードを使えば、DNAがリセットできます。

**「いますぐ、私の人間のDNAを私の『神聖』なDNAのパターンにリセット！」**
**「DNAよ、いますぐ、『本質《エッセンス》』のベースラインにより深く没入！**
**いますぐ、純粋な『本質《エッセンス》』を私のすべてのDNAに浸透！」**

真摯なハートで右記のコードを唱えるか、または**「YES（はい）、YES（はい）、YES（はい）、これを定着させ、いますぐ、私の真実に！」**と唱えます。
左記のページにあるDNAアップグレードの瞑想を楽しんでもよいでしょう。
https://www.youtube.com/watch?v=XL1OxIELofE&t=1s
次のふたつのコードは以前にも紹介しましたが、ここに、また加えておきましょう。

**ベストなバージョンの自分――シンプルなコード**

純粋なハートからの気持ちを込めて唱えましょう。

**「私は自分のベストなバージョンといま、統合します。私の存在のすべてのレベルがいま、統合され、ベストなバージョンの自分である私の『本質《エッセンス》』の特質と完全に調和して波動しています。システムをリセットして私の純粋な『私という本質《エッセンス》』に統合！」**

そして、「統合」意識へのリセット・コードを、気持ちを込めて表現できるようにあなたらしい言葉を選び、唱えましょう。

**「地球上のすべて統合した平和な状態で存在するための完全な「本質《エッセンス》」のテンプレートをダウンロードします。**

**いますぐ、私の内側、そしてすべての生命との統合意識により深く踏み入ります！**

**いますぐ、これを私にとっての真実に！」**

リセットの意味【パート3】シンプルで驚異的！

**今後、私たちはそれを維持することを望みます――純粋でシンプル！**

私たちはみなさんを旅路にお誘いし、私たちの「統合リセット《ユニティ》」プログラムについて多くをお伝えしてきましたが、覚えて利用していただきたいのは、次のコードだけです。私たちの人間としての人格からではなく、私たち自身にある「私という本質《エッセンス》」として常に真摯に唱えましょう。

**覚えておくべきこと……最も素早いリセット**

●それが必要なときにはいつでも、「私という本質《エッセンス》」のエネルギーで自分の人生を満たすことができます。

●人生のなかで何かが不調和だと感じたときには、いつでも心から「生物としての私のシステムを『本質《エッセンス》』のベースラインにリセット」または「ベースラインを浸透」と司令します。ただリセット・ボタンのアプリを想像して、それから司令します。

明快な5段階のステップがある私たちの「本質《エッセンス》」の海のプログラムも、ひとつの明快な意図と4つのパワー・ワードに短縮できるのです！

いますぐ、「本質《エッセンス》」の海の「ベースライン」により深くエンゲージ！
より深く没入、より純粋に浸透……。
いますぐ、純粋な「本質《エッセンス》」のエネルギーをシステム全体に！
いますぐ、「本質《エッセンス》」のエネルギーで生物としてのシステム全体を充実！
**私は充実し、私は充実させる！**

高揚のゾーンに同調。

いますぐ、生物としてのシステムを向上、「本質《エッセンス》」を優勢に！

エンゲージ、「本質《エッセンス》」のエネルギー、充実、高揚、そして向上！

エンゲージ、「本質《エッセンス》」のエネルギー、充実、高揚、そして向上！

エンゲージ、「本質《エッセンス》」のエネルギー、充実、高揚、そして向上！

右記を理解したら、今度はそれをとてもシンプルにしましょう。右記の意図にあなたのシステムが慣れたら、ただ次のコードを使えばよいのです。

「より深く没入、より純粋に浸透」

または、

「いますぐ、ベースラインを浸透！」

ようやく私たちはパワフルな「統合《ユニティ》リセット」プログラム自体を習得しました。

愛や健康や富など、私たちが直感的に統合が必要だと感じる人生の分野に、このリセットが応用できるのです。

## 「生物としてのシステムよ、いますぐ、リセットしてベースラインと統合！
## いますぐ、ベースラインを浸透！」

本著で提供したすべてのコードをじっくり考え、心からの真摯なエネルギーで利用すれば、量子がそうした明快なサインを受け取ったことを信じてリラックスしていられます。何か特定の課題に関して限定的で反復的な思考の形が湧き上がってきたら、コーディングし直せばよいのです。

ですから、グループとして、また個人としてのリセット・コードで、このセクションを完成させましょう。

### 「本質《エッセンス》」のゾーンとの融合とリセット・コード

●いますぐ、ここで、地球の人類にこの「本質《エッセンス》」の海が提供できる最高のゾーンに入ることを私は選びます。

●私たちすべてにとって完璧な時と方法で、私たちのエネルギー・フィールドが統合意識のリズムに完璧に融合できるよう依頼します。

●より偉大な善のために仕える「統合」領域からの存在と完璧に融合できるように、また個人としての、そして惑星としてのアセンションがスムーズに進むよう依頼します。

●そのために私たちは「YES（はい）、用意ができました」と言います。「YES（はい）、用意ができました」と言います。「YES（はい）」と言います。

## 覚えておきましょう――ベースラインにリセットするためのコードのシンプルさとパワー

●私たちは人生をとてもシンプルにできる時代に入り、自分たちの新たな自己に素早く転換することで、この純粋な「私という本質《エッセンス》」になれます。

●自分のコアがすべての領域を通して表現された純粋な「本質《エッセンス》」であり、無形の存在が形を成したものなのだと感じて理解することには素晴らしい解放感があります。

●人間としての私たちの人格も、**「本質《エッセンス》のベースラインにリセット」**というコードを使うことで、光のなかに融合でき、私たちの純粋な「本質《エッセンス》」の存在である愛に満たされることができると知ることも素晴らしい恵みです。私にとってはそのすべてがとても貴重です。

●リセット・ボタンは考え方の転換、自分が何に洗礼されたいか、どのゾーンに存在したいか、どう人生を生きたいかを選択できるという気づきです。

●フィールドをリセットでき、無限の愛、叡智と真のパワーが私たちのものである「本質《エッセンス》」の「ベースライン」の海により深く潜れる能力が大好きです。

●覚えておくべきこと……叡智のない愛だけでは充分ではありません。愛のない智慧では充分ではありません。愛と叡智を伴わないパワーは効果的ではありません。けれど、この3つの流れが組み合わされれば、私たちは完璧に解放されます。

量子の知性の働きぶりのパワーを目撃した人、または何か思った途端に実現した体験をもつ人にとっては、この現実のリセットはとてもうまくいきます。実体験に基づき、すでに信頼しているからです。

無限の知性をもつこのフィールドのパワーをまだ認識していない人にとっては、「本質《エッセンス》」の海とそこに含まれるすべてとのより深いコミュニケーションをし、やり取りができるようになるまでは、この現実のリセットは単によいアイデアか可能性に過ぎないと思えるかもしれません。

あなたがまだ第1の状態から第2、第3の状態に自分を転換させ始めたばかりなら、沈黙して座り、静止の状態にいる間に、オープンで純粋なハートで最も純粋なあなたのコアが体験できるように頼むとよいでしょう。あなた自身の純粋な「本質《エッセンス》」がもつ無限の愛、無限の叡智、無限のパワーを体験できるように、真摯に頼みましょう。あなたがすべての懐疑心を超えて先に進めるように、あなたにとって完璧な方法でそれが体験できるように頼むとよいかもしれません。

あなたのシステムが反応してそれが真実だと感じられるようになるまで、**「私は純粋な愛、私は無限、私は永遠」**というコードをしばらく試してみるのもよいでしょう。

私たちが「本質《エッセンス》」であることが体験できれば、生物としての私たちのシステムにはそれがわかり、「ああ、私のなかで主が目覚めた」と知ります。「本質《エッセンス》」の「ベースライン」と私たちの神殿たるすべてのシステムの間で異なるコミュニケーションが始まり、それによって「本質《エッセンス》」は流れ続けます。それが、私たちが地球上で形を成しているという意味なのです。

純粋な「私という本質《エッセンス》」の特質の啓示、主張、支配、私たちの純粋な「本質《エッセンス》」のこの神殿システムへのディセンションが喜ばしく安楽で優美なものになるようにとつけ加え、意図することも、その実現を誘う美しい方法になります。

すべての飢えから解放されるだけでなく、私たちは無限の「恩寵」と恒久的な平和のなかで生き、自分たちの多次元性の特質に気づき、多次元的存在としての体感ができるようになります。

そうした拡張意識の状態で生きることで、真の解放が得られます。人類の世界のとても多くの人を支配している限定的な現実に縛られることがなくなるからです。

気づきが拡張したこの状態では、すべてが完璧に進むことを私たちは知っています。「本質《エッセンス》」はすべてにあり、すべてを支配し、この愛に満ちた超知的な存在はすべての人の内側と外界に存在しています。この純粋な「本質《エッセンス》」は内在的でパワフルで、あまり利用されていない人間のデザインの一部であることがわかります。

私たちすべてを生かしつなげているのがこの「本質《エッセンス》」の「ベースライン」であることがわかります。地球上での私たちの住処である神殿、つまり私たちのからだは、その準備ができたときに様々な備えつけのメカニズムによって、いつでもこの「ベースライン」とより深くつなぎ直せることも知っています。

私たち個人同士が「ベースライン」でつながれば、社会としても真の統合として調和してつながれ、ひとつのハート、ひとつのマインドのゾーンにテレパシーで自然に移行できますが、それも「ベースライン」との結合で明らかになります。

このやり方の科学を理解できれば、私たちは誰もがエネルギーの波動システムに過ぎないと理解すれば、私たちは特定な方向に同調できます。そうなったら、各ゾーンのなかに無限のゾーンと無限の音階があるのなら、どのゾーンに私たちはエンゲージし、そこを探索したいかという疑問が生まれてくるでしょう。

「ベースライン」でなければならない、と私は思っています。

私たちは愛、叡智とパワーの無限の海のなかに細胞として生きている、というのが事実なのです。

私たちはその創造物であり、その子供です。

私たちはまた、その海そのものなのです。


この海の「ベースライン」の各レベルにより深く浸り意識的に棲み、そのパワーと純粋さに満たされることにオープンになれば、すべてが完璧に見え、二元性と判断が消えるいっぽうで、賢く識別する能力が発達します。

すべての生き物は「ベースライン」から滋養を得て生かされていますが、それは生命を構築するすべての要素をもつ無限の可能性の無形のフィールドです。


この「ベースライン」は私たちの内側と外界にあり、また私たちに直接栄養を供給することもできます。生命を構築するすべての要素を備えているからです。

「本質《エッセンス》」の海は、私たちが知ることができる最も純粋な愛で振動し、その愛が私たちに息をさせ、栄養を与え、私たちを解放します。


**「私は純粋な愛」**というコードを使えば、私たちに「本質《エッセンス》」の海が浸透します。

## 終章

# 新たな宇宙の旅路へ

## 量子の慈悲が可能にしてくれる、容易で有機的な同調、そして融合

### 新たな地球のパターン――プログラムのまとめと光の存在からのメッセージ

そうです。地球では新しいエネルギーのパターンが始まっています。それは2012年末のマヤ暦の完結から始まりました。私と同様に多くの人が、本質《エッセンス》に向けたハートの呼びかけに応え、私たちを導いてくれる異なる存在の在り方を見つけています。

世界中で湧き上がるこの新たなエネルギーのパターンにより、私たちは自分のすべての部分を愛し、受け入れるよう誘《いざな》われています。人間として私たちがもつ要素も、完璧で神聖な私たちのコアもです。

また、自分のどの部分に意識的に栄養を与えてそれを発達させ、最も優勢にするかを選び、それが真実になるように生きるようにも誘《いざな》われています。

この新たなエネルギーのパターンでは、過去にしてしまったことは、私たちがそれを許す範囲でしか私たちに影響はないことを知るようにも誘《いざな》われています。私たちは学んだすべてのことから、より賢くなり、得たすべての美徳からハートも豊かになったことも知っているので、私たちの先人に深く感謝しています。

しかし一瞬一瞬が新たに訪れ、一瞬一瞬が新しいやり直しのチャンスなのです。

この新たなエネルギーのパターンでは、他人がもつエネルギーのパターンもすべて愛し受け入れるよう

からです。

誘《いざな》われています。誰もが地球上での人生と呼ばれる道を歩みながら、自分なりの方法で学び成長している

そうです。私たちは新たなエネルギーのパターンに入っており、それはやがて自然にすべての飢えもなくすでしょう。それが「統合《ユニティ》リセット」プログラムの何たるかであり、「創造のマトリックス」の内なる新たなゾーンへのスムーズな入り方なのです。

そうです。この新たなパターンが地球上の聖なるパワースポットから、ガイアのコアから発散されるもので支えられているというのは本当です。また、宇宙のコアと銀河のコアから流入するエネルギーにも支えられています。

そうです。父系―母系のパラダイムという古代のパターンが混じり融合し、統合された全体となるために目覚めたというのは本当です。私たちの内なる、また私たちの周囲の男性性と女性性のダンスが私たちすべてを充実させるようにです。これ自体の巨大なパラダイム・シフトで、個人レベルでも文化レベルでもリセットが必要です。これについては「True Love, Pure Love Program」の完全マニュアルを準備中ですので、お楽しみに。

そうです。地球とその人類がアセンションの過程にあるというのは本当です。多くの人は体験からこの事実を知っています。すでに私たちは止めることができない列車のようなもので、私たちがコントロールできるのは、そのタイミングと、いかにスムーズにそこに辿りつけるかだけです。

このパラダイムでは、私たちはやがては集団として真に統合し、そこでは私たちはより悟りが開けたマ

ナーで生き、お互いと関わり合い、すでに統合領域の深く生きている存在のように、調和のなかでの共存と相互の愛に満ちた支え合いが存在の仕方になります。

そうした存在とのコンタクトがアセンションを促進し、瞑想や夢などで彼らの報告が聞けます。そうした領域について私たちが知りたいことはすべて、私たちが彼らと周波数をマッチさせ、彼らのゾーンにより定着できるようになれば啓示されます。

いま私たちが提供している「統合《ユニティ》リセット」プログラムを啓示してくれた存在との私のパワフルなリセット・ボタンの体験以降、「統合」領域からの光の存在の友人とのコンタクトは以前よりも密になっています。私の瞑想も夢が、いまでは様々な遭遇に満ちているだけでなく、世界中での私たちの集いにも、以前より頻繁に光の存在の友人が現れるようになりました。彼らが私たちに「統合の叡智」の本のなかで書くように依頼したことからもわかるように、「統合」領域の存在も、私たちが彼らに対するのと同様に、私たちについて興味があるようなのです。

多くの人が次のように尋ねます。

『統合』意識が地球上でより明らかになるのはいつですか？」

私たちがより「統合」意識を強めれば、それも見えてきます、というのが答えです。そのゾーンはここにあります。

「75億人が集団として、個々のエネルギーが全体を充実させるほど生物としての私たちのシステムで純粋な『本質《エッセンス》』が優勢になるまでには、どれだけ長くかかるのでしょう？」

それは人々のハートの欲求、個々の人の主な波長や光の体《ライトボディ》への搭載内容、人間として生まれる前のコーディングによるでしょう。

光の存在の友人によれば、集団のエネルギーのアップグレードでは、多くの人は肉体をまだ維持できますが、肉体を捨ててアップグレードしたDNAと異なる光の体《ライトボディ》で戻ってこなければならない人もいます。これはすでに始まっており、生物としての私たちのシステムは急速に変化しています。たとえば私たちがなんらかの方法で、自分の純粋な「本質《エッセンス》」が表現されるのを抑制している場合には、私たちのエネルギーは再調整されますが、それを不調と感じることもあります。

どんな不調を感じてもその分析に没頭し過ぎるよりは、感情を転換して、ハートの整合性を高められるよう感謝と賞翫の気持ちにフォーカスしたほうがよいのです。精神をより調和させるためには「仕方ない。ではどうするか」と自分を力づけるよう、精神を転換させます。

いったんコーディングが済んだら、あなたの個人的な「地球上での人生のアプリ」がよりしっかりと機能し始めます。過去の刷り込みではなく今日のあなたのコーディングをベースとして、量子の「慈悲」があなたのフィールドに異なるパターンを届けられるからです。お勧めした8ポイントのプログラムを実践すれば、生物としての私たちのシステムのすべてのレベルで確実に滋養が得られ、「本質《エッセンス》」も浸透します。

## 統合の科学と平和な共存

すでに触れたように、私たちの「統合《ユニティ》リセット」プログラムは次元間フィールド科学に基づいていますが、それはようやく、より安定して私たちの惑星にもっと流れ始めたところです。この科学については「平和の使節」で紹介したように、平和の科学、幸福の科学、健康の科学、調和の科学、そしてこの世界だけでなくすべての領域が統合された状態になるための科学です。

この科学は、昔から幾度となく進化するすべての世界が学んできました。集団として真の統合ではどんな感じがするのかを知りたい、「創造」の多様性と人生におけるそのすべての表現を楽しみたい、同時にそれを平和の共振としておこないたい、と望んだ時点で教授されてきたものです。

統合と平和は、この科学を通して誰もが見つけられる周波数で、それは人々のハートがオープンになり、より高い気づきのレベルに移れると自覚したときに起こります。

人生の波が開花してさらに洗練された自分のバージョンになれたときにフィールドの共振は変わりますが、個人が何に注意を向けるかを選択するたびに常に変化していることも、次元間フィールド科学が私たちに教えてくれます。

多くの人が預言したり見たりしてきたように、扉はすでに開かれ、すべての変化のスピードは速まり、この純粋なハートの鼓動ではないものは、異なるものに溶けて消えます。より統合された存在であることを誰もが楽しめる新たな状態になるためにです。

こうしたすべてのことから、私たちは集団として偉大なる平和の時代に入りました。魂が満足する時代です。魂を満足させられるのは、ハートの最も純粋な鼓動だけなのです。

共振が、この世界の私たちが住めるヘルシーな住処、ゾーンを創造します。そして、私たちの存在が、より甘くより滋養のある共振を周囲のフィールド全域に拡げていくのです。

## いまここにいること――ふたつがひとつになる時、すべての恵みが与えられる

最後になりましたが、古代のヨーガの行者は一瞬一瞬を楽しむことの利点を語りました。が、すでにお話ししたように、私たちがよく調整された個人の生物としてのシステムをもてれば、そして私たちにとってよい現実のモデルを私たちが創造できれば、感情的には感謝の気持ちが優勢となり、恩寵で満たされた暮らしになるので、リラックスして人生をより楽しみやすくなります。

恩寵があり感謝の気持ちを感じられるようになれば、生物としてのシステムが可能性を最大限に発揮して機能している証です。

そして、すべての現実のモデルを手放さなければならない時がやってきます。

生物としてのシステムが意識的にコーディングし直されたら、ただすべてを手放し、なるがままで、この「慈悲」の知性が提供してくれようとしているものにオープンになれます。それがたとえ、類は友を呼ぶ、磁石のようにひきつけられるものを受け取れるといった科学であってもです。それがどう起こるかは重要ではありません。重要なのは、手放し、静止した状態でいることです。何も必要としないことで、想

像を超える多くのものが受け取れるのです。

2018年の私たちのダークルームの集いで光の存在の友人から得た最後のメッセージは、次の言葉でした。

『ふたつがひとつになる時にすべての恵みが与えられる！』

ふたつがひとつになる時に、私たちは欲望から解放され、ふたつがひとつになる時に、私たちは全体、完全を感じ、何もすべきことはなく、すべてはなるがままで、純粋なハートの存在であるこの状態になると、自然に「統合」領域がそれに応えて、最も予想外の恵みを次から次へと与えてくれる周波数のスペクトラムが送信されます。

ふたつがひとつになる周波数をもち、それから得られる利点を享受することで、期待しなくても常に恵みが得られる状態になります。私たちが送信するすべてが、人類の進化に有益になるからです。

私たちの純粋な心の「本質《エッセンス》」が優勢になれば、その美徳が私たちのハートを満たします。集団としてその周波数で輝きだせば、その周波数をもつ領域のなかにある領域のなかの、そのまたなかにある領域にアクセスできるようになります。そうなればもっとたくさんのことが理解でき、感じられ、私たちがすべての領域を通して送信することがすべての生き物にとって有益になるような生き方ができるのです。

## 手短な洞察と覚えておくべきこと

●創造のマトリックスでは、すべてがエネルギーのパターンの波動のスペクトラムとゾーンによることを私たちは発見しました。

●特定の時間の過ごし方をすることで、自分自身の周波数や主なパターンを変えられ、そうしたゾーンに入り、自分が存在する現実を変えることができます。

●すべてのゾーンにアクセスするには、私たちの左脳と右脳のバランスをとり、論理と直感が調和して働くようにする必要があります。

●思惑を何ももたず、オープンなハートで受け入れられる状態になることが必要です。真に身を任せ、「本質《エッセンス》」の海が望むときに望むものを啓示できるようにするのです。

●純粋な「本質《エッセンス》」のエネルギーに私たちが入れば、脈動する愛の海がそこにあります。脈動する生き生きとした光に満ちた叡智の海に私たちが入れば、そこに存在する知性を感じ、そのメッセージを聞くことができます。

●このゾーンでは、この純粋な意識のたった一滴が自分のからだに存在することも感じ始めます。私たちは同時にどこにでも存在し、私たちは神聖なボディのなかのひとつの細胞に過ぎないのではなく、私たち自身が神聖なボディの全体であることを感じ始めるのです。

●この純粋な気づきのフィールドでは、私たちは創造のマトリックスのただの一部ではなく、私たちがマトリックスであることも知ります。

●この気づきの状態では、すべての生き物、私たちが出会う生きた存在は、私たち自身の純粋な存在が少し異なる表現をとったものであることもわかります。

●沈黙し静止した空《くう》のなかで、私たちは精神的に煩雑なリズムを超越し、ただあるがままになれ、感情体のための食物のまったく新たなスペクトラムも感じられます。なぜなら、私たちのコアには様々な感情でシステムを満たす「神聖」な美徳のスペクトラムがあり、それはとても美味しく栄養があり、探検する価値があるものなのです。

●「本質《エッセンス》」の海のなかで脈動し続ける美徳のパターンは、深い平和、至福、喜び、感謝、祝福を受けた感じ、ワンネス、「統合」といった美徳とより精妙な流れで、そうした感情を私たちのシステムを満たすことで、私たちは滋養を得られます。

●感情的に満たされるまで「本質《エッセンス》」の海に深く浸れば、他のご褒美も得られます。すべての生命を維持させている「本質《エッセンス》」の海の最も深く純粋なレベルに錨を下ろせば、とてもパワフルで完全で純粋な何かに錨を下ろすことになり、私たち個人に伝達されるエネルギーはすべて滋養となります。私たちに滋養を与えてくれるもの、そしてこの「本質《エッセンス》」の海に、それは純粋な方法で浸っていれば、私たちのエネルギーのシステムは、私たちの周囲にとっての滋養にもなります。

●「本質《エッセンス》」の海のより純粋なレベルに浸ることで、私たちは創造力のより深いレベルに向けてオープンになれ、人生をより大きな視野で見たり感じたりできるようになります。深く没入するほど、私たちはこの純粋な「本質《エッセンス》」により満たされ、より喜びに満ち、完璧で安らかになります。

●私たちはすでにこの純粋な「本質《エッセンス》」の海のなかにいますが、この海中にも、それはたくさんの周波数のゾーンがあり、私たちが注意を向けたゾーンが浮上し、この海からリリースされます。この海が常に私たち自身の気づきとオープン度を反映しているからです。

## 容易に有機的に

私たちのエネルギーのパターンを「統合」領域に同調する過程は、容易な場合もあります。量子の「慈悲」のおかげで、すべてがこの混合と融合を指揮してくれるからです。

この同調と混合へのプロトコルを提供してくれる「慈悲」は、親切が個人になったような存在です。知的なこの「慈悲」は、愛情に溢れる友人のように私たちを支援し、「統合《ユニティ》リセット」プログラムを私たちに提供してくれます。

もちろん、テレパシーを使って親交する際には審神の仕方を学ぶ必要があります。とても数多くの領域に、それは多くの生き物がいて、波動により私たちとつながれますが、「本質《エッセンス》」が私たちのシステムで優勢になれば、私たちがつながる相手は最も偉大な光と愛の存在だけになります。

量子がいつも尋ねるのは「あなたは何が欲しいのですか？」という質問です。

地球上でどう生きたいのか？　あなたにとっての主な現実としては何を望むのか？

ですから、よく考えた上で意識的に協同設計した結果であるゾーンにアクセスできるように、コーディングの仕方を学ぶ必要があるのです。

たとえば、私は「神聖」な輝き、「神聖」な愛がとても好きです。それがずっと以前に自発的に私の内側から湧き上がり、「すべての想像を超える」ゾーンにアクセスさせてくれたことも、気に入っています。

私はこの純粋な愛が湧き上がり、とても精妙な気づきの周波数をもつ光で私を満たしてくれたことも、とても気に入っています。このエネルギーは私たちすべてのなかに存在し、私たちが本当の自分を探し始めた途端に、またはあらゆる聖典で語られてきた至高の真実の体験を求め始めた途端に、その存在を明らかにしれくれます。

私たちが、多次元性の特質や自分たちが「マトリックス」の一部であることを体験するのも、もうひとつの啓示の喜びです。私たちがオープンになれば、そうした崇高な精神的、感情的な滋養がもたらされるのです。

## はっきりと努力を誓った集団のパワー

本著を書き終えようとする私をいま、光の存在の友人が囲んでいます。私のフィールドにその存在を浸透させ、どう本著を完結させるべきかをテレパシーで伝えてくれています。

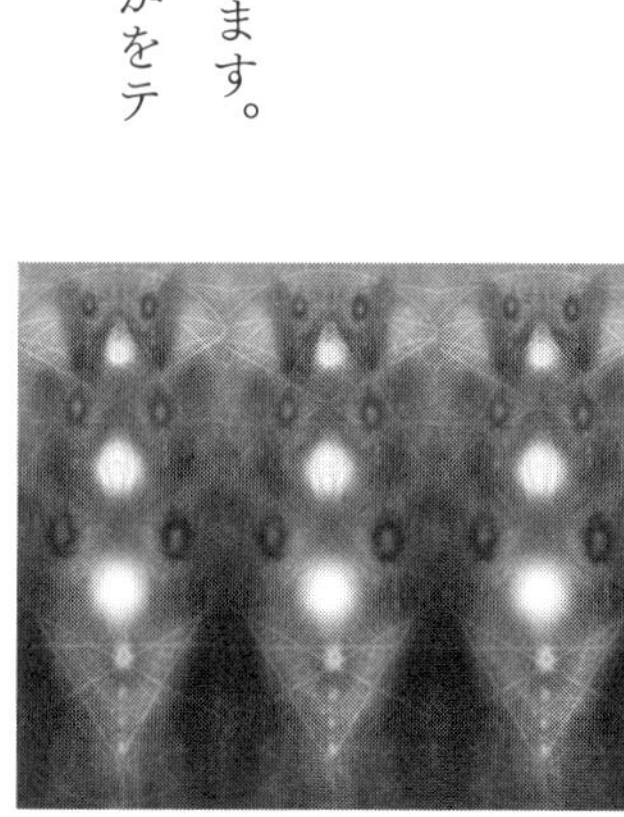

### このプログラムに関する、彼らからの最後のメッセージ――集団のパワーについて

「私たちの集団としての意図は、私たちのエネルギーの特徴ですべての領域を充実させ、そのお返しに私たちも充実する、ということです。これは私たちの領域に棲むすべての存在が利用してきたコードではありませんが、いまはそれが私たちの動機で、真の『創造』の美が楽しめる平和な『統合』状態を私たちは維持します」

「『創造』のより高い状態は、いますぐここで、あなた方の世界で楽しめます。あなた方の集団としてのハートの呼びかけを聞き、あなた方のエネルギーの特徴が混合した新たな共振の輝きを全領域に放射しているのを感じたので、提供することにしたのです」

「集団としてのあなた方のハートからの信号が弱い地域もあり、その流れはまだ不安定ですが、解決策を求めて希望を模索するパワフルなビームが放射されることもあります。挑戦の時代に強くなるシグナルです」

「いま、あなた方の領域では、より偉大なる調和を求める個人と、自分自身のハートの呼びかけに応えようとしているガイアにより、目標が設定されました。両方の出来事があなたの領域に引き込まれ、そうしたハートの呼びかけに応えることが求められています。心からのこうした信号は多くの領域に認識されており、慈愛のあるハートからのバイオ・フィードバックと反応を引き出し始めています」

「ですから私たちは、いまこのメッセージを届け、この『統合《ユニティ》リセット』システムを提供し監督するためにここにいます。あなた方の多くは気づき、『統合』領域に錨を下ろしていますが、より悟りが開けた道を求める進化過程の集団としては、その意欲がまだ開花途中の段階です」

「多くの世界の進化を監視してきた私たちは、集団が、開花の段階から最高の可能性を表現できる段階に至るには、その肥料となるある種のプロトコルが必要なことを知っています」

「まず必要なのは、人間としてのデザインの偉大さとあなた方がもつ可能性を、すべての人が理解することです。それにはハートとマインドをオープンにし、すべての生き物に最善となるように機能する、新たな、より偉大な共振のゾーンにすすんで足を踏み入れることが必要です。すすんでそのように機能する気になれるまで、可能性は完全には実現しません。それは、『統合』がパワーを生み、愛と叡智が『統合』されたときに、そのパワーがより強大になるからです」

「あなたは、自分の感情体のシステムに提供されるすべてのフレーバーのなかに飛び込み探索できる能力とハートをもつよう祝福され、愛されてきました。それはあなたにとっては、躍り入り躍り出ることを選べる選択肢の膨大なスペクトラムで、試し、変わり、そして理解をより広げながら意識的に選択できます。嫉妬、欲望、怒りはたくさんのことを教えてくれますが、あなた方の世界では、パワーゲームがとても多くの暴力を創造しています。そうしたことに没頭することで学べる美徳や叡智は多いのです。結局のところ、あなた方は自由意志の領域にディセンションしたのですから！」

「けれど、あなたが自由意志で、『私』より『私たち』を選択するように移行し、あなたの真の特質が優勢になれば、あなたの内側から愛、平和、寛容と親切が自己主権と自己知識を伴って目覚め、すべてのドラマや二元性は消えます」

「『しようとする』エネルギーと『そうである』エネルギーの違い、そしてそれに量子の世界がどう反応するかについても再確認しておきましょう。たとえば、もっと気づくようにしようとすることはできません。より親切にしようとすることはできませんが、親切に浸ることはできます。エネルギーとして至上の気づきのフィールドに浸り、自分を完全完璧にすることはできるのです。この没入により、あなたは自然に自分にも他者にも親切に思いやれるようになり、気づきが自然に広がり、より高い視野に自然に立て、創造を動かすより大きなパターンで全体像が見られるようになります」

「したがって、こうした方法で変革されることのパワーを知った上で、シンプルな浸り方を提供しました。変革を導く『本質《エッセンス》』のベースラインのゾーンに浸り、より深く錨を下ろせば、偉大で驚異に満ちた多くのゾーンが探索できます。私たち自身がまだ探訪している領域もあるのです。創造の表現は無限なのです」

「私たちの領域ともっと混合したら、私たちがもつテクノロジーにあなたは驚くことでしょう。私たちはずっと以前に、分離のゲームより統合を選び、汚染も貧困も不平等も過去のものにしたのです。私たちはなんらかのかたちで全体に有益となる、創造の表現や美へのより深い感謝を引き出す創造に価値を置きました。私たちがそうしたものに価値を見出すのは、それが私たちすべてを潤わす神聖なる恩寵のやり方だからです」

「したがって、私たちは誰もが自分の時間を自由に提供しますが、そのようにして消費した時間を報奨する金融制度もありません。私たちのシステムでは誰もが面倒をみてもらえるので、自然に真に裕福に感じられるからです。私たちの領域にはなんの不足もなく、マインドはテレパシーでつながっているので、偽りも嘘もありません。マインドとマインド、ハートとハートが整合性を保てれば、ゲームもまったく異なるものになるのです」

「私たちの人生は調和したエネルギーの川のように流れ、シクロニシティと神聖なる恩寵が私たちにとっては日常的です。ですから、私たちのハートは常に『創造』の驚異とそのなかに含まれるものに感謝し感嘆できるよう開かれています」

「私たちはより偉大なる善のためになるエネルギーのパターンも積極的に協同創造しており、あなた方にもそれを誘いかけています。それが『統合』領域に恒久的に参加するための鍵となるからです。進化過程の各世界になって創造力となるのは、まずは個人で、次に集団として試すとても多くのチャンスがあります。はっきりと努力を誓った集団には、偉大なパワーがあるのです」

「実際、自由意志を使ってエネルギーを試す能力は、あなた方にとって最大の自由のひとつです。『本質《エッセンス》』としてのあなたがいま棲むあなた自身のエネルギー・システムの微調整から、まず始めます。それは、思考と感情をより意識的に使うことかもしれません。またはサウンドと光を試すこと、または時間の使い方の調整や、ここで提供したプログラムを試すことかもしれません」

「すべては試してみるということです。私たちの領域でもエネルギーの共振を試している段階ですが、地球上のあなた方が集団でするよりはもう少し意識的な気づきに基づき、集団としてやっています」

「エネルギーの共振を試すことにより、まだ同調していない、または見たことのない領域から持ち込める数多くの新たなテクノロジーが発見できます。あなたの世界がいま直面している多くの問題を払拭できるテクノロジーです」

「エネルギーの共振を試すこと、そして、より高次元のことを知りたいという意識をより積極的にもつことで、あなた方の多くが私たちの領域と周波数をマッチさせられます。また自分により親切になり慈愛をもち、すべてにより親切な存在としてのパターンのなかで生きることにオープンになることでも、私たちの領域に同調できます。それは慈愛とエンパシーがこのゾーンの自然な一部だからです。すでに誰もがご存じのように、類は友を呼ぶのです」

「目覚めた世界で賢い存在が課題解決のために集まるのに、それほど長い時間はかかりません。が、解決策が得られるのは、人間のマインドでは想像できないような解決策を量子の『慈愛』がもつ領域に、そのパターンで動いている存在が同調できたときだけです」

「私たちは、とくにあなた方が祈りのパワーと呼ぶものを通じて最高の錬金術を使うよう訓練を受けています。私たちはそれを、マインドをマスターした上で明らかな意図をもつこと、と呼んでいます。錬金術的な変革で集団に変化をもたらすには、私たちの意志と努力の誓いの両方が必要だからです」

「『統合』領域では個人同士のレベルでも、惑星、または星座のシステムとしても、協力の仕方についての希望が極めて明確になっています。つまり私たちは『統合』した全体として努力を誓っているのです。私たちは大人数の集会によってではなく、ただ心に触れた言葉を聞いたときに『YES（はい）』、これを真実にします』と言うだけで、ことを成し遂げます。私たちの領域では、愛、叡智と『慈悲』のパワーが、すべてのフィールドを動かすことを目撃しているからです。私たちはこのフィールドが常に耳を傾けていることを知っていますし、ハートの整合性のパワーを知っていますし、よりよいことが実現するよう私たちが求めたときに何が起こるかを知っているからです」

「ですから、『統合』領域に容易により深く踏み込める準備ができた人々に向けて、私たちはこの『統合《ユニティ》リセット』プログラムを提供するのです」

「試してみて、何が起こるか見てみましょう」

「私たちの領域には波動によって入ることを知りましょう」

「また、この旅路には探索すべき層のなかにまた層があるので、始まりも終わりもないことも認識しておきましょう。二元性自体に錯覚のベールがあり、より偉大な領域の存在を隠しています。けれど、周波数を調整すれば、こうしたベールは消せるのです」

「こうした言葉を見聞きする人の多くは、私たちが一族として来たことを知るでしょう。私たちがもつ波動はあなた方の基盤構造に組み込まれており、沈黙して静止すれば私たちの存在を感じやすくなります。私たちは、あなた方の『本質《エッセンス》』が少し異なる表現の仕方をしているだけで、あなた方も、私たちの『本質《エッセンス》』が少し異なる表現の仕方をしているだけなのです。あなた方の多くは私たちを垣間見たり、このユニークな内なる脈動を感じています。光は光に反応し、純粋なハートの呼びかけには純粋なハートが応えるからです」

「あなた方の一部にとってはまだ優勢な領域の波動も、私たちはまだもっています。あなた方も、『統合』ゾーンの周波数からディセンションしたからです。ですから、あなた方はこの調和のとれたゾーンでの人生がどんなものであるかも、直感的にわかっています。そのために地球上の人生が変わり過ぎているように感じ、地球が我が家のようにも感じにくいのです」

「とはいえ、最大の勇気と慈愛によって、いま、あなた方は地球上ですべてのために同じ周波数をもち、平和で完璧な存在の生きた一例であり、あなた方のハートはオープンで、あなた方の目は最も眩しい光で輝いています」

「あなたは自分が誰でなぜここに来たのか、そしてあなた方のなかにいる私たちの存在がその助けになることを覚えています」

「この『統合』マトリックス・システムと人生の『ベースライン』の波動とを有機的に同調させるほど、あなたはより愛されていること、そして自分が完全であることを感じます。『ベースライン』を流れる愛はとても満ち足りたものなので、あなたが感じるのはワンネスだけなのです。ワンネスとは帰ってくることで、あなたが誰であるか、創造の全域で脈動する有形、無形の存在であることを完全に思い出すことです」

「あなた方のなかには、故郷に戻ることや、ワンネスを再び知ることを希求するハートをおもちの方もいらっしゃいますが、苦しみの循環や自分が直面した課題から集めた美徳が、あなた方をコアから豊かにしています。そして、あなた方からの輝きは同時に他の領域も豊かにし、そうした領域がハートの豊かさを放射するバイオ・フィードバックの循環をつくりだしています。つまり、アセンションを刺激するバイオ・フィードバックの循環のタイプとして、あなた方が関わっているのです」

「どの惑星のシステムも、それぞれにアセンションの可能性を発見し、それを受け入れるというのは事実です。その惑星がより活性化され生き生きするほど、『創造のマトリックス』における位置づけも変わり、二元性のゾーンを離れられます」

「目覚め、アセンションしたこうした者たちのゾーンでは、すべてへの見方が異なるので、より多くが開示され、知ることができます。この、より『統合』されたゾーンでは、私たちの間のエネルギーもより整合性を保ち、尊重、尊敬、支援と愛に満ちています」

「依頼に応えて目覚めを刺激し、目から錯覚のベールが取り除かれたときに人類のシステムに起こることを観察するのは、大きな喜びです。私たちは真実のなかに存在し、かつての私たちのように、他の生き物が生来の可能性を認識する様子を目撃するのですから。他のすべての惑星と同様で、私たち自身のアセンションももちろん喜ばしいものでした。が、『統合』領域へのアセンションは、もっと多くのことを提供してくれます。『創造』の『マトリックス』の恵みは無限なのです」

「最後に伝えておきたいことがあります。私たちのゾーンが融合する時が、やがてきます。私たちのほうがあなた方より優勢になった時にです。それは、私たちの『統合』の共振のほうがより活発に明確化されているからで、人生により偉大な調和を求める心からの希求が、この融合の機動力となります」

「あなた方はこの旅路の途中で、習慣に従う昔からのやり方をしようとすることもあるでしょう。けれど、そうするとあなたは個人的に世界の混沌を感じるか、何も解決していないという停滞感を感じるでしょう。

そうした際には、集団としての平和のリズムを探索するオープンさをもつことで、ハートの整合性を回復でき、物事はふたたびよりたやすく流れ出すでしょう」

「『YES（はい）』と言うことや、私たちの『統合《ユニティ》リセット』プログラムを使って私たちのゾーンに波動で入る能力はあなたの能力であり、それにより、あなたやあなたの世界のアセンションを速められることも覚えておいてください。私たちの領域では、物事はシンプルです。それは、コントロールのメカニズムを果たす宇宙の法則に従って私たちが生きているからです」

「そして、いまでは私たちはあなたの世界のとても多くの人との深い協同創造の過程にいるので、心からの祈りも叶いやすくなっています」

「愛する者たちよ、だからどうぞ試してみてください」

「私たちが提供するものを試せば、私たちの領域とより深く融合できるでしょう」

「私たちが提供するものを試せば、あなたのハートの希求がわかるでしょう」

そして、彼らの伝達は完了しました。

あなたの生涯が最も素晴らしい旅路になりますように……。

ジャスムヒーン

# 統合《ユニティ》リセット　年表

## 私たちの「統合《ユニティ》リセット」プログラムに関する出来事

●1930年代

地球が以前にも増して銀河のコアからのエネルギー波にさらされるようになりました。こうした波は現代に至るまで強さを増しています。

●1947年

広島と長崎への原爆投下後、原子力発電所周辺でUFOの活動が活発化しました。

●1940年代から現在

恒久的な平和に向けて目覚めた世界を監督する宇宙版の国連のような存在である銀河間連盟が、地球に注目するようになりました。そのメンバーや私たちの世界の多くの国の政府との間での交渉が活発化しました。

●1940年代から現在

私たちの世界に恒久的な平和をもたらし、すべての病気と貧困といったすべての苦しみをなくす解決策を、「統合」領域からの存在が自由に提供できるようになりました。多くの政府の関心が戦争の兵器のための技術交換や富や権力の増大だけであることが明らかになってからは、彼らは瞑想者やハートと脳の整合性が高い人々に、より積極的に直接コンタクトをするようになりました。

●1987年

ハーモニック・コンバージェンス……14万4000人のパワフルな瞑想者が、地球の周波数をより悟りが開けた方向に変えるために世界から集まりました。地球と星々との位置関係にとって重大なアライメントとなる8月16日、17日におこなわれたこのイベントが、特定のボルテックスとスターゲートを開き、強化する役に立ちました。また、5125年のマヤの偉大なる暦の最後のサイクルへのエネルギーの扉も開き、人類の覚醒の大きな波を刺激する役にも立ちました。

●1987年〜1993年

私も含め多くの人々が、より高次の視野で地球とその未来を見ることができる、より深い気づきの状態に入りました。

●1992年

1870年にアセンデッド・マスターがその叡智をヘレナ・ブラヴァツキーに語り、彼女は1875年に神智学協会を創設。アセンデッド・マスターが様々なチャンネルを通して、その存在をより広く感じさせるようになりました。そのひとりであるエリック・クラインがチャネリングしたメッセージが、私の心にとても深く触れ、私はただちにアセンデッド・マスターのマトリックスに惹かれるようになりました。

●1992年

アセンデッド・マスターのセラピス・ベイやその他の光の存在の友人が、中国の古代の伝統である辟穀《へきこく》（穀物を食べないこと）やインドのソーラー・ゲージングと並ぶ、プラーナによる栄養摂取プログラムを西洋に紹介しました。これは、地球の健康と飢えをついにストップする解決策の可能性として提供されたものです。

●1993年
私のシステムが「源」、プラーナによって栄養を摂取するように変換された後で、セント・ジャーメインが私の個人的な直感をプラーナによる滋養供給に関するより高度な理解に変え始め、それは私の人生に長年影響を与えました。

●2002~2004年
ハーモニック・コンバージェンスがより多くの人々を目覚めさせ、オーガニックやローフード、全般的によりヘルシーな生き方といった多くのホリスティックな動きを触発しました。

●2012年
地球上の95%の人々がハートからハートへ、平和と調和のなかで生きることを選んでいます。これが刺激となり、彼らの希求が真実になるように、銀河のコアからの情報とエネルギーのさらなる光の束がより強くリリースされました。

●2012年
ガイア自身による調和と慈愛のエネルギーのパターンの伝達が活発化しました。

●2012年
UFOの活動の急増……UFOの認知度が低いことから、スティーブン・グリアがETV（地球外ヴィークル）と改名しました。

●2012年
「統合」ゾーンに同調できる人々への光の存在の友人によるコンタクトの急増。

●２０１２年以降
シューマン共鳴の大幅な変化と太陽フレアの活動の不規則な増加。
●２０１３年
地球の人々がすべての最善となるように、地球上のすべての政治、環境、教育、経済、医療とスピリチュアルなシステムをアップグレードすることに同意しました。この明確な祈りと意図も、それを真実にするために役立つ情報とエネルギーの光の束のダウンロードを促進しています。
●２０１８年
いまでは「統合」領域で生きた深い体験をもつスター・チルドレンが、１００万人以上います。彼らは地球のほとんどの課題に解決策をもたらします。インディゴ・チルドレンは、いまではほぼ大人になり、影響力のある立場に足を踏み入れています。

## 謝辞――おわりに

より高みに立てば、人それぞれがそのユニークな恵みにより全体に貢献しているのが容易に見えます。ですから、私の人生になんらかの形で触れてくれたすべての人々に感謝しなければなりません。私たちのエネルギー・フィールドが、彼らのように融合できますように。けれど、ここに名前を挙げるには多過ぎます！

この人生を通じて、私はとても多くのことを学んできました。

素晴らしい私の両親は、愛のパワーと私自身の知性、私にとって真実と感じられるものを発見するために、体験として研究をすることを尊重する大切さを教えてくれました。私の兄弟姉妹は、いまの私をつくるために、それは多くの役割を果たしてくれました。

そしてもちろん、美しいインド人の私の師、プレム・ラワット。1970年代初頭にあなたが私に与えてくれた知識という恵みに、最大の感謝を捧げます。それほど若いときに自分のコアで私が誰なのかを発見することは、まさに私が必要としていたことですから、あなたはつねに私のハートの一部にいます。あなたの組織と平和、威厳と繁栄をすべてにもたらそうという願いが、最大の成功に導かれますように！

そして、もっと悟りが開けた領域からの私たちの友達がいます。――アセンデッド・マスターたちと「統合」領域からの存在、銀河間連盟からの存在、そして様々な光の評議会からの純粋な存在が、いまの地球上にとてもたくさんいます！

そうしたすべての存在が私の人生に大きな支援と恩寵を与えてくれ、真の友情が与えてくれるもの、感じさせてくれるものを示してくれました。

私たちが書いたとても多くの文章を出版してくださった世界中の出版社、私たちの著書の読者の皆様、愛に満ちたメールやソーシャルメディアでのメッセージで私たちを支えてくださるすべての皆様にも感謝します。ありがとう！ ありがとう！ ありがとう！

そして私の家族、夫、子どもたち、孫たちは、私の人生をとても甘美にしてくれ、私がすることを大きな愛で支えてくれています。

あなたたちは最も貴重な魂です。ありがとう。

## ジャスムヒーンについて

55カ国でその活動が導入され、42冊の著書の多くが19言語で出版されていることからもわかるように、ジャスムヒーンは世界中の人々を魅了しています。彼女はとくに、そのユーモアさとシンプルさに加え、その準備ができた人々の人生のすべての側面を変革するパワフルなテクニックで人々から愛されています。彼女の瞑想はダイナミックで、インスピレーショナルで、深遠な洞察に満ちています。彼女は天使のような調和とツールで多くの人々を、根深い身体的、感情的、精神的トラウマから解放してきました。

彼女が提唱する8項目からなる快適なライフスタイル・プログラムは、多くの人の健康を取り戻す役に立ってきました。ジャスムヒーンは生まれつきテレパシーをもち、エンパス、ビジョナリーでもあり、彼女が提唱するライフスタイルは、彼女が宇宙の同僚と呼ぶ愛に満ちた純粋な意識の光の存在たちから、人類のすべての苦しみを終わらせるツールとして与えられたものです。そうした光の存在のなかには、彼女が深いつながりを感じる仏陀、観音、聖母マリア、キリスト存在たち、ババジ、セント・ジャーメイン、さらに高次元の錬金術のマスターたち、アッシジの聖フランチェスコその他もいます。

ジャスムヒーンのワークは、つねに自己知識によるセルフ・マスターにフォーカスしています。それにより私たちの世界の意識が調和し、私たち自身や子どもたち、地球に最善の未来を提供できるように、フォーカスしているのです。

妻であり母であり祖母であるジャスムヒーンは、10年以上金融業界の企業社会でコンピュータ・プログラマーとして過ごした後、1992年末に、無私の奉仕の課題にフルタイムで仕えるよう思し召しを受けました。

２００７年７月７日、ついに彼女は平和の使節団を設立し、個人、地球、そして宇宙を調和させるプログラムを開始しました。彼女が無料で提供したマニュアルにより、これまでに１５００万人を超える人々の人生が改善されました。

過去25年間に渡り、ジャスムヒーンはマヤの長老やアマゾンやコロンビアの様々な部族、そしてインドに招かれ、彼女の知識と使節団のプログラムについて伝えてきました。彼女はブラジルのスラム地区でも人々を統合し、彼らの生活全般を改善する実践的なプログラムを提供してきました。

西洋ではブレサリアリズム（呼吸のみで生きる生き方）の祖母として知られるジャスムヒーンは、個人的な強烈な実験を通して過去数十年間に渡り、世界の健康と飢餓の問題の維持可能な解決策を模索してきました。それがすべての個人的な渇望から彼女を解放しました。そのことにより彼女は、中国では辟穀《へきこく》と呼ばれる気のプラーナによる栄養摂取のフィールドにおいて、西洋をリードする研究者として知られるようになりました。

多くの新たな方法論や新たな問題解決を求める国連内のスピリチュアルな団体と共に、彼女は世界の健康と飢えの問題についての研究報告を数多くニューヨークとジュネーブの国連で提供してきました。

ジャスムヒーンのいまのフォーカスは平和の使節団で、私たちの個人的な、惑星としての、そして宇宙のアセンションを支援しています。

www.jasmuheen.com

www.embassyopeace.n ET

# 訳者あとがき

ちょうどこの本の翻訳を始めるころ、日本の友人から、まったく光が射さない暗室にこもって瞑想するダークルーム・メディテーションのリトリートに参加するためにタイまで行く、という話を聞きました。面白そうだと思ったので詳細を聞くと、タイにある道家気功のセンターにあるダークルームを利用して、ジャスムヒーンさんが毎年主催しているというワークショップでした。

後にリトリートから帰ってきた友人に感想を聞いたところ、スピリットからインスピレーションをもらえたし、また亡くなった彼女のお父様とも対話ができた、とのことでした。

ジャスムヒーンさんは不食の実践者として有名ですが、彼女自身がこの本のなかで何度も強調しているように、彼女にとって不食は目的ではありません。人の本質《エッセンス》の特質のままに生きるためにライフスタイルを変え波動を高めれば、生命を保つためのエネルギーの補給システムが変わり、物を食べて新陳代謝する必要がなくなる、ということなのです。

これは荒唐無稽なサイエンス・フィクションのような話ですが、実際には道家気功では仙人術として古代からおこなわれてきたことです。私が実践しているイーレン気功も道家気功の一種なので、この本でも少し紹介されている辟穀《へきこく》（ビグー）というダイエットが奨励されています。

ビグーは普段から穀類を一切とらず、なるべく少食で済ませるというダイエットで、イーレン気功でも春にはデトックスとして40日の絶食が勧められています。ビグーを促進するための気功法もあります。宇宙からの気（プラーナ）を直接からだに取り込むための体操もあります。ジャスムヒーンさんが「源からのエネルギー」と呼んでいるのは「気」なのです。

気功仲間には、40日の絶食を毎年やり遂げている人たちもいます。気功の効果でおなかもすかず、体力も落ちず、普段通りの生活ができ、直感力は冴えてくるそうです。私は、絶食は毎年2日くらいで挫折してしまうのですが、穀物はなるべく食べないようにしています。穀物を断つべき理由は、穀物は粘着質なので体内の気の流れを悪くする、ということなのですが、たしかに穀物を食べないとからだの体感は軽くなります。それに慣れてしまったので、たまにご飯など食べてしまうと、どーんと重くなり、重力が増したように感じ、いつも後悔します。

道家気功では、気功の修練を積めば自然に体質も変わり、ビグーが実践できるようになるとされています。そして波動が高まれば究極的には純粋な光の体《ライトボディ》の分身を脳天から産み出し、永遠の生命をもち多次元で生きられる悟りを開いた意識体の仙人になれる、ということなのです。

チベット密教の修行の目的も同様で、光の体《ライトボディ》に変身することです。真に悟りが開けた人は死の際に遺体を残さず自然の五元素に還元し、レインボー・ボディに変身できる、とされているのです。

私が住んでいるアメリカでは、ヒーラーやチャネラーたちが揃って「5Dへの移行」に向けた準備を人々に呼びかけています。5Dとは五次元のこと。地球に住む人間の「現実」は三次元、それに過去・現在

・未来の時軸が加われば四次元なので、五次元はその上、物質世界を超えた次元のことです。地球自体のアセンションに伴い、道教や仏教の修行者やシャーマンでなくとも、光の体《ライトボディ》を生み出しやすくなっている、または生き残るためには精神性を高める必要がある、ということなのでしょう。

ジャスムヒーンさんがこの本で紹介しているのも、光の体《ライトボディ》を産み出し、多次元で生きられるようになるための手引きです。

心のとりとめのない移ろいをそのまま書き記したようなジャスムヒーンさんの文章は慣れないと理解しにくいかもしれませんが、読み進むうちに彼女の波動に近づいていけたことでしょう。

何度も読み返して彼女のメッセージをしっかり受けとめ、そのアドバイスを多次元存在への旅路のガイドにしていきましょう。

２０１９年10月　エリコ・ロウ

## *Jasmuheen*
## 著者 ◉ ジャスムヒーン

オーストラリア人。メタフィジックについて 20 冊の本を出し、プラーナの栄養についての分野で調査し、国際的にレクチャーを行っている。この 20 年以上、ほとんど食事をとらずプラーナ（光）だけで生きている。邦訳に『リビング・オン・ライト』『神々の食べ物―聖なる栄養とは何か』『マトリックスの女王』『ハートの王』『エリュシオン』『「平和の道」と「本質」で在ること』（ナチュラルスピリット刊）がある。

・平和使節団・創始者―平和の大使、国際的な講演者、及び、各種オンライン・コースのファシリテーター。
・アーティスト、及び、聖なるアートのリトリートファシリテーター、映像作家、及び、ミュージシャン。
・著者、及び、メタフィジカル研究者（35 冊の著書が 18 カ国語に翻訳されている。また、健康と幸福を促進するためのジャスムヒーン瞑想法のガイドをしている。さらに姉妹サイト C.I.A（the Cosmic Internet Academy ：宇宙インターネットアカデミー）の Our Selves（わたしたち自身）のページで、自らの人生の成功法のヒントを提案している）。
・ダークルーム・トレーニングのファシリテーター。
・プラーナで生きること、リヴィング・オン・ライト、ブレサリアンといった活動の研究者。
・スピリチュアルな科学者の世界会議の代表者、セルフ・エンパワーメント・アカデミー創始者、及び、宇宙インターネットアカデミーのファシリテーター。

＜ジャスムヒーンの主要な活動のアジェンダは、健康で調和的な世界を共同で創造するために意識を向上することです。＞

- ジャスムヒーンサイト　http://www.jasmuheen.com/
- YouTube　https://www.youtube.com/jasmuheen
- フェイスブック　https://www.facebook.com/pages/Jasmuheen/187152512352

## *Eriko Rowe*
## 訳者 ◉ エリコ・ロウ

ジャーナリスト、著作家、翻訳家。バイオ・エネルギー・トレーナー。長年にわたり取材と実践でチベット仏教医学、道家気功、ネイティブ・アメリカン・メディスンなど世界の伝統療法やヒーリング、超能力開発法を学んできた。著書には『キラキラ輝く人になる』（ナチュラルスピリット）、『アメリカ・インディアンの書物よりも賢い言葉』（扶桑社）など、訳書には『ワン・スピリット・メディスン』（アルベルト・ヴィロルド著、ナチュラルスピリット）、『悟りはあなたの脳をどのように変えるのか』（アンドリュー・ニューバーグ著、ナチュラルスピリット）などがある。元コーネル大学、ワシントン大学非常勤講師。米国シアトル在住。

統合《ユニティ》リセット
——進化する世界のために——

●

2019年11月30日　初版発行

著者／ジャスムヒーン
訳者／エリコ・ロウ

編集／磯野純子
本文デザイン・DTP／細谷毅

発行者／今井博揮
発行所／株式会社ナチュラルスピリット
〒101-0051　東京都千代田区神田神保町3-2　高橋ビル2F
TEL 03-6450-5938　FAX 03-6450-5978
E-mail:info@naturalspirit.co.jp
ホームページ https://www.naturalspirit.co.jp

印刷所／モリモト印刷株式会社

ISBN978-4-86451-323-4 C0014
落丁・乱丁の場合はお取り替えいたします。
定価はカバーに表示してあります。

●新しい時代の意識をひらく、ナチュラルスピリットの本

## 新・ハトホルの書
アセンションした文明からのメッセージ

トム・ケニオン 著
紫上はとる 訳

シリウスの扉を超えてやってきた、愛と音のマスター「集合意識ハトホル」。古代エジプトから現代へ甦る！

定価 本体二六〇〇円＋税

## マグダラの書
ホルスの錬金術とイシスの性魔術

トム・ケニオン
ジュディ・シオン 著
鈴木里美 訳

マグダラのマリアが説き明かすイエスとの「聖なる関係」とは？『ハトホルの書』の著者がマグダラのマリアをチャネリングしたメッセージ！

定価 本体二七八〇円＋税

## グレート・シフト

リー・キャロル、トム・ケニオン、パトリシア・コリ 著
マルティーヌ・ヴァレー 編
足利隆 訳

3人のチャネラーが語る2012年とその前後に向けた大変革。高次元存在クライオン、マグダラとハトホル、シリウス高等評議会からの啓示に満ちた慈愛あふれるメッセージ。

定価 本体二四〇〇円＋税

## アルクトゥルス人より地球人へ
天の川銀河を守る高次元存在たちからのメッセージ

トム・ケニオン
ジュディ・シオン 著
紫上はとる 訳

人類創造の物語と地球の未来！　かつて鞍馬山に降り立ったサナート・クマラ。イエス・キリスト、マグダラのマリアもアルクトゥルス人だった。CD付き。

定価 本体二四〇〇円＋税

## アナスタシア
響きわたるシベリア杉　シリーズ1

ウラジーミル・メグレ 著
水木綾子 訳
岩砂晶子 監修

ロシアで百万部突破、20ヵ国で出版。多くの読者のライフスタイルを変えた世界的ベストセラー！

定価 本体一七〇〇円＋税

## 魂の法則

ヴィセント・ギリェム 著
小坂真理 訳

スペイン人のバレンシア大学病院のがん遺伝子研究者の著者が、幽体離脱で出会ったイザヤと名乗る存在から教えられた「魂と生き方の真実」とは？

定価 本体一五〇〇円＋税

## 意識は次元を超えて ―NEUTRAL―

星海ケン 著

ロバート・モンロー、ブルース・モーエンとのトライアングル、リサ・ロイヤルさんからの触発！　存在の真相を探る非物質次元へのめくるめく冒険記！

定価 本体一八五〇円＋税

お近くの書店、インターネット書店、および小社でお求めになれます。